내 어깨 위 고양이, Bob

A STREET CAT NAMED BOB by James Bowen
Copyright ⓒ James Bowen and Garry Jenkins 2012
All rights reserved.
This Korean edition was published by Petian Books in 2013
by arrangement with James Bowen c/o Aitken Alexander Associates Limited, London
through KCC(Korea Copyright Center Inc.), Seoul.

이 책은 (주)한국저작권센터(KCC)를 통한 저작권자와의 독점계약으로 페티앙북스에서 출간되었습니다.
저작권법에 의해 한국 내에서 보호를 받는 저작물이므로 무단전재와 복제를 금합니다.

내 어깨 위 고양이 Bob

제임스 보웬 저 · 안진희 역

페티앙북스

일러두기

1. 각주는 모두 옮긴이의 주입니다.
2. 책 읽기의 흐름을 방해하지 않기 위해 가급적 각주의 수를 줄이려고 노력했지만, 한편으로 영국인 고유의 이야기를 이해하는 데 더 도움이 된다고 생각되는 경우에는 각주를 붙였습니다.
3. 띄어쓰기의 경우, 국립국어원 표준국어대사전, 교과서 편수 자료에 맞춘 〈띄어쓰기 편람〉을 따랐습니다. 단, 이미 통용되고 있는 전문용어의 경우 예외로 했습니다.
4. 이 책에 사용된 일러스트의 저작권은 123RF에 있습니다.

차 례

Chapter 01　길동무 (Fellow Travellers) · 07
Chapter 02　회복을 향한 길 (Road To Recovery) · 19
Chapter 03　중성화 수술 (The Snip) · 41
Chapter 04　탑승 티켓 (Ticket To Ride) · 51
Chapter 05　관심의 중심 (Centre of Attention) · 57
Chapter 06　한 남자와 그의 고양이 (One Man and His Cat) · 71
Chapter 07　이총사 (The Two Musketeers) · 91
Chapter 08　공식화 (Making It Official) · 103
Chapter 09　달아난 아티스트 (The Escape Artist) · 111
Chapter 10　산타 포스 (Santa Paws) · 123
Chapter 11　누명 (Mistaken Identity) · 133
Chapter 12　683번 (Number 683) · 149
Chapter 13　완벽한 구역 (Pitch Perfect) · 163
Chapter 14　몸이 좋지 않은 날 (Under the Weather) · 171
Chapter 15　블랙리스트 (The Naughty List) · 183
Chapter 16　엔젤 하트 (Angel Hearts) · 203
Chapter 17　48시간 (48 hours) · 211
Chapter 18　집으로 가는 길 (Homeward Bound) · 223
Chapter 19　역장 (The Stationmaster) · 239
Chapter 20　가장 길었던 밤 (The Longest Night) · 247
Chapter 21　〈빅이슈〉 고양이, 밥 (Bob, The Big Issue Cat) · 259
　　　　　　저자의 말 · 267

[Chapter 01]

길동무

Fellow Travellers

어디선가 이런 글을 읽은 적 있다.

'우리는 사는 동안 매일 두 번째 기회를 부여받는다.'

항상 기회는 제자리에서 우리를 기다리고 있지만 우리가 그 기회를 잡지 못할 뿐이라는 말이다.

나는 인생의 대부분을 이 말을 증명하면서 보냈다. 나에게는 많은 기회가 찾아왔었다. 하루도 빠짐없이 왔던 때도 있었다. 하지만 오랫동안 나는 단 한 번의 기회도 잡지 못했고 실패에 실패를 거듭했다. 그러던 2007년 어느 이른 봄날, 마침내 나도 기회를 잡았다. 밥과 친구가 된 것이다. 돌이켜보면 밥에게도 그때가 두 번째 기회였는지도 모르겠다.

3월의 어느 우울한 목요일 저녁이었다. 런던에는 여전히 겨울 흔적이 남아 있었고 바람은 살을 에듯 차가웠다. 특히 템스 강 쪽에서 바람이 불어올 때면 더욱 그랬다. 냉랭한 공기로 미뤄 볼 때 밤에 한파가 몰아닥칠 것 같았다.

코벤트 가든 거리에서 연주를 마친 나는 평소보다 조금 더 일찍 북런던에 있는 토트넘의 새 보금자리로 발길을 서둘렀다.

나는 여느 때처럼 어깨에 까만색 기타 케이스와 배낭을 메고 있었고, 가장 친한 친구인 벨도 함께였다. 벨과 나는 몇 년 전에 잠시 사귀기도 했지만 이후로는 그냥 친구로 지내고 있었다. 우리는 동네 음식점에서 사 온 싸구려 카레를 먹으며, 길모퉁이에 있는 중고품 가게에서 건진 작은 흑백텔레비전으로 영화를 볼 생각이었다.

늘 그렇듯이 그날도 아파트의 엘리베이터가 제대로 작동하지 않았고, 우리는 5층까지 걸어 올라가기 위해 계단 쪽으로 향했다. 조명까지 고장 나서 1층 일부가 어둠 속에 잠겨 있었다. 조심스레 계단 쪽으로 걸어가는데 어둠 속에서 뭔가 빛났다. 부드럽고 애처로운 톤의 '야옹' 하는 울음소리를 듣고서야 그 정체를 알 수 있었다. 고양이였다. 희미한 불빛에 기대어 더 가까이 다가가자 1층 복도에 있는 한 현관 앞 매트 위에 몸을 동그랗게 말고 앉아 있는 적갈색 고양이 한 마리가 보였다.

나는 어린 시절을 고양이들과 함께 보내며 자랐기 때문에 고양이에게 특별한 애착을 갖고 있었다. 가까이 다가가 살펴보니 수컷이었다. 처음 보는 고양이였지만, 어둠 속에서도 나는 이 녀석이 뭔가 특별한 고양이라는 걸 알아차릴 수 있었다. 녀석에게는 개성 같은 것이 있었다. 녀석은 조금도 초조해하지 않았다. 차분하고 자신만만한 것이 마치 자기 집에 있는 것처럼 편안해 보였다. 호기심 어린 눈으로 나를 뚫어지게 응시하는 모습을 보고 있자니 오히려 내가 녀석의 영역을 침범한 것처럼 느껴졌다. 녀석은 내게 이렇게 말하는 것 같았다.

'누구지? 여긴 무슨 일로 왔지?'

나는 거의 반사적으로 무릎을 구부리고 앉아 나를 소개했다.

"안녕? 처음 보는 것 같은데, 여기 살고 있니?"

녀석은 변함없이 냉담한 표정으로 나를 쳐다보았다. 여전히 나를 재고 있는 것 같았다. 나는 녀석의 목을 쓰다듬어 주기로 마음먹었다. 친해지고자 하는 마음도 있었고, 혹시 목걸이나 이름표 같은 것이 있는지 보기 위해서이기도 했다. 어둠 속에서 판별하기가 쉽지 않았지만 아무것도 없었다. 그리고 그걸로 녀석이 길고양이라는 사실도 알 수 있었다. 런던에는 길고양이들이 넘쳐났다.

녀석은 내 손길을 좋아하는 것 같았고, 내 다리에 자기 몸을 가볍게 비비기 시작했다. 녀석을 조금 더 만져 보자 털 상태가 엉망이라는 걸 느낄 수 있었다. 여기저기 털이 뭉텅뭉텅 빠져 있었다. 영양가 있는 음식을 먹여야 할 것 같았다. 내게 몸을 비비는 걸로 미뤄 보아 부드럽고 다정한 보살핌에도 굶주려 있는 게 분명했다.

"불쌍한 녀석. 길고양이인 것 같아. 목걸이도 없고 몹시 야위었어."

인내심을 발휘하며 계단 밑에서 나를 기다리고 있던 벨에게 말했다. 벨은 내가 고양이에게 약하다는 사실을 잘 알고 있었다.

"안 돼, 제임스. 데려가면 안 돼."

벨은 고양이 뒤에 있는 집을 턱으로 가리키며 말했다.

"그냥 거기 자리를 잡았을 리가 없어. 거기 사는 사람이 기르는 게 분명해. 주인이 돌아와서 들여보내 주길 기다리고 있는 걸 거야."

그러고 싶지는 않았지만 그녀의 말에 동의할 수밖에 없었다. 모든 정황상 녀석이 길고양이인 게 분명하다 하더라도 나는 길에서 만난 고양이를 마음 편하게 집으로 데려갈 수 있는 형편이 아니었다. 나도 이 보호 시설에 얼마 전에야 간신히 입주한 데다 아직 짐도 완전히 정리하지 못한 상태였다. 게다가 정말로 저 집에 살고 있는 사람이 키우는 고양이일지도 몰랐고, 그렇다면 졸지에 애완동물 납치범 신세가 될 게 뻔했다.

그리고 사실, 당장 내게 가장 필요 없는 일을 하나 대라면 그중 하나가 바로 고양이를 키우는 것이었다. 나는 노숙자 보호 시설로 마련된 공영 아파트에서 지내며 근근이 그날 벌어 그날 먹고사는 실패한 뮤지션이었고, 마약 중독에서도 완전히 벗어나지 못한 상태였다. 내 몸 하나 책임지는 것만으로도 이미 충분히 버거웠다.

* * * * * * * * * * * * * *

다음 날 아침, 나는 적갈색 수컷 고양이가 여전히 그 자리에 있는지 궁금해서 아래층으로 내려갔다. 녀석은 지난 열두 시간 동안 그 자리에서 한 발짝도 움직이지 않은 것 같았다. 나는 다시 한 번 한쪽 무릎을 굽히고 앉아 녀석을 쓰다듬었다. 확실히 내 손길을 좋아하는 것 같았다. 녀석은 내 관심을 마음껏 즐기며 기분이 좋은 듯 가르릉거렸다. 나를 완전히 믿지는 못하는 듯한 눈치였지만, 그래도 나름 괜찮은 사람이라고 여기는 것 같았다.

밝은 햇살 아래서 보니 녀석의 생김새는 정말 매혹적이었다. 녀석은 선명한 초록색 눈과 아주 잘생긴 얼굴을 가지고 있었다. 하지만 더 자세히 살피자 얼굴과 다리 여기저기에 난 상처들이 눈에 들어왔다. 싸움에 휘말렸거나 사고를 당한 게 분명했다. 지난밤 생각대로 녀석의 털 상태는 몹시 엉망이었다. 매우 가늘고 거칠었으며 적어도 대여섯 군데나 털이 뽑혀 맨살이 그대로 드러나 있었다. 나는 정말 녀석이 걱정되기 시작했다. 하지만 내 한 몸 감당하기도 벅차지 않느냐고 다시 한 번 되뇌며, 나는 센트럴 런던과 코벤트 가든으로 가는 버스를 타러 마지못해 발걸음을 옮겼다. 그날도 그곳에 가서 길거리 연주로 몇 파운드라도 벌 생각이었다.

그날 밤 나는 집에 꽤 늦게 돌아왔다. 거의 10시가 다 된 시간이었다. 나는 아파트에 도착하자마자 적갈색 수컷 고양이를 봤던 복도로 향했다. 하지만 녀석의 흔적은 어디에도 없었다. 그새 녀석에게 정이 들었던 것인지 조금 서운한 마음이 일었지만, 한편으로는 안도감이 더 컸다. 주인이 돌아와 녀석을 집으로 데리고 들어간 게 틀림없었다.

❋ ❋ ❋ ❋ ❋ ❋ ❋ ❋ ❋ ❋ ❋ ❋ ❋

다음 날 아래층에 내려갔다가 다시 그 자리에 앉아 있는 녀석을 보고 가슴이 철렁했다. 상태가 더 안 좋아진 것 같다. 털도 난성지 않고 잔뜩 굶주린 듯한 데다 추운지 몸까지 오들오들 떨고 있었다.

"아직 여기 있었구나."

나는 녀석을 쓰다듬으며 말했다.

"오늘 컨디션이 별로 안 좋아 보이네."

나는 이 정도면 충분히 기다렸다고 생각하고는 녀석 뒤에 있는 현관문을 두드렸다. 뭔가 한마디 해야 할 것 같았다. 만약 그 집에서 키우는 고양이라면 이렇게 취급해서는 안 되는 거였다. 녀석에게는 먹을 것이 필요했다. 병원에서 진찰을 받아야 할지도 몰랐다.

한 남자가 현관에 나타났다. 티셔츠에 운동복 바지를 입고 면도도 하지 않은 채였다. 해가 중천에 떴는데도 여태 자다가 나온 모양이었다.

"실례합니다. 이 고양이가 이 집 고양이인가요?"

나는 그에게 물었다. 그는 정신 나간 사람이라도 보는 듯한 눈으로 나를 쳐다보았다.

"무슨 고양이요?"

그는 곧 아래쪽을 내려다보고는 적갈색 수컷 고양이가 자기네 현관 앞 매트 위에 공처럼 몸을 둥글게 말고 있는 걸 발견했다.

"오, 아니오. 나와는 아무 관계없는 녀석이에요."

그는 성의 없이 어깨를 으쓱하며 말했다.

"여기에 며칠이나 있던데요?"

"그래요? 음식 냄새를 맡았나 보죠. 이미 말했지만 나와는 아무 관계없어요."

그는 시큰둥한 표정으로 대답하고는 현관문을 쾅 닫아 버렸다.

나는 즉시 마음을 정했다.

"좋아, 친구. 나랑 같이 가자."

나는 배낭을 뒤져 비스킷 상자를 꺼냈다. 길거리에서 연주를 할 때 내게 다가오는 개와 고양이들을 위해 특별히 가지고 다니는 것이었다. 비스킷을 흔들자 녀석이 일어나 나를 따라왔다. 녀석은 발을 내딛는 게 약간 불편해 보였다. 뒷다리 한쪽을 어색하게 끌고 있었다. 계단으로 5층까지 올라오느라 시간이 좀 걸렸고 몇 분 후에야 집에 도착할 수 있었다.

내 집은 딱 보기에도 초라했다. 살림살이라고는 텔레비전, 누군가가 쓰다 버린 소파 겸용 침대, 작은 침실 구석에 있는 매트리스, 책, 그리고 작은 장식품 몇 개가 전부였고, 주방에도 고장 난 냉장고와 전자레인지, 주전자 따위가 있을 뿐 제대로 된 음식을 만들 수 있는 가스레인지 같은 것도 없었다. 대신 집에는 고장 난 주차 요금 징수기와 카우보이모자를 쓰고 있는 부서진 마네킹

인형 같은 것들이 잔뜩 자리를 차지하고 있었다. 나는 까치 같은 습성이 있어서 길에서 그렇게 온갖 종류의 물건들을 주워 오곤 했고, 덕분에 친구들이 내 집을 '호기심 골동품 가게*'라고 부를 지경이었지만 녀석에게는 아무런 호기심도 불러일으키지 못한 듯했다. 녀석은 스윽 한번 집 안을 둘러보고는 곧장 주방으로 발길을 옮겼다.

나는 냉장고에서 우유를 꺼내 작은 접시에 부은 뒤, 물을 약간 섞어 녀석에게 주었다(나는 우유가 고양이에게 해로울 수도 있다는 사실을 알고 있었다. 일반적인 생각과는 달리 사실 고양이는 젖당을 잘 소화하지 못한다). 녀석은 우유를 눈 깜짝할 새에 다 핥아먹었다. 이번에는 비스킷을 빻아 냉장고에 있던 참치와 섞어 주었다. 역시나 녀석은 두 번째 접시도 허겁지겁 해치웠다.

'불쌍한 녀석, 완전히 굶주렸던 게 틀림없어.'

나는 속으로 생각했다.

춥고 어두운 복도에서 생활했던 녀석에게는 보잘것없는 내 집이 별 다섯 개짜리 특급 호텔이나 다름없는 것 같았다. 녀석은 내 집에 있는 것이 매우 만족스러운 듯 보였다. 녀석은 양껏 배를 채우자 거실로 느긋하게 걸어가 라디에이터 근처 바닥에 몸을 말고 자리를 잡았다.

나는 녀석을 좀 더 주의 깊게 살펴보기 시작했다. 확실히 다리에 문제가 있는 듯했다. 나는 녀석의 바로 옆에 앉아서 이곳저곳을 찬찬히 들여다보았고, 마침내 오른쪽 뒷다리 뒤쪽에서 커다란 농양을 발견했다. 상처가 꽤 컸는데 개의 이빨 자국 같았다. 어쩌다 그렇게 되었는지 짐작이 갔다. 아마도 개나 여우가 녀석을 공격했을 테고, 빠져나가려고 몸부림치는 녀석의 뒷다리를 이빨로

---

* the old curiosity shop: 1567년에 지어진 영국에서 가장 오래된 가게. 영국 소설가인 찰스 디킨스가 쓴 동명의 소설의 모티브가 된 곳

꽉 물고는 놓지 않았을 것이다. 녀석의 몸 여기저기에 할퀸 자국들이 있었다. 눈 근처에도 하나가 있었고 등과 다리에도 여럿 있었다.

나는 녀석을 빈 욕조 안에 넣고 정성껏 상처를 소독해 주었다. 상처 주변에는 무알코올 로션을 바르고 상처 위에는 바셀린을 발랐다. 다른 고양이들 같았으면 야단법석을 피웠을 텐데 녀석은 양처럼 온순했다.

녀석은 그날 내내 라디에이터 옆에서 몸을 동그랗게 만 채 가만히 누워 있었다. 단번에 제일 좋아하는 곳으로 점찍은 모양이었다. 이따금 집 안을 어슬렁거리다가 마음에 드는 곳이 있으면 펄쩍 뛰어 올라가기도 하고 이곳저곳을 긁어 대기도 했다. 처음엔 거들떠보지도 않던 마네킹에도 관심을 보였다. 아무래도 상관없었다. 녀석이 원한다면 뭐든지 해도 좋았다.

나는 이 수컷 진저캣*이 매우 활달한 성격일 수도 있으며, 억눌려 있는 에너지가 매우 많다는 것을 알아차렸다. 한번은 녀석을 쓰다듬으려고 하자 펄쩍 뛰어오르며 앞발로 나를 탁 쳤고, 한번은 너무 흥분해서 맹렬하게 발톱을 휘두르는 바람에 하마터면 손에서 피가 날 뻔했다.

"괜찮아, 친구. 진정해."

나는 녀석을 번쩍 들어올린 다음 바닥에 내려놓으며 말했다. 나는 중성화 수술을 받지 않은 어린 수컷 고양이는 지나치게 에너지가 넘치기도 한다는 사실을 알고 있었다. 내 짐작에 녀석은 아직 '온전한' 것 같았고 이제 막 사춘기에 접어든 것 같았다. 물론 확신할 수는 없었지만, 이런 일들은 녀석이 거리에서 태어나고 자란 길고양이일거라는 막연한 심증을 다시 한 번 뒷받침해 주었다.

* ginger cat: 연한 적갈색 고양이를 가리키는 말

내가 텔레비전을 보며 저녁 시간을 보내는 동안 녀석은 라디에이터 옆에 몸을 말고 있었다. 그곳에 있는 게 꽤 만족스러운 것 같았다. 녀석은 내가 잠자리에 들러 갈 때가 돼서야 몸을 일으켰다. 나를 따라 침실로 들어온 녀석은 침대 위 내 발치에서 다시 몸을 동그랗게 말았다.

어둠 속에서 녀석이 부드럽게 가르릉대는 소리가 들려오자 녀석을 데려오길 잘했다는 생각이 들었다. 녀석은 이제 내 친구였다. 친구를 사귄 건 정말 오랜만이었다.

❋❋❋❋❋❋❋❋❋❋❋❋❋❋

일요일 아침, 일찍 일어난 나는 혹시 녀석의 주인을 찾을 수 있을까 싶어 거리를 돌아보기로 했다. 누군가가 '고양이를 찾습니다' 같은 문구를 적은 포스터를 거리에 붙여 놓았을지도 몰랐다. 가로등 기둥, 알림판, 버스 정류장 같은 곳에는 잃어버린 애완동물의 무사귀환을 호소하는 벽보가 늘 붙어 있었다. 실종되는 고양이들이 얼마나 많은지, 가끔은 이 지역에 고양이 전문 납치범들이 모여 사는 건 아닐까 하는 생각이 들 정도였다.

주인을 바로 찾게 될지도 몰라서 녀석을 데리고 나가기로 했다. 안전을 위해 신발 끈을 이어 목줄을 만든 다음 녀석에게 씌웠다. 1층까지 계단을 내려가는 동안 녀석은 만족스럽다는 듯 내 옆을 따라 걸었다. 아파트 밖으로 나오자 가고 싶은 곳이 있다는 듯 녀석이 줄을 끌어당기기 시작했다. 볼일을 보고 싶어 그러는 것 같았다. 짐작대로 녀석은 아파트 옆, 나무와 덤불이 가득한 정원으로 뛰어 들어가더니 1~2분 정도 모습을 감춘 채 자연의 부름에 충실했고, 잠시 후 행복한 표정으로 돌아와 다시 목줄을 받아들였다.

'나를 정말로 신뢰하는 게 틀림없어.'

나는 그 신뢰에 보답하기 위해서라도 최선을 다해 녀석을 도와주어야겠다고 생각했다.

가장 먼저 만나야 할 사람은 길 건너에 사는 한 여성이었다. 그녀는 고양이들을 돌봐 주는 것으로 동네에서 꽤 유명했다. 그녀는 동네에 돌아다니는 길고양이들에게 먹이를 주었고 필요하면 중성화 수술도 시켜 주었다. 현관문이 열리자 그녀의 등 뒤로 최소한 다섯 마리쯤 되는 고양이가 움직이고 있는 것이 보였다. 집 안에 몇 마리나 더 있는지는 아무도 모를 일이었다. 근처 몇 마일 내에 살고 있는 모든 고양이가 먹이를 얻을 수 있는 최상의 장소라는 걸 알고 그녀의 집 뒷마당으로 모여드는 것 같았다. 나는 그녀가 어떻게 그 녀석들을 다 먹여 살리는지 궁금했다.

그녀는 내가 데려간 수컷 고양이를 보더니 첫눈에 홀딱 반해 간식을 꺼내 들고 왔다. 마음씨 좋은 여성이었다. 하지만 그녀에게서도 이 녀석에 대한 단서는 아무것도 얻을 수 없었다. 그녀는 녀석을 근처에서 한 번도 본 적 없다고 했다.

"다른 지역에서 온 게 확실해요. 버려졌을 가능성이 커요."

그녀는 이렇게 말하며 뭔가 소식을 들을지 모르니 계속 관심을 열어 두겠다고 했다. 녀석이 토트넘에서 멀리 떨어진 곳에서 왔을 거라는 그녀의 말이 맞을지도 모른다는 생각이 들었다.

그 집을 나오자 나는 호기심에 목줄을 벗긴 뒤 녀석이 길을 아는지 지켜봤다. 하지만 녀석은 자기가 어디에 있는지 전혀 모르는 것 같았다. 완전히 길을 잃은 것처럼 보였다. 나를 쳐다보며 이렇게 말하는 것 같았다.

'여기가 어딘지 모르겠어. 너와 함께 있고 싶어.'

우리는 몇 시간 동안 밖에 있었다. 또 한 번 때가 되자 녀석은 근처 덤불 속으로 급히 달려가 볼일을 봤고, 나는 계속해서 지나가는 사람들을 붙잡고 녀석을 본 적이 있는지 물었지만 그들은 하나같이 무관심한 표정으로 어깨만 으쓱할 뿐이었다.

녀석이 나를 떠나고 싶어 하지 않는다는 것은 분명해 보였다. 거리를 돌아다니는 동안 나는 녀석의 이야기가 점점 더 궁금해졌다. 어디에서 왔을까? 아래층 현관 앞 매트 위에 앉아 있기 전에는 어떤 삶을 살았을까?

나는 길 건너에 사는 '길고양이 대모'의 말처럼 녀석이 가정집에서 키우던 고양이였을 거라는 생각에 점점 확신이 들었다. 잘생긴 이 녀석은 아마도 누군가를 위한 크리스마스나 생일 선물이었을 것이다. 내가 이미 겪었듯 진저 캣은 꽤 성질이 있을 수 있고 중성화 수술을 하지 않은 경우라면 더 심해질 수도 있다. 녀석이 점점 거칠어지고 여기저기 날뛰기 시작하자 감당하기가 힘들어서 버린 게 아닐까 하는 생각이 들었다.

나는 녀석의 주인이 '이 정도면 충분히 참을 만큼 참았어!' 라고 말하면서, 녀석을 RSPCA*에 데려다 주는 대신 자동차 뒷좌석에 싣고 드라이브를 시켜 준 뒤 길바닥에 버리는 모습을 상상해 보았다. 아무리 고양이가 탁월한 방향 감각을 가진 동물이라 할지라도 집에서 너무 멀리 떨어진 곳에 버려졌다면 돌아가기 힘들었을 것이다. 아니면 그곳이 진짜 자신의 집이 아니라는 사실을 알아 버렸기 때문에 새 집을 찾아야겠다고 마음먹었던 것일 수도 있다. 내가 생각해 낸 또 다른 가설은 녀석의 주인이 나이 많은 노인이었는데 그 사람이 어느 날 갑자기 세상을 떠나자 어쩔 수 없이 길고양이 신세가 됐다는 것이다.

---

* Royal Society for Prevention of Cruelty to Animal: 영국의 왕립 동물학대 방지 협회

물론 내 생각 모두가 사실과 거리가 멀 수도 있었다. 배변 훈련이 되어 있지 않다는 사실은 녀석이 사람에게 길들여진 고양이라는 주장에 완전히 어긋나는 것이었지만, 녀석에 대해 알아 갈수록 녀석이 누군가와 함께 있는 것에 익숙했을 것이라는 확신이 들었다. 녀석은 자신을 잘 돌봐 줄 것 같다고 생각되는 사람에게 달라붙는 경향이 있는 것 같았다. 녀석이 나와 함께 있는 것만 봐도 그랬다.

　녀석의 배경을 짐작하게 해 주는 가장 큰 단서는 바로 싸우다가 생긴 것이 분명해 보이는 끔찍한 상처였다. 고름이 새나오고 있는 걸로 봐서 상처를 입은 지 며칠은 지난 게 틀림없었다. 어쩌면 일주일이 더 지났을 수도 있었다. 이것은 또 다른 가능성을 말해 주는 것이었다.

　오래전부터 런던에는 길고양이가 아주 많았다. 이들은 거리를 떠돌며 음식물 쓰레기와 낯선 사람들의 온정에 의존해 살아왔다. 이미 500~600년쯤 전부터 시내에 있는 그레셤 거리나 클러큰웰 공원, 드러리 레인 등은 고양이가 넘쳐나는 '고양이 거리'로 유명했다. 이 길고양이들은 하루하루 살아남기 위해 싸움을 일삼으며 떠돌아다닐 수밖에 없는 부랑자 신세였다. 대다수가 이 수컷 진저캣 같았다. 여기저기 다치고 상처 입은 영혼들 말이다. 어쩌면 녀석은 내게 동변상련 같은 것을 느꼈던 것인지도 모른다.

[Chapter 02]

회복을 향한 길
Road To Recovery

어릴 때부터 주변에 늘 고양이가 있었던 덕분에 나는 녀석들을 꽤 잘 이해할 수 있었다. 우리 가족은 샴 고양이를 몇 마리 키웠다. 아름다운 삼색 얼룩 고양이도 키웠던 것으로 기억한다. 녀석들 모두가 대체적으로 좋은 기억으로 남아 있지만, 안타깝게도 내 뇌리 속에 가장 생생하게 남아 있는 것은 아주 어둡고 슬픈 기억이라는 사실을 부정할 수는 없을 것 같다.

나는 영국과 호주를 오가며 자랐다. 그중에서 호주 서부의 크레이기라는 지방에 사는 동안에는 하얀 솜털로 뒤덮인 사랑스러운 새끼 고양이를 키웠다. 정확하게 기억나지는 않지만 이웃 농부에게서 그 고양이를 얻었던 것 같다. 그 고양이를 얻은 곳이 어디든 간에 그곳은 최악의 환경이었던 게 틀림없었다. 그 작은 녀석은 제대로 된 건강검진을 받지 않은 채 우리에게 넘겨졌는데 불쌍하게도 벼룩이 옮아 있었다.

물론 처음에는 몰랐다. 녀석의 털이 워낙 촘촘하고 풍성해서 벼룩들이 그 속에서 녀석을 괴롭히고 있다는 사실을 아무도 알아차리지 못했다. 모두가 알다시피 벼룩은 기생충이고 다른 생명체의 생명을 갉아먹으면서 자신의 목숨을 유지한다. 그놈들은 이 가련한 새끼 고양이의 피를 모조리 다 빨아먹어 버렸다. 우리가 그 사실을 알아차렸을 때는 이미 때가 늦은 뒤였다. 어머니는 부랴부랴 녀석을 수의사에게 데려갔지만 손쓸 길이 없다는 말만 되돌아왔다. 온갖 종류의 질병에 감염되어 있었던 녀석은 우리 집에 온 지 몇 주 만에 죽고 말았다. 그 당시 겨우 대여섯 살이었던 나는 큰 충격을 받았고 한동안 깊은 슬픔에 빠져 지냈다. 어머니도 마찬가지였다.

그 후로도 몇 년간 나는 그 새끼 고양이가 자주 생각났는데, 특히 하얀 고양이를 볼 때면 더욱 그랬다. 이 수컷 녀석과 함께 주말을 보내고 있자니 그 새끼 고양이 생각이 머릿속에서 떠나질 않았다. 녀석의 털은 상태가 정말 안 좋았다. 군데군데 털이 빠져 맨살이 그대로 드러나 있었다. 나는 이 녀석이 그 하얀 새끼 고양이와 같은 운명을 겪게 될까 봐 두려웠다.

일요일 저녁, 녀석과 함께 집에 앉아 있던 나는 중대한 결정을 내렸다. 또다시 같은 일이 일어나게 내버려 둘 수 없었다. 내가 해 준 간단한 처치만으로 녀석이 나을 리 없었다. 대수롭지 않아 보이는 것들까지도 꼼꼼하게 살펴봐야겠다 싶었다.

녀석을 수의사에게 데려가야 했다. 뒷다리의 상처도 그랬고 녀석이 가지고 있을지 모르는 또 다른 건강상의 문제들에 대해서도 나는 완전히 문외한이었다. 증상이 나타날 때까지 무작정 기다리는 것은 어리석은 짓이었기 때문에 나는 당장 다음 날 녀석을 집에서 가장 가까이에 있는 RSPCA 센터로 데려가기로 결심했다. 그 센터는 핀스베리 파크와 이어져 있는 세븐 시스터즈 로드의 반대편 끝에 있었다.

알람을 맞춰 놓고 잠이 든 나는 아침 일찍 일어나 으깬 비스킷과 참치를 접시에 담아 녀석에게 주었다. 하늘이 우중충했지만 날씨를 핑계로 일을 미룰 생각은 없었다.

녀석의 다리 상태를 봤을 때 90분 넘게 걸릴 거리를 걸어가는 것은 무리라는 생각이 들었다. 나는 녀석을 초록색 재활용 상자에 넣어 가기로 했다. 이상적이진 않았지만 더 나은 방법을 찾을 수가 없었다. 출발하자마자 녀석이 이 방법을 마음에 들어 하지 않는다는 것이 확연히 드러났다. 녀석은 상자 안에서 계속 몸부림을 쳤고, 뚜껑을 발톱으로 긁으며 기어 나오려고 애썼다. 결국 나는 포기하고 말았다.

"알았어. 그럼 내가 안고 갈게."

나는 한쪽 팔과 옆구리 사이에 재활용 상자를 끼운 채 다른 손으로 녀석을 꺼내며 말했다. 그러자 녀석은 어느새 내 어깨 위로 올라가 떡하니 자리를 잡았다. 내가 빈 상자를 끌어안은 채 RSPCA 센터까지 걸어가는 내내 녀석은 내 어깨 위에 앉아 있었다.

RSPCA 센터 안으로 들어서자 지옥에라도 온 것 같았다. 수많은 개와 그 주인들로 미어터질 지경이었다. 대부분의 주인은 머리를 짧게 자른 스킨헤드 헤어스타일과 호전적인 모양의 문신을 하고 있는 것이 어린 십대들 같았다. 그곳에 있는 개들의 70퍼센트 정도는 스태포드셔 불테리어* 종이었다. 다른 개들과 싸우다가 다친 상처 때문에 그곳에 온 것이 분명했다. 아마도 사람들이 유흥거리 삼아 개끼리 싸움을 붙였을 것이다. 사람들은 영국을 '동물 애호가의 나라'라고 말하지만, 이곳에선 그다지 동물을 사랑하는 마음이 느껴지지

---

* 영국 스태포드셔가 원산지인 근육질의 개로 투견용으로 만들어진 품종

않았다. 일부 사람들이 자기 동물을 대하는 방식은 정말 혐오스럽기까지 했다.

녀석은 내 무릎과 어깨 위를 오가며 앉아 있었다. 불안해 보였지만 녀석을 나무랄 수는 없었다. 대기실에 있는 개들 태반이 녀석을 보며 으르렁거리고 있었으니 말이다. 그중 한두 마리는 줄을 팽팽하게 당기며 녀석에게 다가오기 위해 안간힘을 쓰고 있었다.

안내에 따라 개들이 한 마리씩 진료실로 들어갔고, 간호사가 모습을 나타낼 때마다 나는 기대에 부풀었다 실망하기를 반복했다. 네 시간 반이나 지나서야 마침내 차례가 돌아왔다. 간호사가 말했다.

"보웬 씨, 진료실로 들어오세요."

중년쯤 돼 보이는 수의사는 세상만사 모두가 지긋지긋하다는 듯한 표정으로 앉아 있었다. 공격적인 분위기 속에서 너무 오래 기다린 탓일까? 그를 보자마자 나는 신경이 곤두섰다.

"자, 무엇이 문제인 것 같습니까?"

그가 내게 물었다. 이 남자가 자기 할 일을 하고 있는 것뿐임을 알면서도 나는 이렇게 쏘아붙여 주고 싶은 기분이 들었다.

'글쎄요, 제가 그걸 알면 왜 여기까지 왔겠어요?'

하지만 다행히도 나는 못된 충동을 이겨 냈다. 나는 그에게 아파트 복도에서 녀석을 발견하게 된 일부터 지금까지의 경위에 대해 말하고는 녀석의 뒷다리에 있는 농양을 가리켰다.

"좋습니다. 한번 살펴봅시다."

그가 말했다. 수의사는 녀석의 상처가 통증이 아주 심할 것이라며 진통제로 디아제팜을 주사한 뒤, 항생제인 아목시실린을 2주치 처방하겠다고 말했다.

"2주일이 지나도 좋아지지 않으면 다시 오십시오."

나는 기회를 놓치지 않고 얼른 벼룩에 대해서도 물어보았다. 그는 녀석의 털을 이리저리 살펴보더니 아무것도 없다고 했다.

"하지만 벼룩 예방약을 먹인다면 도움이 될 겁니다. 어린 고양이한테는 문제가 될 수도 있으니까요."

그가 말했다.

'그 정도는 나도 알고 있다고요.'

다시 한 번 이렇게 쏘아붙이고 싶은 충동을 견뎌 낸 뒤, 나는 그가 벼룩 예방약 처방을 추가하는 모습을 지켜보았다.

그는 녀석의 몸 안에 신분 확인용 마이크로칩이 심어져 있는지도 확인했다. 없었다. 녀석이 원래부터 길고양이라는 사실이 한 번 더 입증되는 것 같았다.

"기회가 된다면 마이크로칩을 심는 것이 좋을 겁니다. 그리고 중성화 수술도 가능하면 빨리 받는 것이 좋을 것 같군요."

수의사는 이렇게 덧붙이며 내게 길고양이를 위한 무료 중성화 수술에 대한 안내책자와 신청서를 건네주었다. 녀석이 야단법석을 떨며 온 집 안을 뛰어다니고 내게 거칠게 굴었던 일이 떠올라 그의 말에 고개를 끄덕일 수밖에 없었다.

"좋은 생각인 것 같네요."

나는 미소를 지으며 대답했다. 그가 '왜죠?'라고 물으며 호응해 주길 기대하면서 말이다. 하지만 그는 컴퓨터 자판을 두드리며 소견을 기록하고 처방전을 프린트하는 데만 관심이 있을 뿐이었다. 나는 빠르게 지나가는 생산 라인 위에 놓인 물건 신세가 된 기분이 들었다. 다음 환자를 위해 잽싸게 자리를 비켜 줘야 했다. 물론 그의 잘못이 아니었다. 시스템이 그랬을 뿐이다.

고작 몇 분 만에 진료가 끝났다. 진료실에서 나오자마자 나는 병원 안에 있는 약국에 가서 처방전을 건넸다.

"정말 사랑스럽게 생긴 고양이네요."

흰 가운을 입은 여성이 친절하게 말을 건네 왔다.

"저희 어머니도 한때 수컷 진저캣을 키우셨죠. 어머니에게 최고의 친구였어요. 정말 특별했답니다. 언제나 어머니 발치에 앉아서 세상 구경을 하곤 했는데, 아마 폭탄이 떨어졌어도 어머니 곁을 떠나지 않았을 거예요."

그녀는 서류에 세부사항들을 입력한 다음 진료비 청구서를 작성했다.

"22파운드입니다, 보웬 씨."

그녀의 말에 가슴이 철렁 내려앉았다.

"22파운드라고요! 정말요?"

그때 내 전 재산은 30파운드가 간신히 넘었다.

"유감스럽게도 그렇답니다."

그녀는 연민과 단호함이 함께 어린 표정을 지으며 말했다. 나는 현금으로 30파운드를 건네고 거스름돈을 받았다. 내게는 정말 큰돈이었다. 하루 일당이었으니 말이다. 하지만 선택의 여지가 없었다. 새로운 친구를 저버릴 수는 없는 노릇이었다.

"앞으로 우리 2주일 동안 서로 꼭 붙어 지내야 할 것 같다."

나는 병원 문을 나서며 녀석에게 말했다. 사실이었다. 처방 받은 약을 다 먹일 때까지 최소 2주 동안은 녀석을 어디에 보낼 수도 없었다. 녀석이 약을 제대로 먹는지 확인해 줄 사람도 필요했고, 혹시나 상처가 감염될지도 모르기 때문에 길거리로 내보낼 수도 없었다.

녀석을 돌봐 줘야 한다는 책임감이 이상하게도 내게 활력을 주었다. 내 인생에 어떤 목적이 생긴 것 같은 기분이었다. 내 자신 이외의 다른 사람, 혹은 다른 존재를 위해 뭔가 좋은 일을 하는 것 말이다.

그날 오후 나는 동네에 있는 애완동물 용품점에 들러 녀석이 먹을 사료를 1~2주치 정도 샀다. 예전에 RSPCA 센터에서 받은 사료 샘플을 잘 먹길래 같은 것으로 골랐다. 고양이용 간식도 샀다. 모두 9파운드 정도가 나왔는데 내가 가진 마지막 전 재산이었다.

그날 저녁 나는 녀석을 집에 혼자 둔 채 기타를 들고 코벤트 가든으로 향해야 했다. 이제 먹여 살려야 할 입이 하나 더 늘었다.

❋ ❋ ❋ ❋ ❋ ❋ ❋ ❋ ❋ ❋ ❋ ❋ ❋ ❋ ❋

건강을 회복할 수 있도록 녀석을 돌보는 동안 녀석에 대해 조금씩 더 알게 되었다. 녀석에게 이름도 지어 주었다. '밥^{Bob}'. 내가 제일 좋아하는 TV시리즈물 중 하나인 '트윈 픽스' DVD를 보다가 생각난 아이디어였다. 밥은 극 중에 등장하는 살인마의 이름이었다. 정신분열증을 앓고 있는 그는 '지킬 박사와 하이드' 같은 캐릭터다. 어떨 때는 멀쩡하지만 어떨 때는 통제 불가능한 정신 나간 사람이 되는데 사실 녀석도 약간 그랬다. 행복하고 만족스러울 때는 더없이 얌전하고 친절하지만, 기분이 안 좋아지면 완전히 미치광이처럼 돌변해 집 안을 온통 헤집고 다녔다. 벨과 수다를 떨고 있던 어느 날 밤, 이 이름이 갑자기 떠올랐다.

"이 녀석 약간 '트윈 픽스'에 나오는 살인마, 밥 같아."

내 말에 벨은 시큰둥한 표정을 지었지만 상관없었다. 어쨌든 녀석의 이름은 이제 밥이었다.

　밥이 길에서 살았던 고양이일 거라는 생각은 점점 더 확고해졌다. 밥은 내가 사 준 고양이 변기에 들어가는 걸 완강히 거부했다. 어쩔 수 없이 나는 매번 녀석을 아파트를 둘러싸고 있는 정원으로 데리고 나가 볼일을 보게 해 줘야 했다. 밥은 잎이 무성한 덤불 속으로 뛰어 들어가 볼일을 본 다음 흙을 파서 그 흔적을 덮었다.

　어느 날 아침, 밥이 여느 때처럼 자신만의 의식을 치르는 걸 지켜보다가 문득 녀석의 주인이 여행가가 아니었을까 하는 생각이 들었다. 토트넘에는 그런 사람들이 꽤 있었다. 사실 아파트 근처의 공터에 이들이 머무르는 캠프가 있었다. 녀석은 여행을 다니는 가족의 일원이었다가 그들이 다른 곳으로 이동하면서 어떤 연유에서인지 혼자 남겨진 것인지도 몰랐다.

　밥이 내게 애정을 느끼고 있다는 사실에는 의심의 여지가 없어 보였다. 내가 녀석에게 그렇듯 말이다. 정말이었다. 처음부터 밥은 내게 살갑게 굴긴 했지만 경계심을 완전히 풀지는 않았었다. 하지만 시간이 지날수록 녀석은 점점 자신감 있고 다정한 고양이가 되어 갔다. 여전히 지나칠 정도로 거칠고 심지어 공격적일 때도 있었지만, 중성화 수술이 필요하기 때문이라는 사실을 나는 알고 있었다.

　우리 생활은 규칙적으로 움직일 수 있을 만큼 안정되어 갔다. 나는 밥을 집에 남겨 두고 코벤트 가든으로 가서 충분한 돈을 벌 때까지 길거리 연주를 했다. 내가 집에 돌아올 때면 녀석은 늘 현관문 앞에서 나를 기다리고 있었고, 그런 다음 거실 소파까지 따라와 나와 함께 텔레비전을 보았다.

　나는 밥이 얼마나 영리한 고양이인지 깨닫기 시작했다. 녀석은 내가 하는 모든 말을 이해했다. 내가 소파를 톡톡 치면서 옆에 와서 앉으라고 권하면 그렇게 했다. 또 내가 약 먹을 시간이라고 말할 때마다 그 의미를 바로바로 알아채고 '꼭 그래야 해?'라는 표정으로 나를 쳐다보곤 했다. 하지만 내가 입속에 알약을 집어넣고 제대로 삼킬 때까지 목을 부드럽게 문질러 주는 동안 녀석은 조금도 반항하지 않았다. 다른 고양이들 같았으면 누군가가 억지로 자기 입을 벌리려고만 해도 미친 듯 날뛰었을 것이다. 밥은 이미 나를 완전히 믿고 있었다.

그때쯤부터 나는 밥이 특별한 고양이라는 사실을 깨달았다. 정말이지 밥 같은 고양이는 한 번도 본 적이 없었다.

물론 밥도 완벽한 건 아니었다. 밥은 먹을 것이 어디 있는지 잘 알고 있었고, 주기적으로 냄비와 프라이팬을 넘어뜨리며 주방을 우당탕탕 헤집고 다녔다. 찬장과 냉장고 문은 먹을 것을 꺼내기 위해 그 앞에서 미친 듯이 애쓰는 밥의 발톱 자국 덕분에 이미 꼴이 엉망이었다.

다행히 밥은 내가 안 된다고 말하면 잘 들었다. 나는 그저 '안 돼. 거기서 나와, 밥.' 이라고 말하기만 하면 됐고, 그러면 밥은 금세 살금살금 뒷걸음질을 쳤다. 녀석이 얼마나 영리한지 잘 보여 주는 대목이었다. 한편으로는 녀석의 출신 배경에 대한 온갖 의문을 다시금 샘솟게 만드는 행동이기도 했다. '도둑 고양이나 길고양이도 사람들이 자기한테 하는 말에 이렇게 관심을 보일까?' 하는 생각이 들었던 것이다.

나는 밥과 함께 있는 것이 정말 즐거웠다. 하지만 조심해야 한다는 것도 알고 있었다. 밥에게 너무 깊은 정을 줄 수는 없었다. 녀석은 조만간 거리로 돌아가고 싶어 할 것이 분명했다. 밥은 한곳에 매여 있는 걸 좋아할 만한 고양이가 아니었다. 녀석은 길고양이였다.

그래도 당분간은 내가 녀석의 보호자였고 내 능력이 닿는 한 최선을 다해 그 역할을 충실히 해내리라 마음먹었다. 밥이 언제라도 다시 거리로 돌아갈 수 있도록 모든 것을 준비해 줘야겠다는 생각에, 어느 날 아침 RSPCA 센터의 수의사가 내게 줬던 무료 중성화 수술 서비스 신청서를 작성해 우편함에 넣었다. 기쁘게도 며칠 만에 답장을 받았다. 편지 안에는 무료 중성화 수술을 받을 수 있는 자격증명서가 들어 있었다.

❅ ❅ ❅ ❅ ❅ ❅ ❅ ❅ ❅ ❅ ❅ ❅ ❅

다음 날 아침에도 나는 밥을 밖으로 데리고 나가 볼일을 보게 했다. 내가 사 온 고양이 변기는 티끌 하나 묻지 않은 채 그대로였다. 녀석은 여전히 그걸 좋아하지 않았다. 밥은 늘 같은 위치의 덤불 속으로 향했다. 무슨 이유에서인지 그곳이 제일 마음에 드는 모양이었다. 언젠가 한 과학기사에서 읽었던 것처럼 녀석이 영역 표시를 하는 게 아닌가 싶었다. 여느 때처럼 녀석은 1~2분 정도 그곳에 머문 다음 완벽하게 뒤처리를 했다. 고양이의 깔끔함과 청결함은 언제 봐도 늘 놀랍다. 녀석들은 왜 그렇게 깔끔을 떨어 대는 걸까?

일을 끝내고 만족스러운 표정으로 덤불 밖으로 나오던 밥이 갑자기 바짝 긴장하더니 제자리에 얼어붙었다. 녀석을 괴롭히는 것이 무엇인지 보려고 다가가려는 순간 녀석이 빛의 속도로 앞으로 튀어나왔다. 눈 깜짝할 사이에 밥은 울타리 근처 풀밭에서 뭔가를 움켜잡았다. 아주 작은 회색 쥐였다. 밥은 노련한 사냥꾼답게 정확하게 그 쥐를 덮친 뒤 이빨 사이에 물었다. 사실 그다지 보기 좋은 광경은 아니었다. 쥐는 다리를 사방팔방으로 허우적거렸고, 밥은 쥐의 목숨 줄을 끊기 위해 자기 이빨 사이에 있는 쥐의 위치를 이리저리 신중하게 바꾸었다. 곧 최후의 일격이 가해졌고 상황은 종료됐다. 그제야 밥은 쥐를 땅

위로 떨어뜨렸다.

곧 어떤 일이 벌어질지 뻔했다. 나는 정말이지 밥이 그걸 먹지 않길 바랐다. 쥐는 온갖 질병의 온상으로 악명 높다. 그래서 나는 무릎을 굽히고 앉아 녀석의 먹잇감을 집어 올리려 했다. 밥은 내 행동이 못마땅한 것 같았고 그르릉 소리와 쉭 소리를 번갈아 내더니 다시 쥐를 물어 올렸다.

"이리 줘, 밥."

나는 물러서지 않고 말했다.

"내게 줘."

밥은 그다지 까다롭게 구는 고양이가 아니었지만 이번만큼은 이렇게 말하는 듯한 표정을 지어 보였다.

'내가 왜 그래야 하지?'

나는 코트 주머니를 뒤져서 간식거리를 찾아낸 다음 녀석에게 거래를 제안했다.

"대신 이걸 먹어, 밥. 이게 훨씬 더 너한테 좋은 거야."

밥은 여전히 마음을 정하지 못한 눈치였지만 시간이 조금 더 흐르자 결국 투항했다. 녀석이 한 발짝 물러나자마자 나는 꼬리를 잡고 쥐를 들어올려 쓰레기통에 버렸다.

이 일은 고양이에 대한 수많은 흥미로운 사실 중 하나를 떠올리게 했다 (적어도 내게는 그랬다). 고양이는 타고난 포식자다. 그것도 아주 치명적인 사냥꾼이다. 자신의 작고 귀여운 고양이가 대량 학살자라는 사실을 인정하고 싶은 사람은 별로 없겠지만, 고양이는 기회가 주어지면 언제든 본능적으로 그렇게 돌변하고 만다. 호주를 포함해 세계 여러 나라에서는 고양이를 밤에 밖으로 내보내지 못하도록 법으로 규제하고 있는데, 이는 고양이가 그 지역의 새와 설치류를 학살하기 때문이다.

밥은 이 사실을 몸소 증명해 보였다. 녀석이 가지고 있는 '킬러'로서의 냉혹함, 날렵함, 그리고 정확한 사냥 기술은 믿기 힘들 정도로 뛰어났다. 녀석은 무엇을 어떻게 해야 하는지 정확하게 알고 있었다.

나는 밥이 나를 만나기 전까지 어떤 삶을 살았을지 다시 생각해 보게 되었다. 녀석은 어떤 존재였을까? 어디에서 살았고 어떻게 살아남았을까? 이런 식으로 매일 먹잇감을 사냥해 먹으면서 살았을까? 안락한 실내에서 잤을까 아니면 태어날 때부터 길거리에서 살았을까? 어떻게 지금 같은 모습으로 자랐을까? 정말 알고 싶었다. 내 길고양이 친구가 이야깃거리 한두 개 정도는 가지고 있을 거라는 확신이 들었다.

이 점도 밥과 내가 가지고 있는 여러 공통점 중 하나였다. 거리에서 거친 삶을 살게 된 이후로 사람들은 늘 내 과거를 궁금해했고, 어쩌다가 이런 상황에까지 이르게 됐는지 묻곤 했다. 물론 직업적인 이유 때문에 묻는 사람들도 있었다. 어쩌다가 길거리에서 살게 되었는지 꼬치꼬치 캐묻는 수십 명의 사회복지사, 심리학자, 경찰관에게 나는 늘 친절하게 대답해 주었다.

내 삶에 호기심을 느끼는 건 일반인들도 마찬가지였다. 이유는 모르겠지만 사람들은 누군가가 어쩌다 나락으로 떨어졌는지 알고 싶어 안달인 것 같았다. 어떤 사람들은 누구에게나 일어날 수도 있는 일이라고 생각하면서 '신의 은총이 없었다면 나도 저렇게 됐을지 몰라.' 라고 느끼는 것 같았다. 또 어떤 사람들은 내 모습을 보며 상대적으로 자신의 삶에 만족감을 느끼는 것 같기도 했다. 이를테면 이렇게 생각하는 것이다. '그래. 지금껏 내 인생이 별 볼일 없다고 생각했지만 더 나쁠 수도 있었다고. 저 가련한 놈처럼 말이야.'

나와 비슷한 처지의 사람들에게 어쩌다가 거리에서 살게 되었는지 물어

보면 구체적인 대답은 물론 저마다 다르지만 그래도 비슷한 점들이 있기 마련이다. 보통은 마약과 술이 그 대답 중 큰 비중을 차지한다. 하지만 더 오래전 일인 어린 시절이나 가족과의 관계로까지 거슬러 올라가는 사례가 훨씬 더 많다. 내 경우도 그랬다.

나는 영국과 호주 사이를 자주 오가느라 한 군데 뿌리를 내리지 못한 채 어린 시절을 보냈다. 나는 잉글랜드의 서리 주에서 태어났고, 내가 세 살이 되었을 때 우리 가족은 호주 멜버른으로 이주했다. 부모님은 이때 서로 갈라섰고 아버지만 서리에 남았다. 어머니가 멜버른에 있는 복사기 제조회사인 랭크 제록스에서 판매사원 자리를 구한 덕분에 우리는 최악의 경제적 상황에서 벗어날 수 있었다. 게다가 어머니는 그 일을 정말 잘 해내서 회사에서 제일 잘나가는 판매사원 중 하나가 되었다.

하지만 어머니는 한 군데 차분히 있지 못하는 성격이었고, 2년 만에 우리는 웨스턴 오스트레일리아 주로 또 이사를 갔다. 그리고 내가 아홉 살이 될 때까지 그곳에서 약 3~4년 정도를 살았다. 호주에서의 삶은 정말로 좋았다. 우리는 커다란 단층집들이 늘어서 있는 동네에 살았는데 집집마다 널찍한 정원이 있었고 우리 집도 내가 사내아이답게 마음껏 뛰놀며 세상을 탐험할 수 있을 만큼 충분히 넓은 환경 속에 있었다. 나는 호주의 아름다운 자연 경관을 정말 사랑했다. 하지만 문제는 내게 친구가 한 명도 없다는 점이었다.

나는 학교생활에 적응하는 것이 너무 힘들었다. 내 생각에 우리가 이사를 자주 다녔던 게 가장 큰 이유였던 것 같다. 호주에서의 삶에 적응할 수도 있었겠지만, 내가 아홉 살이 됐을 때 다시 영국의 서섹스 주로 이사하면서 그 기회는 사라져 버렸다.

나는 영국으로 돌아온 것이 기뻤다. 그 시절의 행복한 추억들은 아직까지도 남아 있다. 하지만 북반구에서의 삶에 막 적응하려는 순간, 우리는 또다시 호주의 웨스턴 오스트레일리아 주로 옮겨 가야 했다. 그때 나는 열두 살이었다.

이번에 우리는 퀸즈 록스라는 지역에 정착했다. 나는 내가 가진 많은 문제가 바로 이곳에서 시작됐다고 생각한다. 이렇게 떠돌아다니느라 우리는 한 집에서 몇 년 이상 산 적이 한 번도 없었다. 어머니는 항상 집을 사거나 팔거나 이사를 가는 중이었다. 나는 집다운 집을 가져 본 적이 없었고 안정적인 환경 속에서 성장하지 못했다. 우리는 집시 같은 삶을 살았다.

비록 내가 심리학자는 아니지만(수년 동안 꽤 많은 심리학자를 만나긴 했지만) 지나치게 이사를 많이 다니는 것은 성장기 아동에게 결코 좋지 않다고 생각한다. 그 때문에 나는 사교에 필요한 기술을 배울 수 없었고, 학교에서 친구를 사귀기가 정말 힘들었다.

다른 사람들에게 깊은 인상을 주기 위해 나는 늘 열심히 애를 써야 했다. 하지만 이는 어린 아이들 세계에서 별로 좋지 않았다. 내 생각과는 달리 늘 반대되는 결과가 생겼던 것이다. 나는 내가 다녔던 모든 학교에서 아이들로부터 괴롭힘을 당했다. 퀸즈 록스에서는 특히 더 심했다. 내가 가지고 있는 영국식 억양과 남을 기쁘게 하려고 애쓰는 태도가 아이들 눈에 거슬렸던 모양이었다. 아이들에게 나는 정말 손쉬운 표적이었다. 한번은 아이들이 나에게 돌을 던졌다. 퀸즈 '록스'라고 불리는 데는 다 그만한 이유가 있었다. 아이들은 도처에 널려 있는 석회암 덩어리들을 제대로 활용했다. 나는 학교에서 집으로 돌아오던 길에 집중 공격을 받았고 뇌진탕으로 쓰러지고 말았다.

설상가상으로 나는 그 당시 새아버지였던 닉과도 사이가 좋지 않았다. 십대의 관점에서 봤을 때 그는 멍청한 사람이었다. 나는 그를 '멍청한 닉'이라고 불렀다. 어머니는 영국 호샴에 돌아가 특수 경찰이 되었을 때 그를 만났고, 그는 결국 어머니를 따라 호주까지 왔다.

내가 십대 초반이 될 때까지 우리는 계속 떠돌이 삶을 살았다. 어머니의 계속되는 사업 도전 때문이었다. 어머니는 매우 성공한 여성이었다. 한번은 텔레마케팅 교육 비디오 사업을 했고 한동안 꽤 잘되었다. 그 다음에는 〈시티 우먼〉이라는 제목의 여성 잡지를 창간했다. 하지만 잡지는 별로 잘 팔리지 않았다. 어떤 때는 돈이 넘쳤다가 어떤 때는 씨가 말랐다가 했다. 어쨌든 하나의 사업이 오랫동안 지속된 적은 한 번도 없었다. 어머니는 사업가가 기질에 딱 맞았다.

십대 중반이 되자 나는 학교를 거의 그만두다시피 했다. 아이들에게 괴롭힘을 당하는 것이 죽을 만큼 싫었기 때문이었다. 닉과도 여전히 사이가 좋지 않았다. 게다가 나는 매우 독립심이 강했다. 어느덧 나는 불량 청소년이 되어 있었다. 항상 밤늦은 시간까지 나돌아 다녔고, 어머니에게 반항을 일삼고 어떠한 형태의 권위에든 조롱을 서슴지 않았다. 나는 자신을 나쁜 길로 몰아가는 버릇이 생겼고, 어른이 된 후에도 이 버릇을 완전히 떨쳐 버리지 못하고 있었다.

예상했겠지만 나는 마약에 중독되어 있었다. 현실에서 도피하고 싶은 마음에 처음에는 본드를 흡입했는데 다행히 중독되지는 않았다. 다른 아이가 하는 것을 보고 몇 번 따라해 봤을 뿐이었다. 하지만 이는 시작에 불과했다. 그 이후로 나는 대마초를 피웠고, 매니큐어와 본드에 들어 있는 공업용 물질인 톨루엔을 흡입하기 시작했다. 모두가 서로 연결되어 있었고 한 가지가 전체 과정의 일부 같았다. 하나가 다른 하나로 이어지고 그 다른 하나가 또 다른 하나로 이어지는 식이었다. 나는 화가 났다. 돌파구가 보이지 않았다.

일곱 살짜리 아이를 보면 그 아이가 어떤 어른으로 자랄지 대략 알 수 있다는 말이 있다. 내가 일곱 살이었을 때도 사람들이 내 앞날을 짐작할 수 있었는지는 잘 모르겠지만, 내가 열일곱 살이었을 때는 정말 확실히 보였을 것이다. 나는 '자기 파멸'로 향하는 길을 걷고 있었다.

어머니는 나를 마약의 수렁에서 건져 내려고 온갖 노력을 다했다. 어머니 눈에는 내가 어떻게 내 자신을 파멸시키고 있는지 똑똑히 보였을 것이다. 그리고 그 버릇을 끊지 않는다면 앞으로 나에게 더 심각한 문제들이 일어날 것이란 사실도 잘 알고 있었다. 어머니는 어머니로서 할 수 있는 모든 일을 했다. 마약을 찾아내기 위해 내 옷 주머니를 샅샅이 뒤졌고, 심지어 나를 방에 가둔 적도 몇 번 있었다. 하지만 우리 집 문손잡이들은 중심에 버튼이 있는 형태였고, 나는 금세 머리핀으로 문을 여는 기술을 터득했다. 버튼은 곧바로 튀어나왔고 나는 손쉽게 자유의 몸이 되었다. 나는 어머니는 물론 다른 누구에게도 그 문제에 대해 간섭받고 싶지 않았다. 그 후로 나는 어머니와 더 자주 말다툼을 벌였고, 상황은 점점 더 나빠져만 갔다. 안 되겠다 싶었는지 어머니는 결국 나를 정신과 의사에게 데려갔다. 그들은 내게 정신분열증부터 조울증, 주의력결핍 과잉행동장애에 이르기까지 온갖 병명을 다 갖다 붙였다. 물론 나는 모두 헛소리라고 생각했다. 나는 자기가 세상 어느 누구보다도 더 많이 알고 있다고 착각하는 망가진 십대에 불과했다. 뒤늦게 깨달은 것이지만, 그때 어머니가 나를 얼마나 많이 걱정했을지 지금은 안다. 어머니는 무력감을 느꼈을 것이고 앞으로 나에게 어떤 일이 일어날지 정말 두려웠을 것이다. 하지만 그때 나는 어머니를 비롯한 다른 사람들의 감정은 전혀 신경 쓰지 않았다. 다른 이들에게 관심도 없었고 그들의 말을 듣고 싶지도 않았다.

어머니와의 관계가 너무 악화되자 나는 잠시 한 기독교 자선 단체 보호 시설에 보내졌다. 나는 그곳에서도 마약을 하고 기타를 치며 그냥 시간을 죽였다.

열여덟 번째 생일을 맞을 때쯤, 나는 런던으로 돌아가 아버지가 재혼해서 낳은 이복여동생과 함께 살겠다고 선언했다. 본격적인 내리막길의 시작을 알리는 신호탄이었다. 하지만 그때는 여느 십대들이 그렇듯 세상 속으로 멋지게 출항하는 것처럼 여겨졌다.

어머니가 나를 공항까지 데려다 주었다. 차는 빨간 신호등 앞에 멈춰 섰고, 나는 차에서 뛰어내린 후 어머니의 볼에 가볍게 입맞춤을 한 뒤 잘 가라며 손을 흔들었다. 모두가 내가 6개월 정도만 런던에 있을 거라고 생각했다. 정말 그럴 계획이었다. 6개월 동안 런던에 머무르면서 이복여동생과 여기저기 구경도 하고, 그런 다음 음악가가 되겠다는 원대한 꿈을 적극적으로 추진해 볼 작정이었다. 하지만 언제나 그렇듯 세상일이란 뜻대로 흘러지지 않는 법이나.

처음에는 남런던에 살고 있는 이복여동생과 함께 지낼 생각이었지만 이복형이 나를 그다지 반기지 않았다. 말했듯이 나는 고트* 같은 옷을 입고 다니는 반항적인 십대였고, 형의 눈에 아마도 나는 가시 같은 존재였을 것이다. 더군다나 생활비를 전혀 보태지 않았으니 더 그랬을 것이다.

호주에서 나는 휴대폰을 판매하기도 했고 IT 분야의 일도 했었다. 하지만 영국에 와서는 괜찮은 직장을 구하기가 쉽지 않았다. 처음 구한 일은 바텐더였다. 하지만 내 외모는 그 일에 적합하지 않았다. 그들은 1997년 크리스마스 휴가를 떠난 직원들의 빈자리를 메우기 위해 나를 잠깐 이용한 후 바로 해고해 버렸다. 그것도 모자라 그들은 노동부 사무소에 내가 자발적으로 일을 그

---

* Goth: 1980년대에 유행한 록 음악의 한 형태로 가사가 주로 세상의 종말, 죽음, 악에 대한 내용을 담고 있다. 또는 검은 옷을 입고, 흰색과 검은색으로 화장을 하는 고트 음악 애호가들을 말한다.

만두었다는 내용의 편지를 써서 보냈다. 이는 영국에서 출생한 덕택에 받을 수 있는 실업 수당을 못 받게 됐다는 의미였다.

그 후로 나는 이복형의 집에서 점점 더 환영받지 못하는 신세가 되어 갔다. 결국 이복여동생과 이복형은 나를 쫓아냈다. 아버지와 연락해 몇 번 만나긴 했지만 우리는 서로에 대해 아는 게 거의 없었고 같이 지내기도 힘들어 보였다. 나는 친구들 집을 전전하며 소파나 마룻바닥에서 잠을 잤고, 곧 침낭을 가지고 런던 이곳저곳의 여러 아파트나 불법 거주 건물들을 옮겨 다니며 떠돌이 생활을 시작하게 되었다. 그리고 더 이상 누울 수 있는 바닥마저도 없어지자 길거리로 나앉고 말았다. 그때부터 상황은 더 빠르게 악화일로로 치닫기 시작했다.

❋ ❋ ❋ ❋ ❋ ❋ ❋ ❋ ❋ ❋ ❋ ❋ ❋ ❋

길바닥에서 산다는 것은 한 인간에게서 품위와 정체성을, 아니 모든 것을 앗아가 버리는 일이다. 정말이다. 사람들은 길거리에 사는 사람을 인간 취급조차 하지 않고 그들과 어떤 관계도 맺고 싶어 하지 않는다. 진정한 친구라고는 세상에 한 명도 남지 않게 된다. 한번은 식당 주방에 짐을 날라 주는 일을 간신히 얻었는데 그들은 노숙자인 것을 알고는 바로 나를 해고했다. 아무 잘못도 저지르지 않았는데 말이다. 노숙자로 살면 이렇게 '기회를 만날 수 있는 기회' 조차도 사라져 버린다.

내가 그 상황에서 벗어날 수 있는 유일한 탈출구는 호주로 돌아가는 것뿐이었다. 그런데 돌아가는 비행기 표는 가지고 있었지만 출국 날짜 2주 전에 여권을 잃어버리고 말았다. 나는 아무런 관련 서류도 갖고 있지 않았고 새로 여권을 발급받을 돈도 없었다. 호주에 있는 가족에게 돌아갈 희망이 물거품처럼 사라져 버린 것이었다. 그리고 어떤 면에서 나 자신도 그렇게 사라져 버렸다.

❋ ❋ ❋ ❋ ❋ ❋ ❋ ❋ ❋ ❋ ❋ ❋ ❋ ❋

그 뒤로 내 인생은 마약과 술과 경범죄, 그리고 절망감이라는 짙은 안개 터널 속에 영영 갇혀 버렸다. 게다가 나는 헤로인을 주사하는 버릇까지 생겼다. 밤거리에서 편하게 잠들고 싶은 마음에 손대기 시작한 헤로인은 추위와 외로움으로부터 나를 마취시킨 후 다른 세상으로 데려가 주었다. 하지만 불행히도 내 영혼 또한 잠식해 버렸다. 1998년이 되자 나는 헤로인에 완전히 중독되었다. 죽을 고비도 몇 번 넘겼을 테지만 솔직히 말해 약에 너무 취해 아무것도 생각나지 않았다.

그때까지 나는 가족 누구에게도 연락하지 않았다. 나라는 존재가 지구상에서 완전히 사라져 버린 셈이나 마찬가지였지만 별로 신경 쓰지 않았다. 나에겐 생존만이 유일한 목표였다. 이제 와서 하는 생각이지만 그 당시 가족들은 내 걱정에 하루하루 지옥 같은 나날을 보냈을 것이다.

나는 런던에 도착한 지 거의 1년이 지나고 나서야 내가 가족에게 얼마나 큰 슬픔을 안겨 줬는지 어렴풋이 짐작하기 시작했고, 그로부터 약 9개월 후에는 완전히 거리에 나앉았다. 런던에 도착한 지 얼마 되지 않았을 때는 아버지와 종종 연락을 하기도 했지만 그 후로는 오랫동안 연락하지 않았다. 크리스마스 즈음이 돼서야 나는 아버지에게 전화를 걸어야겠다고 결심했다. 아버지의 아내, 그러니까 새어머니가 전화를 받았다. 처음에 아버지는 내 전화를 거부했고 나를 몇 분간 기다리게 만들었다. 아버지는 몹시 화가 나 있었다.

"빌어먹을, 도대체 이제껏 어디 있었던 거냐? 모두가 너를 걱정하다 거의 죽을 뻔했다!"

아버지는 대화를 나눌 수 있을 정도로 감정을 추스른 후에야 겨우 이렇게 말했다. 내가 몇몇 한심한 변명을 늘어놓았지만 아버지는 계속 소리를 질러 댔다. 아버지는 어머니가 내가 어디 있는지 알아내려고 무척 애를 썼고, 아버지와도 계속 연락을 주고받았다고 했다. 어머니가 얼마나 내 걱정을 많이 했는지 알 수 있는 대목이었다. 두 분은 서로 전혀 말을 섞지 않는 사이였으니 말이다. 아버지는 5분 내내 계속 소리를 질렀다. 지금은 안도감과 분노가 한데 뒤섞여서 그랬다는 것을 잘 안다. 아마 아버지는 내가 죽었을지도 모른다고 생각했을 것이다. 사실 어떤 면에서 나는 죽은 것이나 다름없었다.

내 인생에서 그 시기는 1년 정도 더 지속됐다. 나는 결국 노숙자 보호 단체에 의해 길거리에서 구조되었다. 나는 다양한 보호 시설을 전전했다. 세인트 마틴스 레인에 있는 보호소도 그중 하나였다. 그 당시 나는 그 주변에 있는 시장에서 노숙을 하고 있었는데, '주거 취약자' 리스트라고 알려진 곳에 이름이 오르게 되었고, 그 결과 보호 시설에 들어갈 수 있는 우선권을 얻게 되었다. 하지만 크게 나아질 건 없었다. 기껏해 봐야 끔찍한 저급 호스텔, 민박집, 공영 시설 등을 전전하며 붙박이 물건만 빼고 모든 것을 훔쳐 가는 헤로인이나 크랙* 중독자들과 함께 지내는 것이었으니 말이다.

어느 틈엔가 내가 갖고 있던 물건들은 모조리 다 도둑맞았다. 가장 중요한 물건들은 옷 안에 집어넣은 채로 자야 했다. 생존 이외에는 다른 고민을 할 겨를이 없었다. 아니나 다를까, 나의 마약 의존도는 점점 더 심해졌다.

---

* crack: 마약의 한 종류

이십대 후반이 되자 나는 마약 중독 치료 센터에 들어갈 수밖에 없었다. 나는 우선 마약을 끊는 데 몇 개월을 보낸 뒤 마약 중독 치료 프로그램을 받게 되었다. 얼마 동안은 날마다 약국에 가고 2주일에 한 번씩 버스를 타고 캠든에 있는 마약 중독 치료 센터에 가는 것이 내가 하는 일의 전부였다. 나는 이런 일과에 따라 거의 자동 반사적으로 움직였다. 침대에서 일어나면 이미 프로그래밍 되어 있는 컴퓨터처럼 이 일 아니면 다른 일을 했다. 아무 생각도 할 줄 모른다는 듯 멍하니 그렇게 했다. 솔직하게 말하자면 진짜 아무 생각도 없을 때가 더 많았다.

나는 그곳에서 상담도 받았다. 어떤 마약 습관을 가지고 있으며, 어쩌다 그런 습관을 가지게 되었는지, 그리고 어떻게 그 습관을 고칠 수 있는지에 대해 수도 없이 이야기했다.

마약 중독에 대한 핑곗거리를 찾기란 워낙 쉬운 일이긴 하지만 나는 내가 마약에 중독된 이유를 확실히 알고 있었다. 딱 하나, 바로 지독한 외로움 때문이었다. 헤로인은 내가 느끼는 고립감으로부터, 그리고 가족도 친구도 하나 없다는 사실로부터 나를 마취시켜 주었다. 나는 넓은 세상에 오롯이 혼자였고 헤로인은 유일한 내 친구였다(평범한 사람들은 잘 이해하지 못하겠지만). 하지만 마음속 깊은 곳에서는 헤로인이 나를 죽이고 있다는 사실도 느끼고 있었다.

결국 나는 헤로인을 끊고 메타돈을 복용하기로 결심했다. 메타돈은 모르핀과 헤로인 중독자들이 마약을 끊을 수 있게 도와주는 합성 약물이다. 내 계획은 2007년 봄이 되기까지 메타돈마저 끊고 완전히 중독에서 벗어나는 것이었다. 어쩌면 몇 년에 걸쳐 진행되어야 하는 일이었다.

토트넘에 있는 지금의 공영 아파트로 집을 옮긴 것도 그 계획 중 일부였다. 새 거주지는 평범한 사람들로 가득한 평범한 단지 안에 있었다. 나는 이곳에 내 인생을 다시 정상 궤도로 돌려놓을 기회가 있다는 것을 알았다.

노숙자들을 위한 보호 시설이지만 모든 게 공짜는 아니었다. 월세를 내기 위해서 나는 코벤트 가든 길거리에서 음악을 연주하기 시작했다. 그다지 큰돈은 아니었지만 먹을거리를 장만하고 가스와 전기 요금을 내는 데 보탬이 되었다. 게다가 이 일은 내가 심리적인 안정을 되찾는 데도 도움이 되었다. 내 인생을 바꿀 수 있는 기회였다. 이번에는 반드시 기회를 잡아야 했다. 내가 만약 고양이였다면 그들의 마지막 삶인 아홉 번째 삶을 막 시작한 셈이었다.

[Chapter 03]

중성화 수술
The Snip

처방 받은 약을 다 먹어 가자 밥은 훨씬 밝아 보였다. 다리 뒤에 있는 상처도 잘 치유되고 있었고, 털이 빠져 군데군데 드러나 있던 피부에서도 조금씩 굵고 튼튼한 새 털이 나기 시작했다. 밥의 얼굴에 행복한 기운이 가득했다. 눈에서는 찬란한 빛이 나기 시작했는데 전에는 미처 몰랐던 초록색과 노란색 광채가 너무 아름다웠다.

밥은 확실히 회복된 것 같았다. 녀석이 야단법석을 떨며 집 안을 뛰어다니는 것이 그 증거였다. 첫째 날에도 정신없이 빙글빙글 돌며 이리저리 날아다니긴 했지만, 이제는 완전히 에너지가 넘쳐났다. 상상을 초월했다. 가끔은 미치광이로 돌변한 것처럼 사방팔방을 펄쩍펄쩍 뛰어다녔다. 그리고 나를 포함해 눈에 띄는 모든 것을 맹렬히 발톱으로 할퀴었다.

집 안에 있는 나무로 만든 물건들은 모조리 녀석의 발톱 자국으로 장식됐다. 심지어 내 손등과 팔도 마찬가지였다. 나는 개의치 않았다. 악의가 있어서가 아니라 그저 놀고 싶어서 그러는 것임을 잘 알았기 때문이다.

밥은 주방에서 제일 말썽을 많이 피웠다. 녀석은 찬장과 냉장고 문에도 온통 발톱 자국을 냈다. 그 자국은 단순한 장난이 아니라 먹을 것을 찾기 위한 몸부림의 증거였다. 그래서 나는 싸구려 플라스틱 자물쇠를 몇 개 사야 했다. 또 밥의 장난감이 될 여지가 있는 물건들을 허투루 두지 않도록 늘 세심한 주의를 기울여야 했다. 신발이나 옷가지 같은 것들은 고작 몇 분 만에도 사망 진단이 떨어졌다.

밥의 행동을 전반적으로 봤을 때 확실히 뭔가 조치를 취할 필요가 있었다. 그동안 고양이들을 많이 봐 와서 나는 이런 신호가 무엇을 의미하는지 잘 알고 있었다. 밥은 엄청난 양의 테스토스테론이 몸 안에서 용솟음치고 있는 젊은 수컷이었다. 밥에게 중성화 수술이 필요하다는 것에 의심의 여지가 없어 보였다. 밥의 치료 과정이 다 끝나기 며칠 전, 나는 달스톤 레인에 있는 동물 병원인 애비 클리닉에 전화를 걸기로 마음먹었다.

나는 밥을 '그대로' 두었을 때의 장점과 단점에 대해 잘 알고 있었다. 단점이 장점보다 월등하게 많았다. 만약 중성화 수술을 하지 않는다면 밥은 호르몬에 완전히 장악된 나머지 본능을 이기지 못하고 발정 난 암컷을 찾아 거리로 뛰쳐나갈 것이 분명했다. 며칠 동안, 심지어 몇 달 동안 행방불명이 될 수도 있다는 의미였다. 차에 치일 위험은 물론 다른 고양이들과 싸울 위험 또한 훨씬 높아질 게 뻔했다. 녀석이 지금 갖고 있는 상처도 싸움에서 생겼을 가능성이 컸다. 수컷 고양이는 자기 영역을 표시하기 위해 냄새를 남기는데, 밥이 다른 수컷의 영역 안으로 들어갔다가 그에 상응하는 대가를 치른 것일지도 몰랐다.

이뿐만이 아니다. 과대망상일 수도 있을 만큼 가능성이 아주 낮긴 하지만, 만약 중성화 수술을 시키지 않는다면 에이즈의 고양이 버전이라 할 수 있는 고양이 면역 결핍 바이러스나 고양이 백혈병 바이러스 같은 질병에 걸릴 위험도 있었다. 또한 만약 밥이 계속 나와 함께 살게 된다면 훨씬 차분해질 필요가 있었다. 항상 미치광이처럼 뛰어다니는 고양이는 곤란했다. 이는 상당히 중요한 문제였다.

반면 밥을 그대로 두는 것의 장점은 그리 많지 않았다. 녀석이 작은 외과적 수술을 피할 수 있다는 정도. 그게 다였다. 쉽게 내릴 수 있는 결정이었다.

동물 병원에 전화를 건 나는 여자 간호사에게 우리 상황을 대강 설명한 뒤 밥이 무료 수술을 받을 자격이 되는지 물었다. 그녀는 수의사에게 받은 정식 자격증명서만 있으면 가능하다고 대답했다. 물론 증명서는 녀석의 다리를 치료하고 벼룩과 기생충 예방약을 타러 RSPCA 센터를 방문했던 날 미리 받아 두었다.

유일하게 걱정되는 건 녀석이 아직 약을 복용하고 있다는 점이었다. 녀석이 항생제를 복용하는 기간이 거의 끝나간다고 설명하자 그녀는 아무 문제가 되지 않는다고 말했다. 그녀는 이틀 후에 수술을 받을 수 있게 예약을 하라고 권유했다.

"그냥 데려오셔서 아침에 저희에게 맡기세요. 별일 없다면 늦은 오후쯤이면 데려가실 수 있을 거예요."

그녀가 말했다.

수술 당일 아침, 나는 기분 좋게 잠에서 깼다. 오전 10시까지 녀석을 병원으로 데려가야 했다. 지난번에 RSPCA 센터를 방문한 이후 처음으로 함께하는 외출이었다. 나는 풀밭에서 볼일 볼 때를 제외하고는 밥이 아파트 밖으로 나가지 못하게 했다. 아직 항생제를 복용하는 중이었기 때문이다. 나는 2주 전 RSPCA 센터에 데려갈 때 사용했던 바로 그 초록색 플라스틱 재활용 상자에 다시 녀석을 집어넣었다. 밥은 처음 들어갔던 날보다 훨씬 더 불편해하는 것 같았지만 어쩔 수 없었다. 밖에 나가자 비가 올 것 같아서 뚜껑을 살짝 덮어 두었다. 녀석은 계속 고개를 빼꼼 내민 채 스쳐 지나가는 세상을 구경했다.

달스톤 레인의 상점가에 있는 애비 클리닉은 신문 가게와 의료 센터 사이에 있는 작은 동물 병원이었다. 약속 시간보다 훨씬 일찍 도착했는데도 벌써부터 사람들로 북적였다. 흔히 볼 수 있는 소란스러운 광경이 눈앞에 펼쳐지고 있었다. 이번에도 어김없이 스태포드셔 불테리어 몇 마리가 네안데르탈인처럼 생긴 주인들과 함께 있었고, 개들은 주인이 잡고 있는 줄을 힘껏 끌어당기면서 이동장 안에 있는 고양이들을 향해 으르렁거리고 있었다. 눈에 확 띄는 임시 이동장 덕분에 개들의 관심은 일제히 밥에게로 쏠렸다. 여느 고양이 같았으면 길길이 날뛰었을 테지만 밥은 전혀 당황하는 기색을 보이지 않았다. 나를 완전히 믿는 것 같았다.

내 이름이 불리자 이십대로 보이는 젊은 간호사가 서류를 몇 가지 들고 나타났다. 그녀는 나를 방으로 안내한 다음 아주 기본적인 사항들을 물어보았다.

"일단 수술을 하고 나면 다시 되돌릴 수 없습니다. 앞으로 영원히 밥의 후손을 원하는 일이 없을 것이라고 확신하십니까?"

그녀가 물었다. 나는 웃으며 고개를 끄덕인 후 밥의 머리를 쓰다듬으며 대답했다.

"네, 확신합니다."

하지만 그녀의 다음 질문은 나를 난처하게 만들었다.

"밥은 몇 살이죠?"

그녀가 미소를 지으며 물었다.

"아, 사실은 저도 잘 몰라요."

나는 간단하게 밥에 대한 이야기를 들려주었다.

"음, 한번 살펴보죠."

그녀는 밥이 아직 중성화 수술을 받지 않았다는 사실이 녀석의 나이를 가늠하게 해 주는 좋은 단서라고 설명했다.

"수컷이든 암컷이든 고양이는 생후 6개월경에 성적으로 성숙해지는 경향이 있거든요. 이 시기 이후에 '그대로' 남아 있으면 뚜렷한 육체적 변화를 겪게 되지요. 예를 들어 수컷 고양이들은 얼굴이 커져요. 특히 양쪽 뺨 있는 데가 그렇지요. 또 피부가 더 두꺼워지고 몸집도 커지죠. 중성화 수술을 받은 고양이들보다 확실히 더 크답니다. 밥은 그렇게 크지는 않네요. 제 생각에는 생후 9개월에서 10개월 정도 된 것 같아요."

그녀는 내게 수술 동의서를 건네면서 합병증이 생길 위험이 있긴 하지만 그럴 가능성은 거의 희박하다는 설명도 덧붙였다.

"수술을 하기 전에 전반적인 신체검사와 혈액검사를 할 거예요. 만약 문제가 생긴다면 바로 연락드릴게요."

"알겠습니다."

나는 약간 당황하며 대답했다. 휴대폰이 없기 때문에 그들의 연락을 받기가 쉽지 않을 것 같았다. 계속해서 그녀는 내게 수술 과정 전반에 대해 설명해 주었다.

"수술은 마취를 하고 이뤄져요. 매우 간단한 수술이죠. 음낭 주머니 두 부분을 조금 절개한 다음 그곳을 통해 고환을 제거해요."

"아이고 아파라, 밥."

나는 밥에게 장난삼아 농담을 던졌다.

"별 다른 일이 없다면 여섯 시간 후에 밥을 데리러 오시면 돼요."

그녀가 자신의 손목시계를 들여다보며 말했다.

"오후 4시 반경이 되겠네요. 시간 괜찮으세요?"

"네, 좋아요. 그때 올게요."

나는 고개를 끄덕였다. 밥을 마지막으로 한 번 꼭 안아 준 다음 나는 밖으로 나왔다. 하늘이 시커먼 것이 금방이라도 비가 쏟아질 기세였다.

센트럴 런던까지 갔다 오기에는 시간이 충분치 않았다. 자리를 잡고 노래를 몇 곡 부르고 나면 돌아와야 할 시간이 될 게 뻔했다. 그래서 나는 가장 가까운 역인 달스톤 킹스랜드에서 기회를 잡아 보기로 결정했다. 가장 적합한 곳은 아닐지라도 밥을 기다리는 동안 몇 파운드라도 벌면서 시간을 보낼 수 있을 것 같았다. 그 역 근처에는 매우 친절한 구두수선 가게가 있었는데, 갑자기 비라도 쏟아지면 그곳에서 잠시 피할 수도 있겠다 싶었다.

나는 거리에서 연주를 하는 동안 가능하면 밥의 생각을 머릿속에서 지우려고 애썼다. 녀석이 수술실 안에 있는 모습을 떠올리고 싶지 않았다. 아마도 녀석은 태어나서 지금까지 주욱 길거리에서 살았을 것이고 또 다른 건강상의 문제가 있다 해도 그리 놀랄 일은 아니었다. 나는 아주 간단한 수술을 받으러 동물 병원 수술실에 들어갔다가 다시는 세상 빛을 보지 못한 고양이와 개 이야기들을 많이 들었다. 불길한 생각을 떨쳐 버리려 애썼지만 커다란 먹구름이 내려다보고 있어 더욱 불안했다. 시간이 너무 더디게 흘렀다.

시곗바늘이 4시 15분을 가리키자 나는 부리나케 짐을 챙겨 동물 병원까지 수백 미터를 거의 날다시피 달려갔다. 아까 봤던 간호사가 안내 데스크에 앉아 동료와 이야기를 나누고 있었다. 간호사는 나를 보자 따뜻한 미소를 지으며 인사를 건넸다.

"오셨어요, 보웬 씨."

"밥은 어떻습니까? 모든 게 잘됐습니까?"

나는 숨을 채 고르지 못하고 헉헉거리며 물었다.

"밥은 괜찮아요. 아무 문제도 없으니 걱정 마세요. 일단 숨부터 돌리세요. 제가 데려다 드릴게요."

그녀가 말했다.

묘했다. 누군가를, 혹은 뭔가를 이렇게 걱정해 본 건 몇 년 만에 처음이었다. 나는 수술실로 들어가서 따뜻하고 근사한 케이지 안에 누워 있는 밥을 보았다.

"안녕, 밥. 몸은 좀 어때?"

내가 물었다. 밥은 마취가 덜 깬 몽롱한 상태인지 잠시 동안 나를 알아보지 못했다. 하지만 곧 똑바로 앉더니 케이지 문을 발톱으로 긁기 시작했다. 이렇게 말하는 것 같았다.

'나를 꺼내 줘.'

간호사는 내게 퇴원 안내 서류에 사인을 하게 한 다음, 밥의 상태를 한 번 더 꼼꼼히 살피며 퇴원해도 좋을지 확인했다. 그녀는 정말 사랑스럽고 배려 깊은 사람이었다. 지난번 수의사를 만났을 때의 안 좋은 기억은 그녀 덕분에 눈 녹듯 사라져 버렸다. 그녀는 밥의 수술 부위를 보여 주며 어느 곳을 절개했는지 알려 줬다.

"며칠 동안은 이 근처가 부어 있고 아플 거예요. 하지만 그게 정상이에요. 그저 틈틈이 출혈이 생기진 않았는지 확인만 해 주시면 돼요. 문제를 발견하시면 전화를 주시거나 병원에 다시 데려오시고요. 하지만 별 문제 없을 거예요."

"얼마 동안이나 몸을 가누지 못하는 상태로 있나요?"

"빛나는 눈과 탐스런 꼬리를 되찾으려면 며칠 정도 걸릴 거예요. 사실 고양이마다 달라요. 어떤 고양이들은 금방 회복하기도 하는데, 어떤 애들은 멍한 상태가 가시는 데만 며칠이 걸리기도 해요. 하지만 대개 48시간 안에 상태가 좋아져요."

그녀는 계속 말을 이어 나갔다.

"수술한 직후에는 아마 그다지 많이 먹으려 들지 않을 거예요. 하지만 입맛은 조금 지나면 금방 돌아와요. 계속해서 너무 졸려 하고 무기력해 보이면 전화를 주시거나 병원에 나와 검사를 받으세요. 아주 가끔이긴 하지만 수술 중에 감염되는 경우도 있거든요."

그녀가 말했다.

내가 재활용 상자를 가지고 와서 막 밥을 안아 올리려는 순간, 그녀가 잠깐 기다리라고 말했다.

"잠깐만요. 더 좋은 방법이 있을 것 같아요."

잠시 어딘가로 사라졌다가 나타난 그녀의 손에는 사랑스러운 하늘색 이동장이 들려 있었다.

"어, 그건 제 것이 아닌데요?"

"걱정 마세요. 괜찮아요. 저희에겐 여분의 이동장이 많이 있거든요. 일단 가져가셨다가 근처를 지날 일이 있으면 그때 돌려주시면 돼요."

"정말요?"

어쩌다 그 가방이 그곳에 남아 있게 되었는지는 알 수 없었다. 누군가가 그 안에 자기 고양이를 넣어 데려왔다가 더 이상 필요하지 않게 되자 그냥 놔두고 돌아간 것일 수도 있었다. 이에 대해서는 별로 깊이 생각하고 싶지 않았다.

어쨌든 수술은 밥에게 힘든 일이었음이 분명했다. 집으로 가는 내내 밥은 이동장 안에서 반쯤은 자고 반쯤은 깬 채로 널브러져 있었다. 집에 도착하자 녀석은 자기가 제일 좋아하는 곳인 라디에이터 옆으로 천천히 걸어가 엎드렸다. 밥은 밤새 그곳에서 잤다.

다음 날, 나는 일을 하루 쉬었다. 수술 후 하루 이틀 정도는 부작용이 있지는 않은지 지켜봐야 한다는 동물 병원 측의 조언 때문이었다. 나는 밥이 계속 나른해하는지 유심히 살펴보았다. 주말이 다가오고 있었고 돈을 벌어야 했지만, 밥이 잘못되기라도 하면 나 자신을 용서할 수가 없을 것 같아 24시간 동안 밥을 지켜보기로 결심했다.

다행히 밥은 괜찮았다. 다음 날 아침이 되자 녀석은 기력을 조금 회복하고 아침을 먹었다. 간호사가 말한 대로 평상시 입맛이 완전히 돌아오지는 않았지만 제일 좋아하는 사료를 반 그릇이나 먹었다. 좋은 신호였다. 또 밥은 집 안을 여기저기 조금씩 돌아다니기 시작했다. 사기 충만한 모습은 아니었지만 말이다.

그 뒤 며칠 동안 녀석은 빠른 속도로 원래의 모습을 되찾기 시작했고, 수술 후 3일째가 되자 이전처럼 사료를 게걸스럽게 먹어치웠다. 나는 녀석이 가끔씩 통증을 느낀다는 걸 알 수 있었다. 이따금씩 움찔 하고 놀라거나 갑자기 동작을 멈추곤 했는데 심각한 것 같지는 않았다. 여전히 느닷없이 미치광이같이 괴상한 행동을 하긴 했지만 밥을 수술시킨 것은 백번 잘한 일이었다.

[Chapter 04]

탑승 티켓
Ticket To Ride

밥을 데려온 지 2주일이 다 되어 가자 밥을 거리로 돌려보내는 일에 대해 진지하게 생각해 봐야 할 것 같았다. 길거리는 녀석의 고향이었다. 밥은 집으로 돌아가길 원하고 있을지도 몰랐다.

밥은 빠르게 건강을 되찾았다. 처음 만났을 때보다 훨씬 더 건강해 보였다. 살도 많이 붙었다. 항생제 복용 기간도 끝나고 중성화 수술에서도 완전히 회복한 뒤 하루 이틀이 지나자, 나는 밥을 데리고 아래층으로 내려갔다. 아파트 밖으로 이어지는 정문 출입구까지 나간 뒤 녀석에게 거리 쪽 방향을 가리켰다.

밥은 그 자리에 그대로 서 있었다. 발바닥이 바닥에 찰싹 붙기라도 한 듯이 그렇게 서서 영문을 모르겠다는 표정으로 나를 쳐다봤다. 이렇게 말하는 것 같았다.

'내가 어쩌길 바라는 거야?'

"가, 가, 어서 가라고."

나는 손을 내저으며 말했다. 밥은 꿈쩍도 하지 않았다. 잠깐 동안 우리는 서로 눈싸움을 하며 그렇게 버티고 서 있었다. 그리고 잠시 후 밥이 발걸음을 돌려 터벅터벅 걸어갔다. 길거리 쪽이 아니라 항상 볼일을 보던 정원 쪽으로 말이다. 녀석은 땅을 파고 볼일을 보고 다시 완전히 덮은 뒤 천천히 돌아와 나를 올려다봤다. 이번에는 이렇게 말하는 듯했다.

'자, 네가 바라는 걸 했어. 이제 뭐?'

그때 처음으로 머릿속에서 어떤 생각이 확고해지기 시작했다.

"나와 함께 있고 싶은 거구나?"

나는 녀석에게 나지막이 말했다. 순간 나는 기뻤다. 녀석은 정말로 매력적인 고양이였고 나는 밥과 함께 지내는 것이 좋았다. 하지만 내 이성은 여전히 그런 일이 일어나게 해서는 안 된다고 말하고 있었다. 아직 나는 내 몸 하나 건사하기도 힘든 상황이었고 여전히 마약 중독 치료 프로그램에 참여하고 있는 중이었으며 앞으로 한참 동안은 계속 그래야 했으니 말이다. 도대체 어떻게 나 같은 사람이 고양이, 그것도 밥같이 영리하고 자립심 강한 고양이를 돌볼 수 있겠는가? 우리 둘 모두에게 당치 않은 일이었다.

그래서 나는 무거운 마음을 억누른 채 낮에는 녀석을 아파트 건물 밖에 둬야겠다고 결심했다. 아침에 일하러 나가면서 나는 밥을 정원으로 데리고 나갔다.

'힘든 사랑이군.'

나는 속으로 생각했다.

밥은 이 계획을 전혀 좋아하지 않았다. 내가 처음으로 계획을 실행에 옮기자 녀석은 '배신자'라고 말하는 듯한 눈빛으로 나를 노려보았다. 내가 어깨에 기타를 메고 일터로 출발하자 밥은 잠복 업무 중인 스파이처럼 인도 위를 지그재그로 왔다 갔다 하며 내 뒤를 미행했다. 하지만 여기저기 돌아다니는 녀석의 적갈색 털은 너무 눈에 띄어서 움직임이 훤히 다 보였다. 나는 밥을 볼 때마다 걸음을 멈추고 돌아가라고 팔을 크게 휘휘 내저었다. 녀석은 완전히 배신당했다는 듯한 표정으로 온몸을 축 늘어뜨린 채 마지못해 되돌아갔다. 결국 밥은 내 메시지를 이해했고 그렇게 어딘가로 사라졌다.

하지만 여섯 시간쯤 지나 집에 돌아왔을 때, 밥은 아파트 출입구 앞에서 나를 기다리고 있었다. 녀석이 따라 들어오지 못하게 막아야 한다는 생각이 들었다. 하지만 곧 그 생각은 한 번만 더 녀석을 집으로 초대해 내 발치에서 몸을 말고 있게 하고 싶다는 마음으로 바뀌고 말았다.

그 후로 며칠 동안 비슷한 일과가 반복됐다. 아침마다 나는 밥을 밖으로 내보낸 채 집을 나섰고, 저녁이 되면 밥은 길거리 연주를 마치고 돌아오는 나를 기다리고 있었다. 녀석은 바깥 골목길에서 나를 기다리고 있기도 했고 누군가가 아파트 안으로 들여보내 준 날이면 아예 현관문 앞에 있는 매트 위에 앉아 있기도 했다. 녀석은 나를 떠날 생각이 전혀 없어 보였다. 확실히 그랬다.

나는 최후의 수단으로 밤에도 밥을 바깥에 내보내기로 결심했다. 그날, 일을 마치고 돌아온 나는 쓰레기통 보관소에 숨어 있는 녀석을 발견했다. 녀석이 나를 보기 전에 얼른 아파트 안으로 들어가려고 했지만 바보 같은 짓이었다. 녀석은 고양이다. 내 몸에 있는 모든 감각을 총동원한다고 해도 녀석의 수염 한 가닥에 있는 감각도 따라잡을 수 없다. 내가 아파트 출입문을 여는 순간, 밥은 쏜살같이 그 틈을 비집고 따라 들어왔다. 그날 밤 나는 녀석을 복도에 혼자 남겨 두었다.

다음 날 아침 현관문을 열자 바로 앞 매트 위에 밥이 앉아 있었다. 며칠 동안 같은 상황이 되풀이되었다. 밥은 매일 아침 내가 집 밖으로 나올 때마다 복도에서 어슬렁거리고 있거나 아파트 밖에서 나를 기다리고 있었다. 그리고 밤이 되면 어떻게든 아파트 안으로 들어오곤 했다.

결국 녀석은 자기가 이 특별한 싸움에서 승리했다고 판단한 것 같았다. 나는 곧 또 다른 문제를 해결해야 했다. 녀석이 큰 도로까지 나를 따라오기 시작했던 것이다. 처음에는 큰 도로 초입까지만 왔다가 내가 손을 내저으며 가라고 쫓으면 아파트로 돌아갔다. 그 다음에는 코벤트 가든으로 가는 버스를 타러 토트넘 하이 로드까지 걸어가는 내내 100미터도 넘게 내 뒤를 따라왔다. 나는 밥의 인내심과 순수한 끈기에 감탄했지만 한편으로는 녀석이 원망스러웠다. 도저히 녀석을 떼어 버릴 수가 없었다. 밥은 매일 조금씩 더 멀리까지 나를 따라 나왔고 점점 더 대담해졌다. 내가 무작정 밥을 내버려 두고 가 버리면 밥도 그렇게 가던 길을 계속 가다가 어디든 다른 곳을 찾지 않을까 하는 생각도 들었다. 하지만 녀석은 매일 밤 어김없이 나를 기다리고 있었다. 뭔가 특단의 조치가 필요했다.

그날 아침, 나는 평소처럼 일터로 나갈 준비를 했다. 가장자리에 빨간 장식이 있는 까만색 통기타를 케이스에 넣은 뒤 배낭과 함께 어깨에 메고 아래층으로 내려갔다. 밥이 좁은 복도에 앉아서 아침 인사를 건넸다. 그리고는 또다시 나를 따라오기 시작했다. 나도 늘 그랬듯 손을 내저으며 쫓았다.

"거기 있어. 따라오면 안 돼."

이번에는 밥이 내 말귀를 알아들었는지 다른 곳으로 가는 것 같았다. 도로를 따라 내려가는 동안 나는 녀석이 따라오지는 않는지 확인하기 위해 이따금씩 뒤를 돌아보았다. 녀석은 보이지 않았다.

"드디어 말귀를 알아먹었구나."

나는 혼잣말을 했다.

코벤트 가든으로 가는 버스를 타려면 토트넘 하이 로드를 건너야 했다. 토트넘 하이 로드는 북런던에서 가장 혼잡하고 위험한 도로 중 하나였다. 여느 때와 다름없이 그날 아침에도 승용차와 대형트럭, 오토바이들이 서로 뒤엉켜, 꽉 막힌 도로에서 어떻게든 빠져나가려 애쓰고 있었다.

인도에 서서 지금이라도 뛰어가면 100미터 정도 앞, 도로 속에 갇혀 있는 버스를 잡아탈 수 있을까 싶어 망설이고 있는데 누군가, 아니 무언가가 내 다리에 몸을 비비는 게 느껴졌다. 나는 본능적으로 아래를 내려다보았다. 친숙한 형체가 내 옆에 서 있었다. 밥이었다. 놀랍게도 밥이 그곳에서 마치 자기도 나와 같은 고민을 하고 있다는 듯 횡단보도를 건널 기회를 노리고 있었다.

"도대체 여기서 뭐하고 있는 거야?"

나는 밥에게 말했다. 밥은 별 시답지 않은 질문을 다 한다는 듯 오민한 표정으로 나를 올려다보았다. 그리고 다시 도로 쪽으로 시선을 돌리며 전력질 주라도 하려는 듯 도로 경계석 가까이로 몸을 비집고 들어갔다.

나는 녀석이 그런 위험을 감수하도록 내버려 둘 수 없었다. 자살 행위가 될 게 뻔했다. 나는 녀석을 쓸어 담듯 휙 들어 내 어깨 위에 올려놓았다. 내가 이리저리 차 사이를 뚫고 횡단보도를 건너는 동안 밥은 내 머리 한쪽에 바짝 몸을 기대고 있었다.

"좋아, 밥. 이 정도면 충분히 멀리 온 거야."

반대편 인도에 도착하자 나는 이렇게 말하며 녀석을 내려놓은 뒤 어서 가라고 손을 내저었다. 녀석은 주저하듯 옆걸음질을 치더니 인도를 따라 내려가 인파 속으로 사라졌다.

'이게 정말 마지막일지도 몰라.'

나는 속으로 생각했다. 그곳은 집에서 정말 멀었다.

잠시 후 버스가 정류장에 섰다. 뒤쪽에서도 올라탈 수 있는 빨간색 구식 이층 버스였다. 나는 버스 맨 뒷자리에 앉아 안내원 좌석 근처에 있는 짐 보관 공간에 기타 케이스를 내려놓았다. 그때 내 뒤에서 적갈색 털 뭉치가 휙 하고 지나가는 것이 느껴졌다. 어느새 버스를 따라 탔는지 밥이 내 옆에 태연하게 자리를 잡고 앉아 있었다!

나는 너무 놀라서 정신을 차릴 수가 없었다. 그리고 결국 이 고양이를 절대 떼어 버릴 수 없으리란 사실을 깨달았다. 그리고 또 다른 사실도 깨달았다.

나는 밥을 내 무릎 위로 올라오게 했고 녀석은 기다렸다는 듯 그렇게 했다. 잠시 후 안내원이 나타났다. 활달한 인도 여성이었다. 그녀는 밥을 향해 활짝 웃어 보이고는 나에게도 미소를 보냈다.

"당신 고양이인가요?"

그녀가 밥을 쓰다듬으며 물었다.

"틀림없이 그런 것 같네요."

내가 대답했다.

[Chapter 05]

관심의 중심
Centre of Attention

　45분 남짓한 시간 동안 밥은 내 옆에 얌전히 앉아 버스 유리창에 얼굴을 붙인 채 세상 구경을 했다. 휙휙 지나가는 자동차, 자전거 타는 사람, 승합차, 걸어다니는 사람들의 모습에 온통 마음을 빼앗긴 것 같았다. 긴장하거나 당황하는 기색이라곤 전혀 찾아볼 수 없었다.
　구급차(어쩌면 경찰차나 소방차)의 사이렌 소리가 점점 커지자 불안해졌는지 밥은 그제야 창문에서 고개를 돌려 나를 쳐다보았다. 안심시켜 달라는 듯한 표정이었다. 밥의 행동에 약간 놀란 나는 또다시 녀석이 어디서 태어났고 어떤 어린 시절을 보냈는지 궁금해졌다. 만약 녀석이 거리에서 자랐다면 이 정도 소음쯤에는 아주 익숙했을 텐데 말이다.
　"걱정할 거 하나 없어."
　나는 밥의 뒷덜미를 다정하게 쓰다듬어 주며 말했다.
　"런던 중심가의 소리일 뿐이야, 밥. 점점 익숙해질 거야."

이상했다. 나는 밥이 길고양이고 언제든 도망칠 수 있는 동물이란 사실을 잘 알면서도 녀석이 내 삶 속에 완전히 정착했다는 기분이 들었다. 왠지 그 날이 우리가 함께하는 마지막 여행이 될 것 같지는 않았다.

나는 평소처럼 토트넘 코트 로드 지하철역 근처에 있는 버스 정류장에서 내릴 준비를 했다. 정류장이 시야에 들어오자 나는 기타를 들고 밥을 안아 올린 다음 출구 쪽으로 향했다. 버스에서 내린 후에는 코트 주머니를 뒤져 전날 밤 밥을 밖으로 데리고 나갈 때 사용하고 넣어 둔 신발 끈을 찾았다.

나는 그 임시 목줄을 매 준 뒤 밥을 바닥에 내려놓았다. 밥이 길거리를 헤매고 다니는 것은 원치 않았다. 토트넘 코트 로드와 뉴 옥스퍼드 스트리트가 만나는 교차로는 쇼핑객, 관광객, 그리고 일상적인 하루를 보내는 런던 사람들로 늘 북새통이었다. 눈 깜짝할 새에 밥을 잃어버릴 수도 있었다. 최악의 경우에는 밥이 뉴 옥스퍼드 스트리트를 쌩쌩 오가는 버스나 택시에 치일 수도 있었다.

당연히 밥에게는 이 모든 것이 조금 위협적으로 느껴지는 것 같았다. 녀석에게는 익숙하지 않은 영역이었다. 뭐, 물론 장담이야 할 수는 없지만 말이다. 길을 걷는 동안 밥의 몸짓이나 행동을 살펴보니 녀석이 약간 긴장하고 있다는 것을 알 수 있었다. 밥은 불안한 듯 계속 나를 올려다보았다. 그래서 나는 평소 자주 이용하는 지름길인 뒷골목을 통해 코벤트 가든까지 가기로 결심했다.

"힘내, 밥. 어서 이 사람들 틈에서 벗어나자."

내가 말했다. 그래도 녀석은 완전히 편안해지진 않은 것 같았다. 인파 속에서 이리저리 방향을 틀며 걸어가는 동안 밥은 이 길도 역시 별로라는 표정으로 계속 나를 올려다보았다. 나는 몇 미터를 더 걸어가고 나서야 밥이 자기를 안아 주길 원한다는 걸 알아차렸다.

"좋아. 하지만 버릇되면 안 돼."

나는 이렇게 말하며 녀석을 안아 토트넘 하이 로드를 건널 때처럼 내 어깨 위에 올려놓았다. 녀석은 금세 편안하게 자리를 잡았다. 약간 각을 잡고 내 오른쪽 어깻죽지에 몸을 걸친 채 앞발을 내 어깨 끝에 올렸다. 마치 해적 선장의 어깨에 앉은 앵무새 같았다. 속으로 웃음을 참을 수가 없었다. 내 모습이 〈보물섬〉에 나오는 해적 선장, 존 실버처럼 보일 게 분명했다. 앵무새 대신 고양이와 항해한다는 점만 다를 뿐이었다.

밥은 내 어깨 위를 매우 편안해했다. 인파를 헤치고 뉴 옥스퍼드 스트리트를 건너 코벤트 가든으로 향하는 골목길에 이르렀을 때는 녀석이 기분 좋게 가르릉거리고 있는 소리마저 들을 수 있었다.

인파 속을 거의 벗어날 때쯤이 되자, 나는 밥이 내 어깨 위에 있다는 사실조차 잊어버렸다. 그 대신 나는 일터로 향할 때마다 그렇듯 머릿속에 떠오르는 생각들에 몰두하기 시작했다.

'다섯 시간 동안 길거리 연주를 할 수 있을 만큼 날씨가 좋을까?'

대답은 '아마도'였다. 날씨가 흐리긴 했지만 새하얀 구름이 하늘 높이 떠 있는 걸로 봐서 비가 올 확률은 그다지 높지 않아 보였다.

'오늘은 어떤 사람들이 코벤트 가든에 있을까?'

'글쎄.'

그래도 부활절 휴가 기간이니 관광객들이 많긴 할 것이다.

'앞으로 며칠 동안 내가(이제는 밥과 함께) 먹고사는 데 필요한 20~30파운드를 벌려면 얼마나 오랫동안 연주를 해야 할까?'

이 대답도 역시 '글쎄'였다. 전날은 다섯 시간이 꼬박 걸렸다. 그날은 더 나을 수도 있고 그렇지 않을 수도 있었다. 길거리 연주는 늘 그랬다. 아무것도 예측할 수 없었다.

이 모든 것에 대해 곰곰이 생각 중이던 나는 불현듯 어떤 사실을 깨달았다. 평소에는 아무도 나에게 관심을 보이지도 나와 눈빛을 교환하지도 않았다. 나는 길거리 연주자였고 이곳은 런던이었다. 나는 존재하지 않는 사람이나 마찬가지였다. 나는 환영받지 못하는 사람이었고 심지어 피해야 할 사람이었다. 하지만 그날 오후 닐 스트리트를 따라 걸어가는 동안에는 내 옆을 지나가는 거의 모든 사람이 나를 쳐다봤다. 뭐, 조금 더 정확히 이야기하자면 내가 아닌 밥을 본 것이지만 말이다.

한두 사람은 조금 놀라면서도 혼란스럽다는 듯한 표정을 지었다. 충분히 이해할 수 있었다. 어울리지 않는 조합으로 보였을 것이다. 긴 머리를 한 키 큰 남자가 커다란 적갈색 고양이를 어깨 위에 올리고 걸어가다니. 아무리 런던이라 할지라도 매일 볼 수 있는 흔한 풍경은 아니었다.

하지만 대부분의 사람은 따뜻한 반응을 보였다. 밥을 보는 순간 그들의 얼굴에는 함박웃음이 번졌다. 사람들은 우리를 잡아 세우기 시작했다.

"어머나, 이 고양이 좀 봐요."

쇼핑백을 잔뜩 들고 있는 고급스런 옷차림의 중년 여성이 말했다.

"너무 매력적인 고양이네요. 만져 봐도 되나요?"

"물론이죠."

나는 일회성 이벤트가 될 거라 생각하며 대답했다. 그녀는 쇼핑백을 바닥에 탁 내려놓더니 밥에게 얼굴을 바짝 들이댔다.

"정말 사랑스러운 녀석이구나. 수컷 맞죠? 그렇죠?"

"네, 맞아요."

"어깨 위에 그렇게 얌전하게 앉아 있다니 정말 착하네요. 흔히 볼 수 없는 광경이에요. 당신을 정말 신뢰하는 게 분명해요."

이 여성이 자리를 뜨기도 전에 어린 소녀 두 명이 다가왔다. 소녀들은 중년 여성이 밥을 쓰다듬는 모습을 보고서 자기들도 그렇게 할 수 있을 거라고 생각한 것 같았다. 소녀들은 스웨덴에서 부활절 휴가를 즐기러 왔다고 했다.

"얘 이름이 뭐예요? 사진 찍어도 돼요?"

소녀들은 이렇게 말하면서 내가 고개를 끄덕이기도 전에 잽싸게 카메라 셔터를 눌러 댔다.

"밥이란다."

"아, 밥. 멋진 이름인데요?"

우리는 1~2분 정도 수다를 떨었다. 한 소녀는 자기도 고양이를 기른다며 내게 사진을 보여 주었다. 몇 분이 지나자 나는 그들에게 양해를 구해야 했다. 안 그러면 밥에게 침을 튀기며 몇 시간이고 우리를 붙잡고 있을 기세였기 때문이다.

다시 나는 롱 에이커 방향으로 이어지는 닐 스트리트 끝을 향해 걷기 시작했다. 하지만 속도가 더디기 짝이 없었다. 한 사람이 밥에 대한 칭송을 마치고 자리를 뜨면 기다렸다는 듯이 또 다른 사람이 나타났다. 그리고 또 나타났다. 몇 미터도 채 못 가서 밥을 쓰다듬거나 말을 걸고 싶어 하는 사람에게 계속 붙잡혔다.

이런 속도라면 아무데도 갈 수 없을 것 같았다. 버스 정류장에서 내 공연 장소까지 가는 데는 보통 10분이면 충분했지만 그날은 밥에게 말을 걸고 싶어 하는 사람이 너무 많아 두 배나 되는 시간이 흘러가 버렸다. 약간 우습기까지 할 정도였다. 겨우 코벤트 가든에 도착했을 즈음엔 평소보다 한 시간이 훌쩍 더 지나 있었다.

'정말 고마워, 밥. 네 덕분에 몇 파운드는 너끈히 날렸구나.'

반쯤 농담 삼아 나는 속으로 혼잣말을 했다. 하지만 심각한 문제인 건 사실이었다. 만약 녀석 때문에 매일 이렇게 공연 시간이 늦어진다면 큰일이었다. 다시는 녀석이 버스를 따라 타지 못하게 해야겠다고 생각했다. 그러나 얼마 지나지 않아 나는 생각을 바꾸게 되었다.

※ ※ ※ ※ ※ ※ ※ ※ ※ ※ ※ ※ ※ ※

그즈음 나는 1년 반이 넘도록 코벤트 가든 주변의 길거리에서 음악을 연주하고 있었다. 연주는 보통 오후 2~3시쯤에 시작해서 저녁 8시경까지 이어졌다. 쇼핑을 마친 관광객이나 퇴근 후 집으로 돌아가는 사람들의 관심을 끌기에 가장 좋은 시간대였다. 주말이면 조금 더 일찍 나와 점심시간부터 연주를 했다. 목요일과 금요일, 토요일에는 꽤 늦은 시간까지 했는데 한 주간의 일을 마치고 주말을 즐기러 나온 런던 사람들을 겨냥한 것이었다.

나는 유연하게 장소를 옮겨 다니며 관객을 찾아 나섰다. 내가 주로 공연하는 장소는 제임스 스트리트에 있는 코벤트 가든 지하철역 바로 앞에 있는 거리였다. 나는 저녁 러시아워가 절정에 달할 때인 6시 30분경까지 거기서 일했고, 이후 몇 시간 동안은 사람들이 밖에 나와 술을 마시고 담배를 피우고 있는 펍들을 돌아다니며 연주했다. 여름철에는 이 방법이 꽤 생산적이었다. 하루 일과를 마친 후 저무는 햇살 속에서 맥주와 담배를 즐기고 난 회사원들은 연주를 즐긴 대가를 지불하는 데 매우 관대했기 때문이었다.

하지만 때로는 위험한 방법이기도 했다. 어떤 사람들은 내가 자기들 쪽으로 걸어가기만 해도 반감을 보이며 무례하게 대했고 심지어 욕을 하기도 했다.

"저리 꺼져. 이 비렁뱅이야!"

"그럴 듯한 일자리를 구하란 말이야, 이 게으른 새끼야!"

그들이 내게 하는 말은 대개 이러했다. 하지만 가까이 가지 않으면 괜찮았고 나는 곧 익숙해졌다. 내 노래를 행복하게 들은 뒤 기꺼이 1파운드를 던져주는 사람들도 많았다.

사실 제임스 스트리트에서 연주를 한다는 것은 도박이기도 했다. 엄밀히 말하자면 나는 원래 거기에 있으면 안 되는 사람이었다. 코벤트 가든은 거리에서 일하는 사람들을 분야별로 엄격하게 나눈 뒤 정해진 구역에서만 활동하도록 규정해 놓고 있었다. 위세 부리는 걸 좋아하는 지역 의회 공무원들이 돌아다니며 규제하고 있었는데 우리는 그들을 '코벤트 가디언'이라고 불렀다.

내 공연 장소는 로열 오페라 하우스와 바우 스트리트 근처인 코벤트 가든 동쪽이어야 했다. 코벤트 가디언의 말에 따르면 음악가들은 그곳에서만 공연을 할 수 있었다. 또 광장의 반대편인 서쪽은 연기자들을 위한 곳이었다. 저글링을 하는 사람들과 아마추어 연예인들이 그곳에 자리를 잡고 떠들썩한 관중들에 둘러싸여 공연을 했다.

내가 연주를 하고 있는 제임스 스트리트는 원래 인간 조각상을 위한 곳이었다. 하지만 인간 조각상은 그리 많지가 않아서 아무 공연 없이 비어 있을 때가 많았다. 찰리 채플린처럼 차려입은 꽤 연기를 잘하는 남자도 가끔씩만 나왔다. 나는 그 점을 이용해 그곳을 내 공연 장소로 만들었다. 물론 코벤트 가디언에게 쫓겨날 위험이 늘 도사리고 있다는 걸 알고 있었지만 나는 호시탐탐 기회를 노렸고 대개 결과가 좋았다. 지하철역에서는 매번 엄청난 수의 사람들이 쏟아져 나왔다. 천 명 중 한 명 꼴로 동전을 '던져 준다' 해도 괜찮은 장사였다.

✿✿✿✿✿✿✿✿✿✿✿✿✿

마침내 제임스 스트리트에 도착했을 때는 오후 3시가 막 지난 참이었다. 하지만 또다시 누군가에게 붙잡혔다. 이번에는 체육관에서 운동을 마치고 나온 듯한 남자였는데 입고 있는 운동복 디자인을 보아하니 게이가 확실했다. 그는 밥을 보고 귀여워서 어쩔 줄 몰라 하며 호들갑을 떨더니 심지어 밥을 살 수 있는지 물었다. 처음에는 농담 삼아 하는 말이라고 생각했다.

"팔려고 데리고 나온 게 아니에요."

그가 진지하게 물어본 것일 수도 있기 때문에 나는 최대한 정중하게 대답했다. 그 남자가 자리를 뜨자 나는 밥을 한 번 물끄러미 쳐다본 뒤 고개를 절레절레 저었다.

"런던에서만 이래, 친구. 런던에서만."

공연 장소에 도착하자 나는 우선 그 일대가 안전한지 확인했다. 코벤트 가디언은 어디에도 보이지 않았다. 지하철 역무원 몇 명도 같은 이유로 가끔 나를 들볶았는데, 그들도 눈에 띄지 않았다. 나는 밥을 내려놓고 기타 케이스를 연 다음 재킷을 벗고 튜닝할 준비를 했다. 평소 같으면 튜닝을 마치고, 연주를 시작하고, 사람들이 내게 관심을 보이기까지 10분은 족히 걸리는데, 그날은 연주를 채 시작하기도 전에 사람들이 앞에 서더니 기타 케이스 안으로 동전을 던져 주었다.

'참 마음이 넓은 사람들이구나.'

나는 속으로 생각했다. 심지어 내가 기타를 튜닝하느라 등지고 앉아 있는데도 동전 부딪치는 소리가 또 들려왔다. 곧 한 남자의 목소리가 이어졌다.

"멋진 고양이네요."

고개를 돌려보니 이십대 중반 정도 되는 평범한 외모의 남자가 싱글벙글 웃는 얼굴로 내게 엄지를 들어 보이며 지나가고 있었다.

몸을 돌려 앉은 나는 깜짝 놀랐다. 밥이 비어 있는 기타 케이스 한가운데 몸을 동그랗게 말고 편안하게 앉아 있었다. 녀석이 매력 넘치는 고양이라는 사실은 이미 잘 알고 있었지만 이건 또 다른 이야기였다.

나는 호주에 살던 십대 시절에 기타 연주법을 독학으로 배웠다. 다른 사람들의 연주를 들은 뒤 내 방식대로 그 곡을 연주해 보면서 말이다. 내게 처음 기타가 생긴 것은 열다섯이나 열여섯 살 때쯤이었는데 사실 기타를 시작하기에는 조금 늦은 나이였다. 친구들의 통기타를 빌려서 연습하던 나는 멜버른에 있는 중고 악기 매장에서 낡은 전자기타를 구입했다. 사실 나는 전자기타가 더 좋았다. 나는 지미 헨드릭스의 열렬한 팬이었다. 그는 환상 그 자체였고 그처럼 연주하는 게 내 꿈이었다.

길거리 연주를 위해 준비한 레퍼토리에는 내가 그동안 즐겨 연주했던 곡들이 모두 들어 있었다. 커트 코베인은 항상 내게 영웅 같은 존재였기 때문에 너바나의 노래는 빠지지 않았다. 밥 딜런과 조니 캐쉬의 노래도 적당히 버무려 연주했다. 내가 연주했던 곡들 중 가장 인기 있었던 것은 나인 인치 네일즈가 불렀다가 조니 캐쉬가 다시 부른 '허트'였다. 조니 캐쉬 버전이 연주하기가 더 쉬웠는데 통기타 곡으로 편곡되었기 때문이다. 나는 조니 캐쉬가 부른 '더 맨 인 블랙'도 연주했다. 길거리 연주를 하기에 좋은 노래였고 주로 검은색 옷을 즐겨 입는 내게 어울리는 곡이기도 했다. 내 연주 목록 중 가장 인기 있는 노래는 오아시스의 '원더월'이었다. 언제나 호응이 뜨거웠다. 저녁 시간에 펍의 야외 테이블을 돌아다니며 부를 때면 특히 더 그랬다.

나는 매일 거의 똑같은 노래들을 반복해서 연주했다. 사람들이 좋아하는 노래였고 관광객들이 듣고 싶어 하는 노래이기도 했다. 보통 손을 풀기 위해 너바나의 '어바웃 어 걸' 같은 노래로 공연을 시작했다. 밥이 내 앞에 앉아 지하철역에서 쏟아져 나오는 사람들을 쳐다보고 있던 그날도 나는 이 노래로 공연을 시작했다.

✽ ✽ ✽ ✽ ✽ ✽ ✽ ✽ ✽ ✽ ✽ ✽ ✽ ✽

연주를 시작한 지 몇 분도 안 돼 아이들 한 무리가 우리 앞에 멈춰 섰다. 브라질에서 왔는지 아이들은 모두 브라질 축구팀 티셔츠를 입고서 포르투갈어로 들리는 말을 재잘대고 있었다. 그중 한 어린 소녀가 몸을 굽혀 밥을 쓰다듬으며 이렇게 말했다.

"아, 가토 보니타."

"당신이 아름다운 고양이를 가졌다고 말하는 거예요."

고맙게도 아이들 중 하나가 포르투갈 어를 통역해 주었다. 런던으로 수학여행을 온 이 아이들은 밥에게 홀딱 빠지고 말았다. 곧이어 이게 웬 야단법석인지 궁금해하는 사람들이 너도나도 걸음을 멈추고 몰려들기 시작했다. 여섯 명 정도 되는 브라질 아이들과 지나가던 사람들이 주머니를 뒤지더니 기타 케이스 안으로 동전을 던져 댔다.

"그러고 보니 밥, 넌 꽤 괜찮은 파트너구나. 더 자주 초대해야겠는걸?"

나는 밥을 향해 미소를 지었다. 밥을 데리고 올 계획이 아니었기 때문에 밥에게 줄 게 별로 없었다. 밥이 제일 좋아하는 고양이 간식 반 봉지가 배낭 안에 있어서 이따금씩 그걸 조금씩 꺼내 주었다. 나와 마찬가지로 밥도 제대로 된 밥을 먹으려면 좀 더 기다려야 했다.

늦은 오후가 이른 저녁으로 바뀌자, 직장에서 퇴근한 사람들과 웨스트엔드에서 저녁 시간을 보내기 위해 나온 사람들로 거리가 더 붐비기 시작했다. 그리고 점점 더 많은 사람이 밥을 보기 위해 발걸음을 멈췄다. 밥에게 사람을 끄는 뭔가가 있는 게 분명했다.

땅거미가 내려앉기 시작할 때 한 중년 여성이 말을 걸어 왔다.

"기른 지 얼마나 되었나요?"

그녀가 몸을 굽혀 밥을 쓰다듬으면서 물었다.

"아직 몇 주밖에 안 됐어요."

내가 대답했다. 그리고 덧붙였다.

"우리는 서로를 찾아냈어요."

"서로를 찾아냈다고요? 그거 멋진데요?"

처음에 나는 그녀가 약간 의심스러웠다. 동물 복지 단체에서 일하는 사람이 아닐까 하는 생각이 들었고, 내게 동물을 키울 권리가 없다고 말하지는 않을까 걱정이 됐다. 하지만 그녀는 그저 고양이를 무척 사랑하는 사람일 뿐이었다. 우리가 만나게 된 사연과 내가 녀석의 회복을 위해 2주일 동안 간호해 준 이야기를 들려주는 내내 그녀는 미소를 짓고 있었다.

"저도 몇 년 전에 밥과 무척 닮은 수컷 진저캣을 길렀어요."

그녀가 약간 감정에 북받친 듯한 표정으로 말했다. 곧 울음을 터트릴 것 같았다.

"이 녀석을 발견했다니 당신은 정말 운이 좋은 거예요. 고양이는 최고의 친구예요. 정말 조용하고 유순하죠. 당신은 진정한 친구를 찾아낸 셈이에요."

그녀가 말했다.

"네, 당신 말이 맞는 것 같네요."

나는 빙그레 웃었다. 그녀는 자리를 뜨기 전에 기타 케이스 안에 5파운드짜리 지폐를 내려놓았다. 밥에게는 확실히 여성을 사로잡는 매력이 있었다. 그때까지 걸음을 멈춘 사람들 중 70퍼센트 정도가 여성이었다.

한 시간밖에 안 됐는데 벌써 25파운드가량이 모였다.

'훌륭한데?'

나는 속으로 생각했다. 하지만 내 무의식은 아직 일을 끝내지 말고 밤까지 계속해야 한다고 말하고 있었다. 사실 나는 여전히 밥에 대해 갈피를 잡을 수가 없었다. 이 녀석과 나는 어떻게든 함께 지낼 운명이라는 예감이 들긴 했지만, 또 한편으로는 녀석이 언젠가는 내 곁을 떠나 자기 갈 길을 가 버릴 거라는 생각도 지울 수가 없었다. 그래야만 이치에 맞았다. 녀석은 어쩌다 내 인생 속으로 흘러 들어왔고 언젠가는 다시 흘러 나갈 게 분명했다. 계속 지금같을 수는 없었다. 그래서 나는 행인들이 밥을 보며 계속 호들갑을 떠는 모습을 지켜보며 차라리 지금 이 기회를 최대한 이용하는 것이 낫겠다는 결론을 내렸다. 건초는 햇빛이 쨍쨍할 때 말려야 하는 법이다.

'녀석이 밖에 나와 나랑 놀고 싶은 거라면 좋은 거지 뭐. 나도 돈을 좀 더 벌 수 있고 말이야. 이 역시 좋은 거지 뭐.'

나는 속으로 생각했다.

하지만 돈을 좀 더 버는 정도에 그친 게 아니었다. 나는 보통 하루 평균 20파운드 정도를 벌곤 했다. 그 정도면 며칠 동안 살림을 꾸리는 데 충분했다. 하지만 그날 저녁 8시경 일을 마쳤을 때는 그보다 훨씬 더 많은 돈이 모여 있었다. 기타를 챙긴 후, 잔뜩 쌓여 있는 동전을 세는 데만 5분이 넘게 걸렸다. 온갖 나라의 동전이 수백 개가 넘었고 사이사이 지폐도 여러 장 끼어 있었다. 벌어들인 돈을 다 계산하고 나자 절로 입이 떡 벌어졌다. 무려 63.77파운드였다. 코벤트 가든 주변을 오가는 사람들에게는 63.77파운드가 그리 큰돈으로 느껴지지 않을지 몰라도 내게는 그랬다.

나는 동전을 모두 배낭 속에 넣은 뒤 어깨에 짊어졌다. 거대한 돼지 저금통에서 나는 기분 좋은 짤그랑 소리가 났다. 무게가 엄청났다. 정말 황홀했다. 평소에 버는 돈의 세 배라니. 내가 그동안 거리에서 번 일당 중 가장 큰 액수였다.

나는 밥을 안아 올리며 녀석의 등과 목 뒷덜미를 쓰다듬어 주었다.

"잘했어, 친구. 내가 '멋진 저녁 벌이'라고 부르는 게 바로 이런 거야."

나는 그날 저녁은 펍 주변을 돌아다닐 필요가 없다는 결론을 내렸다. 게다가 밥이 배가 고플 시간이었다. 나도 마찬가지였다. 집으로 가야 했다. 나는 밥을 다시 한 번 내 어깨 위에 올리고 토트넘 코트 로드에 있는 버스 정류장을 향해 걸었다. 사람들에게 무례하게 굴 생각은 없었지만 나는 우리에게 미소를 보내는 사람 전부와 시간을 보내지는 않기로 결심했다. 자정 전에는 집에 도착하고 싶었다.

"오늘 밤엔 근사한 것을 먹자, 밥."

토트넘으로 돌아가는 버스에 몸을 싣고 내가 말했다. 밥은 또다시 코를 창문에 딱 붙이고서 바깥의 화려한 불빛과 차량 행렬을 구경했다.

우리는 토트넘 하이 로드에 있는 멋진 인도 레스토랑 근처에서 내렸다. 밖에 전시된 메뉴판에 군침을 흘리면서 수없이 그 앞을 지나쳤지만, 내 수중에 그중 하나를 사먹을 수 있는 돈이 있었던 적은 단 한 번도 없었다. 항상 아파트 근처에서 산 싸구려 음식들로 끼니를 때워야 했다.

나는 레스토랑 안으로 걸어 들어가 치킨 티카 마살라와 레몬밥, 페시와리 난, 파니르를 포장 주문했다. 웨이터들은 신발 끈 목줄을 하고 내 옆에 서 있는 밥을 보며 재미있다는 표정을 지었다. 나는 20분 후에 다시 들르겠다고 말한 뒤, 밥과 함께 길 건너에 있는 슈퍼마켓으로 향했다. 나는 밥에게 고급 고양이 사료 한 포대와 녀석이 제일 좋아하는 간식거리 몇 봉지, 그리고 고양이 우유를 사 주었다. 또 나를 위해서 캔 맥주도 몇 개 샀다.

"파티를 하는 거야, 밥. 기념할 만한 날이었으니까."

나는 밥에게 말했다. 포장된 저녁 식사를 찾은 뒤 나는 거의 날다시피 집으로 달려갔다. 고급 인도 레스토랑의 갈색 종이 가방에서 솔솔 풍겨 나오는 향긋한 냄새에 정신이 혼미해질 지경이었다. 집에 들어가자마자 밥과 나는 마치 내일은 없다는 듯 눈 깜짝할 새 음식을 먹어치웠다. 그렇게 잘 먹은 것은 몇 달 만에 처음이었다. 아니 몇 년 만이었다. 밥도 마찬가지였을 것이다.

그런 다음 우리는 몇 시간 동안 늘어져 있었다. 나는 텔레비전을 보고 밥은 라디에이터 밑 자기가 제일 좋아하는 곳에 기분 좋게 드러누워 있었다. 그날 밤 우리 둘은 세상모르고 단잠을 잤다.

[Chapter 06]

한 남자와 그의 고양이
One Man and His Cat

다음 날 아침, 나는 '우당탕' 하는 소리에 놀라 잠에서 깼다. 소리는 주방에서 들려왔다. 멍했던 정신이 또렷해지자 곧 무슨 상황인지 짐작할 수 있었다. 밥이 내가 먹을 것을 숨겨 둔 찬장을 열다 뭔가를 넘어뜨린 모양이었다.

곁눈질로 시계를 흘깃 보니 아침이 훌쩍 지나 있었다. 지난밤의 파티를 핑계로 늘어지게 한숨 푹 잘 요량이었지만 밥은 더 이상 기다릴 수 없다고 마음을 굳힌 게 분명했다.

'어서 일어나. 아침 식사를 해야겠어.'

밥이 하고 싶은 말이었다. 나는 침대에서 내려와 비틀비틀 주방으로 걸어갔다. 우유를 끓일 때 쓰는 작은 양철 냄비가 바닥에 나동그라져 있었다. 밥은 나를 보자마자 중대한 의식이라도 치르듯 자기 밥그릇 앞으로 품위 있게 걸어갔다.

"그래, 친구. 무슨 얘긴지 알겠어."

나는 찬장을 열고 밥이 제일 좋아하는 닭고기 사료 봉지에 손을 뻗으며 말했다. 녀석의 밥그릇에 사료를 몇 숟가락 떠 준 나는 녀석이 몇 초 만에 그걸 먹어치우는 모습을 지켜보았다. 밥은 물그릇에 있는 물을 양껏 먹고는 얼굴과 발을 깨끗이 핥은 후 거실로 총총히 걸어갔고, 아주 만족스럽다는 표정으로 라디에이터 아래서 자기가 제일 좋아하는 자세를 취했다.

'우리들 인생도 저렇게 단순할 수만 있다면.'

잠시 이런 생각이 머리를 스쳤다.

그날 하루는 일을 쉬는 게 어떨까 하는 생각도 들었지만 마음을 고쳐먹었다. 전날 횡재를 한 건 사실이지만 그 돈으로 한없이 버틸 수는 없는 노릇이었다. 전기 요금과 가스 요금 납부일도 코앞이었다. 최근 몇 달간의 지독한 추위를 감안했을 때 고지서에는 분명 기분 좋지 않은 숫자가 적혀 있을 게 뻔했다. 게다가 이제 내 인생에는 책임져야 할 존재가 생기지 않았던가. 먹여야 할 입이 하나 더 늘었다. 그것도 자주 배가 고프고 상대방을 조종하는 데 능한 녀석으로 말이다.

나는 허겁지겁 아침을 먹은 뒤 나갈 채비를 했다. 그날도 밥이 나를 따라와 길거리 공연을 함께할지는 알 수 없는 노릇이었다. 전날에는 내가 날마다 어디서 뭘 하고 다니는지가 궁금해서 그냥 한번 따라와 본 것일 수도 있었다. 그래도 혹시 녀석이 또 나를 따라올지 몰라 간식을 조금 챙겨 넣었다.

점심시간이 지나서야 집을 나설 수 있었다. 늘 하던 대로 한쪽 어깨엔 배낭을, 다른 쪽엔 기타를 가로질러 멨다. 그런 적은 별로 없었지만, 밥은 집 밖으로 나가고 싶지 않을 때면 소파 뒤쪽에 슬그머니 몸을 숨기는 것으로 자기 뜻을 알리곤 했다. 현관문을 열자 밥이 소파 쪽을 향했다. 그날은 녀석이 집에 있으려나 보다 싶었다. 하지만 문을 닫으려는 찰나 쏜살같이 뛰어나오더니 나를 따라 계단으로 향했다.

    아파트 밖으로 나와 신선한 공기를 마신 밥은 볼일을 보기 위해 덤불 속으로 뛰어 들어갔다. 그리고는 내게 돌아오지 않고 쓰레기통 보관소 쪽으로 향했다. 밥은 쓰레기통에 점점 더 빠지고 있었다. 녀석이 거기에서 무엇을 찾고 무엇을 먹는지 누가 알겠는가. 갑자기 쓰레기통이야말로 밥이 나를 따라 밖으로 나오고 싶어 하는 유일한 이유일지도 모른다는 생각이 들었다. 밥이 쓰레기 더미를 뒤지는 게 영 마음에 들지 않았지만 도대체 뭐가 있기에 그리 집착하는지 보기 위해 녀석을 따라갔다. 쓰레기 수거 차량이 정확히 언제 오는지는 몰랐지만, 다행히 그날은 아침 일찍 다녀간 모양이었다. 굴러다니는 쓰레기들이 없었다. 건질 만한 게 없어서 밥이 그다지 재미를 보지 못할 것 같았다.

    안심한 나는 밥을 그대로 두고 혼자 출발하기로 결심했다. 이제는 녀석을 아는 이웃들이 꽤 많아져서 밥은 어떤 식으로든 아파트 안으로 들어갈 수 있었다. 이웃들 중 몇몇은 밥을 볼 때마다 정말로 호들갑을 떨며 좋아했고, 우리 아래층에 사는 한 여성은 밥에게 날마다 간식을 주기까지 했다. 저녁에 집에 돌아올 때쯤이면 녀석은 아마 잔디밭 근처에서 나를 기다리고 있을 터였다.

    '공정해야지.'

    나는 토트넘 하이 로드로 발걸음을 재촉하며 생각했다. 밥은 전날 나에게 큰 선물을 주었다. 그걸로 충분했다. 밥은 내 친구이지 직원이 아니었다. 매일 함께 가자고 졸라 밥과 내 관계를 망칠 생각은 꿈에도 없었다.

    하늘은 잿빛이었고 금방이라도 비가 올 것 같았다. 만약 센트럴 런던의 날씨도 이렇다면 시간 낭비가 될 게 뻔했다. 비 오는 날, 거리에서 연주를 하는 건 결코 좋은 생각이 아니다. 사람들은 연주자에게 연민을 느끼고 돌아보는 대신 음악에 맞춰 발걸음을 더욱 서두를 뿐이다. 나는 시내에 비가

오면 그냥 집으로 돌아와야겠다고 생각했다. 밥과 함께 하루를 보내는 것이 훨씬 나았다. 전날 번 돈으로 녀석에게 근사한 목걸이와 줄을 사 주고 싶기도 했다.

길을 따라 200미터쯤 내려갔을 때 뭔가 따라오는 게 느껴졌다. 뒤돌아보자 친숙한 얼굴이 인도를 따라 터벅터벅 걸어오고 있는 것이 보였다. 밥이었다.

"아, 마음이 바뀌었나 보구나?"

녀석이 가까이 오길 기다렸다가 내가 말했다. 밥은 고개를 한쪽으로 살짝 기울인 채 불쌍한 표정을 지어 보였다. 이렇게 말하는 것 같았다.

'안 그러면 도대체 내가 왜 여기 서 있겠어?'

나는 주머니 속에 있던 신발 끈 목줄을 밥에게 묶어 준 뒤 함께 거리를 내려갔다.

토트넘 거리는 코벤트 가든 거리와는 분위기가 매우 다르다. 하지만 전날 그랬던 것처럼 금세 사람들이 우리를 쳐다보기 시작했다. 그중 한두 명은 나에게 비난의 눈초리를 보냈다. 수컷 진저캣을 가느다란 신발 끈에 묶어서 데리고 다니는 나를 미쳤다고 생각하는 게 분명했다.

"앞으로 계속 같이 나오려면 꼭 좋은 목줄을 사 줘야겠다."

다른 사람들의 따가운 시선이 느껴지자 나는 밥에게 조용히 말했다. 하지만 벌레 씹은 듯한 표정을 던지는 사람보다는 미소를 지으면서 인사를 건네는 사람들이 더 많았다. 쇼핑백을 잔뜩 들고 있던 인도 여성은 내게 온 이를 다 드러내며 환하게 웃었다.

"둘의 모습이 정말 예쁘네요."

그녀가 말했다.

이곳에 산 지 몇 개월이 지났지만 지금껏 나에게 말을 걸어 준 사람은 아무도 없었다. 놀랍고도 묘한 느낌이었다. 마치 해리 포터의 투명 망토가 어깨에서 미끄러져 내린 것 같았다.

토트넘 하이 로드의 건널목에 이르렀을 때 밥은 이런 말을 하는 듯한 표정으로 나를 올려다봤다.

'이봐, 이제 어떻게 해야 하는지 알잖아?'

나는 녀석을 어깨 위에 올려놓았다. 곧 우리는 버스에 올라탔고 밥은 자기가 가장 좋아하는 자세를 취하며 유리창에 얼굴을 갖다 댔다. 다시 둘이 함께 거리로 나온 것이다.

날씨에 대한 나의 예상은 맞아떨어졌다. 곧 비가 억수처럼 쏟아지기 시작했고 창문에 복잡하고 미묘한 패턴들이 생기자 밥은 얼굴을 유리창에 더 바짝 갖다 댔다. 창밖에는 우산 바다가 펼쳐졌다. 사람들은 퍼붓는 비를 피해 정신없이 뛰느라 사방으로 물을 튀겼다.

그러나 감사하게도 우리가 시내에 도착하자 비가 잦아들었다. 게다가 궂은 날씨에도 불구하고 사람은 전날보다 훨씬 더 많았다.

"몇 시간만 할 거야."

나는 밥을 어깨 위에 올리고 코벤트 가든을 향해 걸어가면서 말했다.

"하지만 다시 비가 오기 시작하면 곧장 집으로 돌아갈 거야. 약속할게."

그날도 닐 스트리트를 따라 걸어 내려가는 동안 사람들이 끊임없이 우리를 멈춰 세웠다. 나는 선을 넘지 않는 이상, 기꺼이 사람들이 밥을 보며 야단법석을 떨도록 내버려 두었다. 불과 10분 사이에 대여섯 명의 사람들이 우리를 붙잡았고 그들 중 절반은 사진을 찍어도 되냐고 물었다. 나는 사람들에게 둘러싸이지 않으려면 멈추지 말고 계속 걸어야 한다는 사실을 깨달았다.

닐 스트리트 끝에 이르러 제임스 스트리트 쪽으로 방향을 꺾으려는 순간 재미있는 일이 벌어졌다. 밥이 내 어깨 위에서 갑자기 발톱을 세우는 게 느껴졌다. 밥은 미처 손을 쓰기도 전에 내 어깨에서 팔을 타고 내려오더니 인도 위로 폴짝 뛰어내렸다. 가만히 지켜보고 있자 녀석이 앞장서서 걷기 시작했다. 나는 줄 길이를 최대한 늘려 밥이 마음대로 걸어가게 내버려 두었다. 밥은 여기가 어디고 목적지까지 어떻게 가야 하는지 잘 알고 있는 것 같았다.

의기양양하게 앞장서서 걸어가던 밥은 우리가 전날 공연했던 자리에 도착하자 내가 기타를 꺼낸 뒤 케이스를 내려놓기를 얌전히 기다렸다.

"자, 네 자리야. 밥."

밥은 부드러운 기타 케이스 안이 마치 자기 집이라도 된다는 듯 얼른 들어가 앉았다. 세상 돌아가는 모습, 말하자면 바로 그 순간의 코벤트 가든을 지켜볼 수 있게끔 말이다.

* * * * * * * * * * * * * * *

내게도 진짜 뮤지션이 되겠다는 야망이 있던 시절이 있었다. 나는 제2의 커트 코베인이 되고 싶었다. 지금이야 순진하다 못해 완전히 멍청한 소리로 들리지만, 호주에서 영국으로 돌아왔을 때는 그것이 내 원대한 꿈이었다. 나는 호주를 떠나면서 어머니를 비롯한 모든 사람에게 내 꿈을 말했다. 나는 내 꿈을 향해 가고 있었고 잠깐이긴 했지만 실제로 뭔가 이뤄 나가고 있다고 느꼈던 순간도 있었다.

2002년, 거리에서 벗어나 달스톤에 있는 보호 시설로 들어갔을 때 많은 것이 가능해졌다. 나는 그곳에서 만난 사람들과 밴드를 결성했다. '극도의 분노'라는 이름의 4인조 기타 밴드였다. 당시 나와 밴드 친구들의 정신 상태를 여실히 말해 주는 이름이었다. 확실히 그 이름은 당시의 나를 한마디로 보여 주었다. 나는 분노에 찬 젊은 청년이었다. 내 인생 전반에 극도의 분노를 느끼고 있었고, 온통 운이 없다는 생각으로 가득했다.

음악은 내 분노와 불안감의 배출구였다. 그런 이유로 우리는 주류가 되지 못했다. 우리 노래는 불안하고 어두웠다. 심지어 가사는 더욱 그랬다. 그래도 우리는 가까스로 두 장의 앨범을 냈다. 사실 정식 앨범이라기보다는 싱글 앨범이라고 하는 것이 더 정확한 표현일 것이다. 첫 번째 것은 2003년 9월에 다른 밴드인 '부식'과 함께 만든 공동 앨범이었는데 앨범 제목은 '부식과 극도의 분노'였고, '맹공격'과 '보복자'라는 묵직한 느낌의 두 곡이 담겼다. 노래 제목 역시 우리의 음악적 철학을 그대로 보여 주고 있었다. 6개월 후인 2004년 2월에는 '심오한 파괴자'라는 제목의 두 번째 앨범을 냈다. 이 앨범에는 세 곡이 실렸는데 '미안해', '심오한' 그리고 버전을 바꾼 '보복자'였다. 조금 팔리기는 했지만 세상을 놀라게 할 정도는 아니었다. 그러니까 이쪽 세계에서 사용하는 말로, 글래스턴베리*에 초청될 정도는 아니었다.

그렇긴 해도 우리에게는 팬도 있었고 공연도 여러 차례 했다. 주로 북런던과 캠던 같은 곳에서 했는데, 고트 스타일의 느낌이 살아 있는 곳이었고 우리 외모와 음악은 거기에 꽤 잘 어울렸다. 우리는 펍이나 무료 파티에서 연주를 했다. 사실 우리를 초청해 주는 곳이면 어디든 달려갔다.

더 높이 도약할 수 있었던 순간도 있었다. 우리는 북런던에 있는 유명한 음악 펍인 더블린 캐슬에서 서너 번 정도 큰 공연을 하기도 했다. 그곳에서 열

---

* 영국에서 매년 6월에 열리는 록페스티벌

린 고트 섬머 페스티벌에도 참가했는데 그 당시로서는 꽤 커다란 사건이었다.

한때는 일이 순조롭게 진행되어서 나는 밴드 '부식'의 멤버인 피터와 함께 팀을 결성하고 '코럽트 드라이브 레코드'라는 독립 음반사를 만들기도 했다. 하지만 음반사는 생각처럼 잘 운영되지 않았다. 정확히 이야기하자면 내가 열심히 하지 않았다.

그 당시 나는 가장 친한 친구인 벨과 잠깐 사귀고 있었다. 벨은 정말로 마음씨가 따뜻한 사람이었고 나를 잘 돌봐 주었다. 하지만 막상 사귀기 시작하자 불운이 깃든 것 같았다. 문제는 그녀도 마약을 하고 있다는 사실이었다. 게다가 그녀는 상호의존*적인 성향을 가지고 있었다. 이는 나에게도 그녀에게도 전혀 도움이 되지 않았다. 우리는 우리 스스로를 파멸시키는 고약한 중독 습관을 버리기 위해 고군분투했지만, 둘 중 하나가 마약 중독에서 가까스로 벗어났다 싶으면 다른 하나가 마약을 했다. 단어 그대로 상호의존 그 자체였다.

이런 상호의존성은 악순환의 고리를 끊기 어렵게 했다. 나는 나름대로 그 고리를 끊기 위해 노력했지만, 이제 와 돌이켜 보면 솔직히 최선을 다했다고는 말하지 못할 것 같다. 사실 내 자신부터가 그 악순환의 고리를 끊을 수 있다고 진심으로 믿지 않았다.

결국 내게 밴드 활동은 뒷전으로 밀려났다. 오래된 고약한 중독의 세계로 다시 빠져들기란 정말 너무 쉬웠다. 2005년이 되자, 나는 밴드란 취미 활동에 불과할 뿐 생계 수단이 될 수는 없다는 사실을 인정했다. 피터는 음반사를 계속 운영했다(아마 지금도 하고 있을 것이다). 하지만 나는 내 악습관과 처절한 사

---

* co-dependency: 알코올이나 마약 중독자들이 자신의 보호자에 의해 영향을 받게 되는 심리적 상태 또는 관계를 나타내는 말. 보살핌을 필요로 하는 사람과 그것을 베푸는 사람 사이의 지나친 정서적 의존성으로 예를 들어 중독자는 중독물에 의존하고 보호자는 중독자에 의존하는 것을 말한다.

투를 벌이느라 다시 길가로 나앉을 수밖에 없었다. 또다시 두 번째 기회가 손가락 사이로 빠져나가는 걸 힘없이 지켜보고만 있어야 했다. 그 두 번째 기회가 무엇이었을지는 죽을 때까지 알 수 없겠지만 말이다.

그렇긴 해도 한 번도 음악을 포기한 적은 없었다. 밴드가 해체되고 더 이상 프로로서 활동할 수 없다는 사실이 명백해졌을 때도 나는 대부분의 시간을 기타를 연주하거나 즉흥적으로 노래를 만들면서 보냈다. 음악은 나에게 최고의 탈출구였다. 음악이 없었다면 내가 어떻게 되었을지는 나조차도 알 수 없는 일이다. 최근 몇 년간의 길거리 연주도 내 인생에 큰 변화를 가져다주었다. 길거리 연주와 그걸 통해 벌어들이는 수입이 없었다면 돈벌이를 위해 어떤 일까지 감내해야 했을지 생각만 해도 끔찍하다. 정말이지 생각조차 하고 싶지 않다.

※ ※ ※ ※ ※ ※ ※ ※ ※ ※ ※ ※ ※ ※

연주를 시작하자 관광객들이 구름떼처럼 몰려들었다. 전날과 똑같았다. 내가 자리에 앉는 순간, 더 정확히 얘기하자면 밥이 자리에 앉는 순간, 예전 같았으면 그냥 쓱 지나쳤을 사람들이 걸음을 늦추고 밥에게 인사를 했다. 이번에도 남성보다 여성들이 더 관심을 보였다.

연주를 시작한 지 얼마 되지 않았을 때 다소 냉랭한 표정을 한 주차 단속원이 지나갔다. 나는 그녀가 밥을 쳐다보며 따뜻하게 미소 짓는 모습을 지켜보았다.

"어머, 너무 예쁘다."

그녀는 걸음을 멈추고는 무릎을 굽히고 앉아 밥을 쓰다듬기 시작했다.

그녀는 내게는 눈길도 주지 않았고 기타 케이스 안에 돈을 던지지도 않았다. 하지만 괜찮았다. 나는 밥이 일상에 찌든 사람들을 미소 짓게 하는 능력을 가진 것 같아 기분이 좋았다.

밥은 의심의 여지없이 아름다운 존재였지만 그게 전부는 아니었다. 밥에게는 확실히 남다른 뭔가가 있었다. 사람들은 밥이 가진 그런 독특한 힘에 매료되었다. 녀석에게 뭔가 특별한 게 있다는 걸 눈치 챈 것이었다. 나도 느낄 수 있었다.

밥은 다른 고양이들과는 달리 사람들에게 친밀하게 굴었다. 적어도 자기가 알고 있는 사람들에게만큼은 진심으로 깊은 관심을 보였다. 이따금씩 녀석은 마음에 들지 않는 사람을 볼 때면 약간 기분 나쁜 듯 고개를 치켜들곤 했다. 한번은 잠깐 앉아서 쉬고 있는데 매우 똑똑하고 부유해 보이는 한 중동 남성이 모델 뺨치는 미모의 매력적인 금발 여성과 팔짱을 끼고 나타났다.

"세상에, 이것 좀 보세요. 정말 멋진 고양이예요."

여성이 이렇게 말하며 가던 길을 멈추고 남성의 팔을 잡아끌었다. 딱 보기에도 그 남성은 밥에게 전혀 관심이 없어 보였다. 남성은 여성의 손에서 자기 팔을 빼냈다. 목소리 대신 몸짓으로 이렇게 말하는 것 같았다.

'그게 뭐?'

그러자 밥의 몸짓 언어가 변했다. 밥은 등을 아치 모양으로 들어올리면서 내 쪽으로 몸을 기울였다. 미세한 움직임이었지만 나로서는 정확히 그 뜻을 알 수 있었다.

'저 남자를 보고 과거의 어떤 사람이 떠오른 건 아닐까?'

나는 그 커플이 사라지는 모습을 지켜보며 속으로 생각했다.

'아니면 전에도 저런 비슷한 표정을 봤던 걸까?'

녀석이 어쩌다가 그날 밤 아파트 복도에 있게 되었는지 그 속사정만 알 수 있다면 어떤 대가라도 치를 수 있을 것 같았다. 하지만 그건 앞으로도 절대 알 수 없는 문제였고, 이래저래 추측이나 해 볼 수 있을 뿐이었다.

　전날보다 공연 장소가 훨씬 더 편안하게 느껴졌다. 밥과 함께 있는 것이 심리적으로 자신감을 불어넣어 주는 것 같았다. 나는 오랫동안 혼자서 관중들에게 말을 걸고 그들의 관심을 끌려고 애써 왔다. 쉽지 않은 일이었다. 동전을 모아 생계를 유지하기란 힘든 일이었다. 하지만 밥과 함께 있으면 이야기가 달랐다. 처음에는 밥이 사람들의 관심을 끌어들이는 모습이 낯설게 느껴졌고, 한편으로는 그렇게 많은 사람이 주위에 몰려드는 것을 보며 밥에게 책임감도 느꼈다. 여느 지역과 마찬가지로 코벤트 가든에도 이상한 사람들이 있었기에 누군가가 밥을 움켜잡고 달아나 버리진 않을까 하는 두려움도 있었다.

　하지만 그날은 달랐다. 우리가 안전할 뿐만 아니라 원래부터 그곳에 속해 있던 존재 같다는 느낌마저 들었다. 노래를 시작하자 기타 케이스 안으로 전날과 같은 속도로 동전이 떨어지기 시작했다.

　'즐거워.'

　나도 모르게 이런 생각이 들었다. 정말이지 오랜만에 느껴 보는 기분이었다.

🐾🐾🐾🐾🐾🐾🐾🐾🐾🐾🐾🐾

　세 시간쯤 지나 집으로 돌아갈 때가 되자 내 배낭은 또다시 동전 소리로 쨍그랑거렸다. 이번에도 60파운드가 족히 넘었다. 하지만 값비싼 카레를 사는 데 또 돈을 쓸 생각은 없었다. 더 실용적인 일에 쓸 데가 있었다. 앞으로 녀석과 함께 자주 외출을 하게 된다면 더 괜찮은 용품을 마련해 줘야 했다. 언제까지 신발 끈으로 만든 줄을 매고 다니게 할 수는 없었다. 신발 끈은 불편했고 위험한 건 말할 필요도 없었다. 밤새 폭우가 쏟아진 뒤 날씨가 더 나빠질 거란 일기예보를 들으며 나는 다음 날 길거리 연주를 나가는 대신 밥과 함께 시간을 보내기로 결심했다.

밥과 나는 버스를 타고 아치웨이 쪽으로 향했다. 그곳에 고양이 보호 자선단체의 북런던 지부가 있기 때문이었다. 밥은 우리가 이틀간 다닌 길과 다른 길을 가고 있다는 사실을 금세 알아챈 모양이었다. 이따금씩 고개를 돌려 이런 표정으로 나를 쳐다보았다.

'아니, 오늘은 나를 어디로 데려가는 거야?'

그렇다고 초조해하지는 않았다. 그저 궁금해할 뿐이었다.

고양이 보호 자선단체 사무실은 깔끔하고 현대적인 분위기를 풍겼다. 고양이와 관련된 온갖 종류의 용품, 장난감, 서적을 비롯해 신원 확인용 마이크로칩에서부터 톡소플라즈마증*, 다이어트, 중성화 수술에 이르기까지 고양이를 돌보는 데 필요한 모든 것에 관한 무료 팸플릿과 소책자들로 가득했다. 나도 나중에 읽어 볼 생각에 몇 가지를 챙겼다.

그곳에 있는 사람이라곤 일하는 사람 둘이 전부였기 때문에 매우 조용했다. 밥을 어깨에 올린 채 사무실을 둘러보고 있자 직원들은 결국 호기심을 이기지 못하고 내게 말을 걸었다.

"아주 잘생긴 녀석이네요."

한 여성이 다가와 밥을 쓰다듬으며 말했다. 밥은 그녀를 믿을 만한 사람

---

* 기생충의 하나인 톡소포자충의 감염에 의해 일어나는 인수공통 전염병의 하나로 고양이과 동물이 숙주 역할을 한다.

이라고 여기는 것 같았다. 그녀가 털을 쓰다듬으며 부드럽게 속삭이자 녀석은 살며시 몸을 그녀 쪽으로 기울였다. 나는 그녀에게 밥과 내가 만나게 되기까지의 자초지종을 들려준 뒤, 또 지난 이틀 동안 벌어진 일에 대해서도 말해 주었다. 두 여성 모두 미소를 지으며 고개를 끄덕였다.

"많은 고양이가 주인과 산책 나가는 걸 좋아해요. 공원에서 산책을 하거나 거리를 따라 잠시 걷는 걸 좋아하죠. 아무리 그래도 밥은 정말 특이한 것 같네요. 안 그래요?"

한 여성이 말했다.

"네, 정말 그런 것 같아요."

그녀의 친구가 말했다.

"보물을 얻으신 것 같네요. 그 보물이 당신 옆에 꼭 붙어 있기로 마음먹은 게 틀림없어요."

마음속 깊은 곳에서는 나도 이미 알고 있는 사실이었지만 그래도 그들이 그 사실을 확인시켜 주니 기분이 좋았다. 이따금씩 녀석을 다시 거리로 돌려보내기 위해 더 노력해야 하는 것은 아닌지, 또 집에 녀석을 데리고 있는 것이 과연 옳은 일인지 의구심이 솟구쳐 괴로웠는데 말이다. 그들의 말은 정말 내게 큰 힘이 되어 주었다.

하지만 밥이 계속 나와 함께 런던 거리에서 생활하려 든다면 어떻게 돌봐 줘야 좋을지는 알 수가 없었다. 그리 안전한 환경이 아니지 않은가. 교통사고를 비롯해 온갖 종류의 잠재적 위험이 도사리고 있는 곳이 바로 런던 거리였다.

"이렇게 가슴 줄을 채우는 게 가장 안전해요."

그들 중 한 명이 파란색 나일론으로 된 가슴 줄을 목걸이에 연결하는 줄과 비교해 보여 주며 가슴 줄의 장단점을 설명해 주었다.

"고양이 목걸이에 줄을 고정시키는 건 좋은 방법이 아니에요. 질이 나쁜 목걸이라면 목에 상처를 낼 수도 있고, 심지어 고양이를 질식시킬 수도 있어요. 또 질이 좋은 목걸이는 탄성이 있는 고무로 만들어지는데 '탈출' 목걸이라는 별명에서도 알 수 있듯이 뭔가에 걸렸을 때 고양이가 빠져나가 버릴 수도 있어요. 어느 순간 손에 빈 줄만 달랑거리고 있을 가능성이 높다는 말이죠."

그녀가 설명을 이어 나갔다.

"제 생각에는 고양이 가슴 줄과 가죽 끈을 함께 사용하시는 게 더 좋을 것 같아요. 항상 거리에서 지낼 거라면 특히 더 그렇고요."

"녀석이 불편해하지 않을까요? 자연스러운 느낌은 아닐 텐데요."

내가 물었다.

"밥이 편안하게 여길 수 있도록 도와주셔야 해요."

내 의견에 동의하며 그녀가 말했다.

"익숙해지는 데 일주일 혹은 시간이 더 걸릴 수도 있어요. 밖에 나가기 전날 몇 분 정도 씌워 놓고 적응하도록 해 주세요. 그런 다음 점차 시간을 늘려 나가면 돼요."

그녀는 내가 고민하는 모습을 보더니 이렇게 말했다.

"지금 한번 시험해 보는 게 어때요?"

"좋아요."

내가 말했다.

밥은 편안한 자세로 앉은 채 그다지 저항하지 않았다. 하지만 나는 녀석이 가슴 줄에 대해 반신반의하고 있다는 것을 알아차릴 수 있었다.

"이대로 두고 밥이 가슴 줄을 착용하고 있는 감각에 익숙해지게 해 주세요."

그녀가 말했다.

가슴 줄, 가죽 끈, 그리고 목걸이는 다 합해서 약 13파운드 정도였다. 그들이 파는 물품 중에 가장 비싼 축에 속했지만 나는 밥이 그걸 가질 자격이 충분하다고 생각했다. 내가 만약 사업가이고 '제임스와 밥 주식회사'의 대표였다면 당연히 내 직원을 돌보는 데 힘쓰고 인적 자원에 투자했을 것이다. 물론 이 경우에는 '고양이' 자원이겠지만 말이다.

❊ ❊ ❊ ❊ ❊ ❊ ❊ ❊ ❊ ❊ ❊ ❊ ❊

밥은 며칠 만에 가슴 줄에 익숙해졌다. 일단 녀석에게 가슴 줄을 채운 후 집 안을 돌아다니게 했다. 때때로 가죽 끈을 연결해 놓기도 했다. 처음에는 자기 뒤를 따라다니는 긴 가죽 꼬리를 당황스러워하는 것 같았지만 곧 익숙해졌다. 가슴 줄을 채울 때마다 나는 녀석을 한껏 칭찬해 주었다. 소리를 지르는 것이야말로 최악의 방법이라는 걸 누구보다도 잘 알고 있었기 때문에 나는 밥에게 단 한 번도 소리를 지르지 않았다.

며칠이 지나자 밥은 가슴 줄을 한 채 짧은 산책을 할 수 있게 되었다. 길거리 연주를 하러 나갈 때는 대부분 예전의 목줄을 했지만 가슴 줄을 잠깐씩 채우기도 했다. 천천히, 하지만 확실히 녀석은 가슴 줄을 차는 것에 익숙해져 갔다.

밥은 여전히 매일 나와 함께 밖으로 나갔다. 하지만 지나치게 오랫동안 밖에 있은 적은 없었다. 나는 녀석을 고생시키고 싶지 않았다. 밥은 내가 가는 곳이라면 지구 끝까지 따라올 것 같다는 느낌이 들었지만, 그리고 언제나 내 어깨 위에 앉아 있어서 힘들게 걸을 필요도 없었지만, 그래도 나는 녀석을 고생시키고 싶지 않았다.

우리가 함께 거리에서 연주를 하기 시작한 지 3주째 되던 어느 날, 녀석은 처음으로 나를 따라 밖에 나가지 않기로 결심했다. 평소 같았으면 내가 코트를 입고 배낭을 꾸리는 것을 보자마자 벌떡 일어나 내 앞에 와서 목줄을 채워 주길 기다렸을 것이다. 하지만 그날은 어슬렁거리며 소파 뒤로 걸어가더니 잠시 후 라디에이터 밑에 드러누웠다. 이렇게 말하는 것 같았다.

'오늘은 쉬고 싶어.'

피곤한 것 같았다.

"오늘은 나가고 싶지 않아, 밥?"

나는 녀석을 쓰다듬으며 물었다. 녀석은 모든 걸 알고 있다는 듯한 그 특유의 표정으로 나를 쳐다보았다.

"그래, 괜찮아."

나는 이렇게 말한 뒤, 내가 돌아올 때까지 녀석이 먹을 수 있도록 간식거리를 밥그릇에 담아 놓았다. 그리고 텔레비전을 켰다. 텔레비전을 켜 둔 채 외출하면 애완동물이 외로움을 덜 탄다는 기사를 읽은 적이 있었기 때문이다. 정말 그런지는 알 수 없지만 말이다. 그러자 밥은 소파 위로 폴짝 뛰어 올라가 텔레비전을 보기 시작했다.

❋ ❋ ❋ ❋ ❋ ❋ ❋ ❋ ❋ ❋ ❋ ❋ ❋ ❋ ❋

그날의 외출로 나는 밥이 내 인생에 얼마나 큰 변화를 일으켰는지 피부로 느낄 수 있었다. 녀석을 어깨 위에 태우고 걸어가거나 녀석이 내 앞을 걸어갈 때면 나는 모든 사람의 관심을 받았다. 하지만 밥 없이 혼자 있으니 다시 투명인간이 된 듯했다. 그래도 동네 사람들 사이에서는 제법 유명 인사가 되어서 몇몇 사람들이 내게 관심을 표현하긴 했다.

"고양이는 오늘 어디 갔나요?"

동네 노점 주인이 내 옆을 지나가면서 물었다.

"하루 쉬는 날이에요."

"오, 다행이네요. 그 작은 친구에게 무슨 일이라도 생긴 건 아닌지 걱정했거든요."

그는 미소를 지으면서 내게 양쪽 엄지손가락을 들어 보였다. 다른 몇몇 사람들도 걸음을 멈추고 비슷한 질문을 던졌다. 하지만 그뿐이었다. 밥이 괜찮다는 말을 듣자마자 그들은 바로 발길을 돌렸다. 아무도 밥이 있을 때처럼 멈춰 서서 대화를 나누려 하지 않았다. 약간 씁쓸했지만 그냥 받아들였다. 원래 그랬으니까.

제임스 스트리트 한가운데 있는 기타 케이스 안으로 떨어지는 동전 소리는 내 귀에 음악 선율처럼 느껴졌다. 부정할 수 없다. 하지만 밥이 없으니 그 음악 선율의 리듬은 확연히 느려졌다. 음악을 연주하면서 나는 밥과 함께 있을 때만큼 벌 수는 없겠다는 사실을 깨달았다. 밥과 함께 연주했던 시간보다 몇 시간을 더 연주하고 나서야 그날 벌었던 돈의 절반 정도를 벌 수 있었다. 밥을 만나기 전으로 돌아간 것 같았지만 괜찮았다.

그날 저녁 집으로 걸어가는 길에 상황이 제대로 이해되기 시작했다. 돈벌이와 관련된 문제가 아니었다. 밥이 아니었어도 어차피 굶는 일은 없었을 테니 말이다. 밥이 내 인생에 들어오면서 내 삶은 훨씬 더 풍요로워졌다. 그렇게 훌륭한 친구이자 동반자를 만나게 된 건 정말 기쁜 일이었다. 어떤 면에서는 다시 인생의 정상 궤도로 돌아갈 수 있는 기회를 선사받은 것 같은 기분까지 들었다.

거리에서 일한다는 것은 결코 쉬운 일이 아니다. 사람들은 거리의 사람들에게 기회를 주려 하지 않는다. 밥을 만나기 전에는 펍에 앉아 있는 사람들에게 기타를 메고 접근하면 채 인사말을 건네기도 전에 그들은 이렇게 말했다.

"안 돼요. 미안합니다."

"미안하지만 동전이 없어요."

시간을 물으려 했던 걸 수도 있었다. 그러나 사람들은 내가 미처 입을 떼기도 전에 그렇게 말했다. 늘 있는 일이었다. 사람들은 나에게 기회조차 주지 않으려 했다.

사람들은 내 말을 듣고 싶어 하지 않았다. 그저 누군가가 무임승차를 하려 든다는 시선으로 바라볼 뿐이었다. 그들은 내가 구걸을 하는 게 아니라 일을 하고 있다는 사실을 이해하지 못했다. 번듯한 양복에 넥타이를 매고 서류 가방이나 노트북을 가지고 다니지 않는다고 해서, 또 주급을 받는 일정한 직장에 다니지 않는다고 해서 무조건 무위도식하는 것은 아닌데 말이다. 나도 살기 위해 애쓰고 있었다.

하지만 밥과 함께 지내게 되자 내게도 사람들과 교류할 수 있는 기회가 생겼다. 사람들은 나에게 밥에 대해 물어 왔고 나는 대답을 해 주면서 자연스럽게 내 상황에 대해서도 설명할 수 있는 기회를 얻게 되었다. 사람들은 밥이 어디서 왔냐고 물었고 그러면 나는 우리가 어떻게 만나게 되었는지, 그리고 집세, 식비, 전기 요금, 가스 요금 등을 충당하기 위해 어떻게 돈을 벌고 있는지도 설명해 줄 수 있었다. 사람들은 진지하게 내 말을 들어 주었다.

어떤 사람들은 나를 다른 시선으로 바라보기 시작했다. 고양이는 마음에

드는 사람을 정하는 일에 있어 매우 까다롭기로 유명하다. 고양이는 주인이 마음에 들지 않으면 집을 나가서 다른 사람을 찾는다. 고양이는 늘 그렇게 한다. 그래서인지 사람들은 고양이와 함께 있는 나를 더 부드러운 사람으로 보기 시작했다. 밥이 나를 인간답게 만들어 준 것이다. 오랫동안 비인간적인 대우를 받아 왔던 터라 더욱 그렇게 느껴졌다. 밥은 내 정체성을 되찾아 주었다. 나는 인간이 아닌 존재에서 다시 인간이 되어 가고 있었다.

[Chapter 07]

이총사

The Two Musketeers

밥은 나를 대하는 사람들의 태도만 변화시키고 있는 것이 아니었다. 사람들을 대하는 나의 태도 또한 변화시키고 있었다.

나는 지금까지 살면서 다른 사람들에게 책임감을 느껴 본 적이 한 번도 없었다. 호주에서 어린 시절을 보내는 동안 나는 여기저기서 닥치는 대로 일했고, 나름대로 팀워크가 필요한 밴드 활동도 한 적이 있었다. 그러나 십대 때 집을 떠난 이후로 나를 가장 책임져야 할 사람이 항상 나 자신이었던 것이 문제였다. 나는 늘 나를 돌봐야 했는데 그렇게 해 줄 사람이 아무도 없었기 때문이다. 그 결과 나는 극도로 이기적인 삶을 살게 되었다. 나는 나 하나 살아남는 것에 급급해하며 하루하루를 살았다.

하지만 밥이 내 삶에 들어오면서부터 모든 것이 바뀌었다. 갑자기 나는 특별한 책임감을 갖게 되었다. 나 아닌 다른 존재의 건강과 행복이 오로지 내 손에 달려 있었다. 처음에는 그 사실이 다소 충격적으로 느껴졌지만 곧 적응했다. 솔직히 즐기고 있었다. 어쩌면 바보 같은 소리처럼 들릴지도 모르겠지만 태어나서 처음으로 어린아이를 돌본다는 것이 이런 기분이겠구나 하는 생각도 해 보게 되었다. 밥은 내 아이였고 그 아이가 따뜻한 곳에서 잘 먹고 안전하게 지낼 수 있도록 돌보는 것은 정말로 보람 있는 일이었다.

물론 한편으론 무섭기도 했다. 녀석에 대한 걱정이 끊이질 않았다. 특히 함께 거리에 나가 있을 때면 더욱 그랬다. 코벤트 가든에 있든 다른 곳에 있든 나는 항상 방어 태세를 취하고 있어야 했다. 내 본능은 녀석에게서 잠시도 눈을 떼서는 안 된다고 말했다. 물론 좋은 의도로 말이다.

밥과 함께 있을 때 사람들이 나를 대하는 태도가 달라졌다고 해서 우리가 안전하다는 착각에 빠지지는 않았다. 런던 거리에는 친절한 관광객과 고양이 애호가들만 있는 것이 아니었다. 긴 머리를 한 길거리 연주자와 그의 고양이가 저녁거리를 마련하기 위해 길모퉁이에서 노래를 부르고 있는 모습에 모든 사람이 같은 반응을 보일 수는 없었다. 밥을 만난 이후로 덜해지긴 했지만 나는 여전히 욕설 세례를 받곤 했다. 대개는 주말에 급료를 받고 난 뒤 자기가 나보다 우월하다고 느끼는 술 취한 어린 녀석들이었다.

"앉아 있지만 말고 낮에 할 수 있는 일을 찾으란 말이야, 이 머리 긴 게으름뱅이 새끼야."

그들은 이런 식으로 말하곤 했다. 물론 항상 이보다 훨씬 더 다채로운 '언어'를 사용하긴 했지만 말이다. 나는 그들이 나를 모욕하도록 내버려 두었다. 나는 모욕 받는 것에 익숙했다. 하지만 사람들이 공격의 대상을 밥으로 돌린다면 문제가 달라졌다. 정말이지 그때는 무섭도록 보호 본능이 치솟았다.

어떤 사람들은 나와 밥을 손쉬운 목표물로 여겼다. 거의 매일같이 바보 같은 녀석들이 우리한테 접근해 왔다. 그들은 한심한 말을 던지거나 앞에서 우리를 비웃었다. 때때로 폭력을 휘두르겠다고 협박하기도 했다.

처음 밥과 함께 코벤트 가든에 갔던 날 이후 얼마 지나지 않은 금요일 저녁의 일이었다. 제임스 스트리트에서 연주를 하고 있는데 난폭해 보이는 흑인 청년 무리가 다가왔다. 하나같이 건들건들한 것이 뭔가 건수가 없는지 찾고 있는 듯했다. 그들 중 몇몇이 내 옆에 앉아 있는 밥을 발견하고는 '냐앙'이나 '야옹' 같은 소리를 내기 시작했다. 자기 친구들을 웃기기 위해서였다. 그 정도는 참을 수 있었다. 멍청하고 유치한 짓에 불과했으니까. 하지만 그때 별안간 아무 이유도 없이 그들 중 하나가 밥이 앉아 있던 기타 케이스를 발로 걷어찼다. 발끝으로 장난스럽게 툭 친 정도가 아니었다. 앙심을 담은 발길질이었다. 그 바람에 밥은 기타 케이스와 함께 인도를 따라 1미터도 넘게 죽 미끄러졌다.

밥은 깜짝 놀라 거의 비명에 가까운 소리를 지르면서 기타 케이스 밖으로 튀어 나왔다. 다행히 줄을 케이스 한쪽에 묶어 놓았으니 망정이지, 하마터면 인파 속으로 사라져 버릴 뻔했다. 어쩌면 영원히 녀석을 다시 보지 못했을지도 모른다. 줄 때문에 멀리 가지 못한 밥은 어쩔 수 없이 근처에 있던 내 배낭 뒤에 숨었다.

나는 즉시 벌떡 일어서서 그 녀석과 맞섰다.

"도대체 왜 그래?"

나는 키가 꽤 큰 편이라 녀석보다 훌쩍 더 컸지만 녀석은 조금도 당황하지 않았다.

"진짜 살아 있는 고양인지 알고 싶었을 뿐이라고."

녀석은 자신이 대단히 웃긴 농담이라도 했다는 듯 깔깔대며 말했다. 나는 하나도 재미있지 않았다.

"참 재치 있구나. 이 빌어먹을 멍청아."

내가 말했다.

싸움이 시작됐음을 알리는 신호탄이었다. 그들은 일제히 나를 둘러쌌고 그중 한 명은 가슴과 어깨로 나를 거칠게 밀쳤다. 나도 밀리지 않고 되받아 녀석을 밀었다. 순식간에 교전 상태가 되었다. 곧 나는 근처 모퉁이에 있는 CCTV 카메라를 가리켰다.

"계속 마음대로 해 봐. 하지만 네놈들이 저 카메라에 다 찍혔다는 건 잊지 마. 앞으로 어떻게 될지 한번 두고 보자고."

그 순간 녀석들의 얼굴에 떠오른 표정은 사진으로 찍어 영원히 소장하고 싶을 정도였다. 녀석들은 거리의 규칙에 밝았기 때문에 폭력을 휘두르는 장면이 카메라에 한번 찍히면 도무지 손쓸 길이 없다는 사실을 잘 알고 있었다. 그럼에도 그중 한 명은 '언젠가는 꼭 한 방 먹여 주마.' 하는 표정으로 나를 무섭게 노려보았다. 다른 녀석들도 얌전히 물러나지는 않았다. 또다시 한바탕 욕설을 퍼부었다. 하지만 그뿐이었다. 녀석들은 곧 발길을 돌렸다. 팔을 휘두르는 등 온갖 위협적인 몸짓을 드러내 보이긴 했지만 말이다. 나는 걱정하지 않았다. 오히려 녀석들이 떠나가는 모습을 보니 기분이 좋았다. 하지만 더 이상 그곳에 머물 수는 없었다. 나는 녀석들이 어떤 유형인지 잘 알고 있었다. 웃음거리가 된 것을 순순히 받아들일 리 없었다.

이 사건은 내게 몇 가지 사실을 깨닫게 해 주었다. 첫째, CCTV 카메라 근처에 있는 것은 안전하고 유익하다는 사실이었다. 예전에 한 길거리 연주자가 항상 CCTV 카메라 근처에 자리를 잡으라고 조언해 준 적이 있었다. 그게 더 안전하다면서 말이다. 물론 모든 걸 다 안다는 듯 자만에 빠져 있었던 나는 한동안 그 충고를 무시해 버렸다. '괜히 내가 불법적으로 길거리 연주를 하고 있다는 증거를 당국에 알려 주는 꼴은 아닐까?' 하면서 말이다. 하지만 그 이후 나는 그의 조언이 옳았다는 것을 깨달았고 이 사건으로 더 확신하게 되었다.

이건 긍정적인 사실이었지만 한편으로 부정적인 사실도 증명되었다. 나는 이 일로 이미 알고 있었던 현실을 다시 한 번 깨닫게 되었다. 문제가 터질 때 나는 항상 혼자라는 사실 말이다. 주위에 경찰관도 없었다. 코벤트 가디언은 코빼기도 보이지 않았고 심지어 지하철 역무원에게도 도움을 받을 수 없었다. 그 녀석들과 맞섰을 때 꽤 많은 사람이 우리 주변을 서성대고 있었지만 아무도 끼어들려 하지 않았다. 사람들은 재빨리 인파 속으로 몸을 숨기는 데 급급했다. 아무도 나를 도와주지 않았다. 이 점에 관한 한 아무것도 변한 게 없었다. 물론 이제는 밥과 함께라는 점만 제외하고 말이다.

그날 저녁, 토트넘으로 돌아가는 버스에서 밥은 내게 몸을 기대고 있었다.

"너하고 내가 힘을 합쳐 세상에 맞서는 거야, 밥."

나는 녀석에게 말했다.

"우린 이총사야."

녀석은 내게 바짝 달라붙어 몸을 비비면서 조그만 소리로 가르릉거렸다. 자기도 그렇게 생각한다는 것 같았다.

런던이라는 도시는 늘 경계심을 갖고 대해야 하는 사람들로 넘쳤다. 예를 들어 밥을 데리고 다니기 시작하면서부터 나는 항상 개를 조심해야 했다. 어디에나 개가 많고 그들이 밥에게 관심을 가지는 것은 그리 놀랄 일이 아니었다. 대부분의 사람들은 자기 개가 우리 쪽으로 너무 가까이 접근했다는 사실을 알아차리면 줄을 부드럽게 잡아당겨 주의를 줬다. 하지만 결국은 가까이 접근하는 데 성공하는 개들도 많았다.

다행히 밥은 개를 전혀 불편해하는 것 같지 않았다. 밥은 녀석들을 그냥 무시해 버렸다. 개가 자기한테 다가오면 가만히 노려보아 쫓아 버렸다. 밥이 거리에서 살았던 게 분명하다는 생각에 힘이 실리는 순간이었다. 그동안 밥은 거리에서 어떻게 처신해야 하는지 배웠을 것이다. 그 불량배들을 만나고 일주일 정도 지나서 녀석이 얼마나 길거리 삶에 잘 대처하는지 보여 주는 사건이 있었다.

늦은 오후, 우리는 닐 스트리트에 앉아 있었다. 그때 스태포드셔 불테리어를 데리고 가는 한 남자가 시야에 들어왔다. 한심한 놈들은 항상 스태피*를 키운다. 런던에서 흔히 볼 수 있는 궁합이었다. 그리고 그 남자는 정말 한심해 보였다. 머리는 완전히 밀고서 지저분한 운동복을 입은 채 도수 높은 맥주를 벌컥벌컥 들이켜고 있었다. 휘청대며 거리를 돌아다니는 꼴로 봐서 이미 만취 상태인 듯했다. 오후 4시도 채 안 됐는데 말이다.

그는 우리 쪽에 가까워지자 차츰 속도를 늦췄다. 스태피가 줄이 팽팽하다 못해 끊어질 정도로 안간힘을 쓰며 나와 밥에게 가까이 오고 싶어 했기 때문이다. 그렇다고 우리를 위협하려는 것은 아니었고 그저 밥을 살펴보고 싶어 하는 것 같았다. 물론 거기에 그치지 않고 밥 앞에 놓여 있던 비스킷까지 살펴보긴 했지만 말이다. 아무튼 밥이 남긴 비스킷을 공짜로 집어삼킬 생각에 신이 난 스태피가 쿵쿵대며 밥그릇을 향해 가기 시작했다.

이어서 믿기 힘든 광경이 펼쳐졌다. 나는 그때까지 밥이 다른 개와 함께 있는 모습을 여러 번 보았다. 밥의 기본 전략은 녀석들에게 귀중한 자기 시간을 허비하지 않는다는 것이었다. 하지만 이번만큼은 밥도 뭔가 조치를 취해야 겠다고 느낀 게 분명해 보였다.

---

* 스태포드셔 불테리어의 애칭

내 옆에서 한가로이 졸고 있던 밥은 스태피가 비스킷을 향해 코를 들이밀자 조용히 한 번 올려다보더니 몸을 일으켜 녀석의 코를 앞발로 후려갈겼다. 세계 권투 챔피언 무하마드 알리도 기특해했을 만한 번개 같은 주먹이었다.

스태피는 이 상황을 믿을 수 없다는 표정이었다. 충격을 받은 녀석은 펄쩍 뛰어 뒤로 물러서더니 계속 뒷걸음질 쳤다. 나도 그 개만큼이나 충격을 받았던 것 같다. 나는 크게 소리 내어 웃고 말았다. 개 주인은 나를 쳐다보더니 곧 자기 개를 내려다보았다. 너무 취한 나머지 방금 무슨 일이 벌어졌는지 제대로 이해하지 못하는 것 같았다. 더군다나 눈 깜짝할 새에 벌어진 일이었으니 말이다. 그는 스태피의 머리를 쥐어박더니 줄을 거칠게 잡아당기며 다른 곳으로 가 버렸다. 자신의 우락부락한 개가 작은 고양이 한 마리 때문에 순식간에 바보 신세로 전락했다는 사실이 창피한 것 같았다.

밥은 스태피가 수치심에 고개를 떨어뜨린 채 쓸쓸히 걸어가는 뒷모습을 조용히 지켜보았다. 몇 초 후 밥은 원래의 자세로 돌아가 다시 내 발치에서 꾸벅꾸벅 졸기 시작했다. 귀찮은 파리를 찰싹 때린 것 같은 수준의 아주 사소한 성가심에 불과했다는 듯이 말이다. 하지만 나에게는 밥의 성장기 비밀을 푸는 데 결정적 열쇠가 될 수도 있는 정말로 흥미진진한 순간이었다. 이 사건은 밥이라는 고양이에 대해, 그리고 나와 운명적으로 만나기 이전의 밥의 삶에 대해 정말 많은 것을 말해 주었다. 밥은 자기 자신을 지키는 일에 두려움이 없었다. 사실 밥은 자신을 돌보는 법을 잘 알고 있었다. 어디에선가 배웠던 것이 분명했다. 개, 특히 공격적인 개들이 많이 있는 환경에서 살았는지도 모를 일이었다.

또다시 같은 질문들이 나를 사로잡았다. 밥은 어디에서 자랐을까? 나와 만나서 이총사가 되기 전에는 어떤 모험을 했을까?

🐾 🐾 🐾 🐾 🐾 🐾 🐾 🐾 🐾 🐾 🐾 🐾 🐾

밥과 함께 사는 건 재미있었다. 스태피와의 작은 싸움에서 증명되었듯 지루한 순간이 한 번도 없었다. 밥은 정말로 개성이 강한 고양이였다. 그 점에 대해서는 의심의 여지가 없었다. 녀석의 성격은 다채로운 면들로 가득했고, 나는 날마다 하나하나 그 매력을 발견해 가는 재미에 푹 빠져 지냈다.

지금까지는 밥이 거리에서 자랐다는 생각에 이견이 없었다. 녀석의 싸움 기술 때문만은 아니었다. 밥에게서는 사람에게 길들여진 듯한 면을 하나도 찾을 수 없었다. 녀석은 아슬아슬할 정도로 거칠 때도 있었다. 심지어 나와 함께 지낸 지 한 달이 다 됐을 때까지도 여전히 내가 사 준 고양이 변기를 사용하려 들지 않았다. 녀석은 변기를 무척 싫어했고 가까이 가져가기만 해도 기겁을 하며 날쌔게 도망갔다. 대신 녀석은 내가 밖으로 나갈 때까지 꾹 참았다가 아래층 잔디밭에 가서야 볼일을 봤다.

하지만 계속 그럴 수는 없었다. 우선 화장실에 가고 싶어 할 때마다 녀석을 데리고 계단을 다섯 층씩 오르내리는 일은 그다지 신나는 일이 아니었다. 그래서 나는 고양이 변기를 이용하는 것 말고는 다른 어떤 선택권도 주지 않기로 결심했다. 만난 지 3주째가 되던 어느 날, 나는 녀석을 밖에 내보내지 않고 24시간 동안 버티겠다고 다짐했다. 녀석도 고양이 변기를 이용하지 않고서는 별 수 없을 터였다. 하지만 밥은 별다른 노력 없이 손쉽게 이겨 버렸다. 녀석은 볼일을 보지 않고 참고 기다리며 기다리고 또 기다렸다. 내가 밖에 나가야 할 일이 생길 때까지 말이다. 그런 다음 내가 문 밖으로 나갈 때 그 틈을 휙 하고 빠져나가 날아가듯 계단을 내려갔다. 게임은 끝났고 밥이 이겼다. 애초부터 이기기 힘든 싸움이었다.

그뿐만이 아니었다. 중성화 수술 덕분에 처음보다는 많이 차분해졌지만, 밥은 여전히 집 안을 이리저리 미친 듯이 뛰어다니고, 물건들을 온통 헤집어 놓고, 발에 잡히는 것이면 무엇이든 갖고 놀았다. 언젠가는 병뚜껑을 가지고 한 시간은 족히 노는 걸 보았는데, 거실 바닥을 돌아다니며 앞발로 홱 뒤집었다 다시 뒤집기를 수도 없이 반복했다. 한번은 녀석이 호박벌을 발견한 적도 있었다. 한쪽 날개가 찢어진 것이 다친 게 분명해 보였다. 호박벌은 거실 테이블 위에서 괴로워하며 몸을 가누지 못했다. 윙 소리를 내며 이리저리 굴러다니다가 이따금씩 카펫 위로 떨어졌다. 그럴 때마다 밥은 매우 부드럽게 이빨로 벌을 집어 다시 테이블 위에 올려놓았다. 녀석이 벌의 날개를 세심하게 물어 테이블 위에 안전하게 내려놓는 모습은 정말 인상적이었다. 그런 다음 밥은 벌이 다시 이리저리 굴러다니는 걸 지켜보았다. 재미있는 장면이었다. 밥은 벌을 먹고 싶어 하지 않았다. 단지 가지고 놀고 싶어 했다.

음식에서도 밥의 길거리 생활 본능을 뚜렷이 확인할 수 있었다. 볼일을 볼 수 있도록 아래층으로 데리고 내려가면 녀석은 서둘러 아파트 뒤편 쓰레기통 보관소로 달려갔다. 바퀴가 달려 있는 커다란 쓰레기통은 주로 열려 있었다. 때때로 까만색 비닐봉지가 안에 남아 있을 때도 있었는데 도시 여우나 길거리 개들이 물어뜯어 터져 있기 일쑤였다. 밥은 항상 거기 가서 뭔가 남은 게 없는지 꼼꼼히 살피곤 했다. 한번은 다른 쓰레기 사냥꾼들이 깜빡 놓친 닭다리를 물고 오는 걸 붙잡은 적도 있었다. 세 살 버릇이 여든까지 간다는 말이 맞았다.

정말 그랬다. 내가 규칙적으로 음식을 주는데도 불구하고 밥은 여전히 모든 음식을 최후의 만찬 대하듯 했다. 그릇에 고양이 사료를 퍼 주면 녀석은 얼굴을 처박은 채 마치 내일이 오지 않을 것처럼 허둥지둥 먹어치웠다.

"천천히 즐겨야지, 밥."

내가 아무리 말해 봐야 소용없었다. 오랫동안 음식을 구하기 위해 치열하게 노력해야 하는 삶을 살았기 때문에 하루 두 번의 푸짐한 식사가 보장되는 생활에도 밥은 여전히 안심하지 못하는 것 같았다. 나는 그게 어떤 기분인지 잘 알았다. 나 역시 인생의 많은 시간을 그런 식으로 살면서 보냈다. 정말이지 녀석을 꾸짖을 수가 없었다.

밥과 나는 공통점이 정말 많았다. 그래서 그렇게 빨리 서로 간에 애정이 생기고, 또 그렇게 깊어졌을 것이다.

❊❊❊❊❊❊❊❊❊❊❊❊❊❊

밥과 관련해서 가장 성가신 것은 집 안 구석구석을 뒤덮기 시작한 녀석의 털이었다. 물론 털 빠짐은 자연스러운 현상이었다. 봄이 오고 있어 겨울용 털을 제거하는 중이었지만 녀석은 정말이지 엄청나게 많은 털을 뿌려 대고 있었다. 털갈이에 속도를 내기 위해 밥은 집 안에 있는 여러 가지 물건들에 닥치는 대로 몸을 비벼 댔다. 온 집 안에 털이 수북이 쌓였다. 정말 고통스러웠다.

물론 밥의 털이 건강한 상태로 회복되고 있다는 것은 좋은 신호였다. 녀석은 여전히 약간 야윈 편이었지만 갈비뼈가 앙상하게 드러났던 처음에 비하면 살이 많이 올랐다. 녀석의 털은 매우 가늘었다. 아마 제대로 먹을 수 없는 거리에서 자랐기 때문이었을 것이다. 그동안 꾸준히 약을 복용한 덕분에 털이 듬성듬성 빠져 있던 곳들도 없어졌고 오래된 상처도 잘 치유되었다. 상처는 이제 거의 없어지다시피 해서 그 자리에 상처가 있었다는 사실을 아는 사람이 아니라면 전혀 알아차리지 못할 정도였다. 녀석은 한 달 전에 비해 무척 건강해져 있었다.

　나는 녀석을 목욕시키지 않았다. 고양이는 혼자 알아서 씻는다. 그런 면에서 밥도 전형적인 고양이였다. 규칙적으로 자기 몸을 핥고 닦았다. 사실 밥은 내가 지금껏 본 고양이 중 가장 깔끔하고 꼼꼼했다. 나는 녀석이 아주 체계적으로 발을 하나씩 핥으며 의식을 치르는 모습을 여러 번 지켜보았다. 특히 이런 행동이 녀석의 조상 때부터 이어져 내려오는 매우 강한 행동적 습성이란 사실은 정말 흥미로웠다.

　이들의 먼 조상은 열대 기후에 살았지만 땀을 흘리지 않았다. 이들에게 자기 몸을 핥는 행동은 몸에 침을 묻혀 체온을 낮추려는 생존 방식이었다. 또 일종의 투명 망토 같은 역할을 하기도 했다. 사냥꾼의 관점에서 볼 때 자기 몸에서 나는 냄새는 사냥에 절대 도움이 되지 않는다. 비밀 사냥꾼답게 몰래 숨어 있다가 먹잇감을 급습하기 위해서는 가능한 한 남의 눈에 띄지 않을수록 좋은데 고양이의 침 속에는 천연 탈취 성분이 포함되어 있다. 그래서 고양이들이 그렇게 열심히 자기 몸을 핥는 것이다. 자기 몸을 늘 깨끗이 핥아서 냄새를 없애는 고양이들이 더 오래 살고 번식도 잘한다는 사실이 동물학자들에 의해 증명되기도 했다.

　물론, 녀석의 조상이나 밥이 자기 몸을 열심히 핥는 제일 중요한 이유는 몸을 건강하게 유지하기 위해서이다. 고양이는 효율적으로 자가 치료를 한다. 몸을 핥으면 벼룩이나 진드기 같은 기생충의 수를 줄일 수 있고, 또 침 속에 항균 성분이 포함되어 있기 때문에 상처가 감염되는 걸 막을 수도 있다. 바로 이런 이유 때문에 밥이 그렇게 열심히 자기 몸을 핥는 것일지도 모른다는 생각이 들었다. 자기만의 방식으로 치료를 하고 있었던 것이다.

밥은 재미있는 습관을 하나 갖게 되었다. 바로 텔레비전을 보는 것이었다. 그보다 먼저, 어느 날 나는 동네 도서관에서 컴퓨터를 하고 있다가 밥이 모니터 화면 속을 들여다본다는 사실을 발견했다. 나는 코벤트 가든에 가는 길이나 길거리 연주를 쉬는 날이면 도서관에 자주 들렀는데 산책을 시켜 주기 위해 밥도 함께 데려갔다. 내 무릎 위에 앉아서 함께 모니터를 들여다보고 있던 밥은 내가 컴퓨터 마우스를 움직일 때마다 이리저리 깜빡이는 커서를 앞발로 찰싹찰싹 때리곤 했다.

하루는 집에 있을 때 혹시나 하는 마음으로 거실에 텔레비전을 켜둔 채 침실로 가서 다른 일을 했다. 내가 다시 돌아왔을 때 놀랍게도 밥은 소파 위에 편하게 앉아서 텔레비전을 보고 있었다. 나는 한 친구에게서 텔레비전을 보는 고양이들에 대해 들은 적이 있었다. 그 친구의 고양이는 SF 드라마 시리즈인 '스타 트렉 : 넥스트 제너레이션'을 즐겨 본다고 했다. 그 고양이는 스타 트렉의 주제음악이 들리면 부리나케 텔레비전이 있는 거실로 뛰어가 소파 위로 올라간다고도 했다. 나도 그 모습을 몇 번 보았는데 정말 절로 웃음이 터져 나왔다. 농담이 아니다.

밥도 얼마 안 가 텔레비전에 어느 정도 중독되고 말았다. 녀석은 텔레비전에 나오는 뭔가에 빠지면 화면에 시선을 고정한 채 꼼짝도 하지 않았다. 녀석이 채널 4에서 하는 경마 프로그램을 보는 걸 지켜보고 있으면 너무 재미있었다. 밥은 정말 말을 좋아했다. 내가 즐겨 보는 프로그램은 아니었지만 밥이 그 앞에 앉아 무언가에 홀린 듯이 텔레비전을 보고 있는 모습을 보고 있노라면 정말 웃음보가 터질 지경이었다.

[Chapter 08]

공식화
Making It Official

우리가 코벤트 가든에서 길거리 연주 파트너십을 맺은 뒤 몇 주가 지난 어느 목요일 아침이었다. 나는 평소보다 일찍 일어나 밥과 함께 아침 식사를 한 뒤 집을 나섰다. 우리는 여느 때처럼 센트럴 런던으로 가는 대신 이슬링턴 공원 근처 정류장에서 버스를 내렸다.

나는 한 가지 결심을 했다. 밥에게 마이크로칩을 심어 주기로 한 것이었다. 거의 매일 밥과 함께 거리로 나가는 만큼 책임감 있게 행동할 필요가 있었다.

한때는 고양이나 개의 몸속에 마이크로칩을 심는 일이 무척 복잡했지만 이제는 아니었다. 간단한 외과 시술을 통해 수의사가 작은 칩을 고양이 목에 심기만 하면 됐다. 칩에는 일련번호가 있는데 그 고유의 번호는 해당 애완동물의 주인에 관한 세부적인 정보를 담고 있기 때문에, 길 잃은 고양이를 발견하면 칩을 스캐너로 읽어 고양이의 집을 찾아 줄 수도 있다.

밥과 내 생활을 살펴봤을 때 마이크로칩을 심는 것이 좋겠다는 생각이 들었다. 그럴 일은 없겠지만 만약에라도 밥과 내가 헤어지게 된다면 마이크로칩을 통해 밥을 다시 찾을 수 있을 터였다. 또 최악의 상황이 닥쳐 나에게 무슨 일이 생긴다 해도 이 기록으로 최소한 밥이 떠돌이 길고양이가 아니라는 사실을 알려 줄 수도 있었다. 사랑이 가득한 집에서 살았던 고양이라는 것을 말이다.

처음 도서관에서 마이크로칩 이식 과정에 대해 알아봤던 날, 나는 비용을 댈 여력이 없다는 것을 깨달았다. 대부분 수의사들은 칩을 심는 일에 60~80파운드라는 터무니없는 비용을 요구하고 있었다. 그만한 돈도 없었지만 만약 있다 하더라도 내 형편에 그렇게 많은 돈 지불하지는 못할 것 같았다. 그러던 어느 날, 나는 길 건너에 사는 길고양이 대모에게서 좋은 정보를 얻을 수 있었다.

"목요일에 이슬링턴 공원에 있는 블루 크로스 이동 병원에 가 보세요. 그들은 칩 비용만 받아요. 반드시 아침 일찍 가야 해요. 항상 줄이 길게 늘어서 있거든요."

그래서 나는 10~12시 사이, 오전 진료 시간에 맞춰 가기 위해 아침 일찍 집을 나섰다. 이슬링턴 공원에 도착하자 그녀의 말대로 사람들이 이미 워터스톤 서점까지 길게 줄을 서 있었다. 다행히 날씨가 맑고 화창해 기다리는 데는 별 문제가 없었다.

이런 상황에서 늘 보게 되는 장면이 있다. 화려한 이동장에 담겨 온 고양이와 개들이 서로 냄새를 맡느라 일어나는 작은 소란 말이다. 하지만 여기에서 만난 애완동물 주인들은 내가 밥을 데리고 RSPCA 센터에 처음 진료를 받으러 갔을 때 만났던 주인들보다 더 사교적이고 더 똑똑하고 더 친절했다.

재미있는 사실은 이동장 안에 들어가 있지 않은 고양이는 밥이 유일했다는 것이다. 덕분에 밥은 많은 관심을 끌었다. 평소에도 그렇지만 말이다. 노부인 몇 명은 밥에게 완전히 반해서 야단법석이었다.

약 한 시간 반 정도 기다리자 드디어 밥의 차례가 돌아왔고, 짧은 단발머리를 한 젊은 간호사가 우리에게 인사를 건넸다.

"이 녀석에게 마이크로칩을 심는 데 비용이 얼마나 드나요?"

내가 그녀에게 물었다.

"15파운드요."

그녀가 대답했다.

"하지만 전부 선불로 지불하지 않으셔도 돼요. 몇 주에 걸쳐 나눠 내실 수 있어요. 일주일에 2파운드씩 내는 건 어떠세요?"

내가 그다지 돈이 넉넉지 않아 보였는지 그녀가 재빨리 말을 덧붙였다.

"와, 그거 잘됐네요."

나는 의외의 수확에 깜짝 놀랐다. 기분이 좋았다.

"그렇게 할게요."

그녀는 밥을 간단하게 살펴보았다. 아마 건강 상태가 양호한지 확인하려는 것 같았다. 다행히 밥은 건강했다. 밥은 요즘 들어 부쩍 더 건강해 보였는데 겨울 털을 완전히 다 벗어 버려서 더 그랬다. 밥은 군살 없는 탄탄한 몸을 가지고 있었다.

그녀는 우리를 수의사가 기다리고 있는 수술실로 안내했다. 수의사는 이십대 후반 정도 돼 보이는 젊은 남자였다.

"안녕하세요."

그는 간호사와 이야기를 나누기 전에 나에게 먼저 인사했다. 그들은 한쪽에서 조용한 목소리로 대화를 나눈 뒤, 마이크로칩 이식 시술을 위한 준비 작업에 들어갔다. 나는 그들이 일하는 모습을 지켜보았다. 간호사가 서류를 작성하는 동안 수의사는 칩을 이식하는 데 필요한 주사기와 바늘을 준비했는데, 나는 그 바늘 크기를 보고 깜짝 놀랐다. 구식의 커다란 바늘이었다. 하지만 곧 큰 쌀 알갱이만 한 크기의 칩을 피부 아래 이식하기 위해서는 바늘의 크기가 그 정도는 돼야겠다는 생각이 들었다.

밥은 주사기를 보고 기겁했지만 녀석을 나무랄 수는 없었다. 간호사와 나는 밥이 수의사가 하는 일을 보지 못하도록 반대 방향으로 고개를 돌리려 애쓰며 녀석을 붙잡았다. 하지만 밥은 멍청한 고양이가 아니었고 뭔가 심상치 않은 일이 벌어지고 있다는 사실을 바로 알아차렸다. 녀석은 불안해하면서 내 손아귀에서 빠져나가려고 애썼다.

"괜찮을 거야, 밥."

나는 녀석의 배와 뒷다리를 쓰다듬으며 말했다. 그때 수의사가 다가왔다. 바늘이 들어가자 밥은 커다란 소리로 비명을 질렀다. 그 비명소리는 비수처럼 내 가슴에 꽂혔고 녀석이 고통으로 몸부림치기 시작하자 눈물이 날 것만 같았다. 하지만 몸부림은 금방 잦아들었고 밥은 곧 안정을 되찾았다.

"잘했어, 친구."

나는 배낭에서 작은 간식을 꺼내 밥에게 준 뒤, 조심스럽게 녀석을 안고서 접수처로 향했다.

간호사는 내게 서류 몇 장을 작성해야 한다고 말했다. 다행히 간단한 정보들만 필요했다.

"데이터베이스에 저장해 놓을 정보들이 필요해요. 성함, 주소, 나이, 전화번호를 말씀해 주시면 돼요."

그녀가 미소 지으며 말했다.

간호사가 서류에 정보를 기입해 넣는 것을 보고 있는데 갑자기 이런 생각이 머리를 스쳤다. 그럼 이제 내가 공식적인 밥의 주인이 됐다는 의미인가?

"그렇다면 이제 제가 법적으로 녀석의 주인으로 등록되었다는 건가요?"

나는 그녀에게 물었다. 서류를 보고 있던 그녀가 고개를 들고 나를 쳐다보며 빙그레 웃었다.

"네, 그래요. 좋으세요?"

"그렇다마다요. 멋진데요. 정말 멋져요."

나는 조금 얼떨떨해져서 말했다. 밥도 이제 어느 정도 진정된 것 같았다. 나는 밥의 이마를 쓰다듬어 주었다. 아직 통증이 남아 있을 것 같아서 녀석의 목 근처는 건드릴 수가 없었다. 자칫하면 녀석이 내 팔을 할퀼 수도 있었고 말이다.

"들었어, 밥? 이제 우리는 공식적으로 가족이 된 거야."

그날 이슬링턴 길을 따라 걷던 나는 여느 때보다 훨씬 더 다양한 표정을 짓고 있었을 것이다. 템스 강만큼이나 넓은 미소를 띠고 있었을 게 분명했다.

❉ ❉ ❉ ❉ ❉ ❉ ❉ ❉ ❉ ❉ ❉ ❉ ❉ ❉ ❉

밥과 함께 지내면서 내 생활 방식에도 많은 변화가 생겼다. 녀석은 여러 면에서 내가 올바르게 행동하게끔 해 주었다. 녀석은 나에게 규칙적인 생활과 책임감을 갖게 해 주었을 뿐 아니라 내가 내 자신을 긍정적인 시선으로 바라볼 수 있게 만들었다. 사실 나는 나를 좋아하지 않았다.

나는 내가 중독에서 벗어나려고 애쓰고 있는 마약 중독자라는 사실에 떳

떳하지 못했다. 2주에 한 번씩 클리닉을 방문하고 매일 약국에 가서 약을 타야 한다는 사실도 나를 초라하게 만들었다. 그래서 꼭 필요한 경우가 아니면 이런 일을 볼 때는 밥을 데려가지 않기로 정해 두고 있었다. 이상하게 들릴지 모르지만 녀석에게 내 어두웠던 과거를 보이고 싶지 않았다. 이 또한 녀석이 내게 가져다준 변화 중 하나였다. 덕분에 나는 마약 중독을 과거의 일로 남겨 둘 수 있게 되었고 중독에서 완전히 벗어나 정상적인 삶을 사는 미래도 꿈꾸게 되었다. 그러기 위해서는 긴 여정을 마쳐야 했다.

혼란스러웠던 내 과거를 상기시키고, 또 앞으로 갈 길이 얼마나 먼지 깨닫게 해 주는 것들도 여전히 많았다. 밥에게 마이크로칩을 이식하고 며칠 후, 나는 우편으로 온 새 교통카드를 찾기 위해 이곳저곳을 뒤지다가 침실 벽장에 있는 물건들을 꺼내기 시작했다. 오래된 신문과 옷가지가 쌓여 있는 아래쪽 선반에 플라스틱 상자가 하나 있었다. 꽤 오랜만에 보는 것이었지만 무엇인지 바로 알 수 있었다. 거기에는 내가 헤로인에 중독되어 있는 동안 모아 뒀던 각종 물건들이 들어 있었다. 나쁜 습관을 지속하는 데 필요한 주사기, 바늘 같은 것들 말이다. 귀신이라도 보는 것 같았다. 안 좋은 기억들이 수없이 떠올랐다. 마음의 고통으로부터 영원히 해방되고 싶어 했던 내 자신의 모습도 떠올랐다.

더 이상 그 상자를 집에 두고 싶지 않았다. 이렇게 안 좋은 기억이 떠오르는 것도 싫었고, 혹여나 다시 유혹에 빠질까 봐 두렵기도 했다. 그리고 무엇보다 그런 게 밥의 주변에 있다는 사실이 싫었다. 아무리 보이지 않는 곳에 숨겨져 있더라도 말이다.

밥은 평소처럼 라디에이터 옆에 앉아 있다가 내가 코트를 입고 밖으로 내려갈 준비를 하자 몸을 일으켰다. 녀석은 쓰레기통 보관소까지 나를 졸졸 따라와 내가 유독물질 전용 쓰레기통에 상자를 버리는 모습을 지켜보았다.

"이제 정말 끝이야."

나는 호기심 어린 눈빛으로 나를 쳐다보고 있는 밥 쪽으로 고개를 돌리며 말했다.

"오래전에 했어야 할 일을 한 것뿐이야."

[Chapter 09]

달아난 아티스트
The Escape Artist

　거리에서의 삶은 결코 녹록지 않다. 예상치 못한 일이 언제든 일어날 수 있기 때문에 늘 대비하고 있어야 한다. 나는 이 사실을 일찌감치 깨우쳤다. 사회복지사들도 우리 같은 사람들을 말할 때 '혼돈 상태에 있는 사람'이라는 표현을 사용하며 우리 삶을 '혼돈 상태'라고 부른다. 우리의 삶이 그들이 생각하는 정상적인 상태의 삶과 다르기 때문이다. 우리에겐 우리 삶이 정상인데 말이다. 그래서 밥과 함께한 첫 여름이 끝나고 가을이 찾아올 무렵, 코벤트 가든 주변에서의 삶이 더 복잡해지기 시작했을 때도 나는 그다지 놀라지 않았다. 모든 것이 늘 똑같을 수는 없는 법이다. 내 인생이 그래왔듯 말이다.

　밥은 여전히 사람들을 즐겁게 해 주는 재간둥이였다. 특히 관광객들에게는 더 그랬다. 어느 나라 사람이든 늘 걸음을 멈추고 밥에게 말을 걸었다. 지금껏 아프리카 어에서부터 웨일스 어에 이르기까지 지구상에 있는 모든 언어를 다 들어 봤고, 덕분에 그 언어들로 고양이를 뭐라고 말하는지 다 배운 것 같다.

고양이는 체코 어로 '코카'였고, 러시아 어로는 '코쉬카', 터키 어로는 '케디'였다. 그중에서 제일 마음에 든 건 중국어 '마오'였다. 나는 그들의 위대한 지도자*의 이름이 고양이였다는 사실에 정말 많이 놀랐다.

고양이를 부르는 말이 어떻게 다르든 간에 그 메시지는 항상 같았다. 그들 모두가 밥을 사랑했다. 또 고정적인 팬도 생겼다. 근처에 근무하면서 저녁 퇴근길에 우리가 있는 곳을 지나가는 사람들이었다. 그중 몇몇은 늘 걸음을 멈추고 인사를 건넸고, 한두 명은 밥에게 작은 선물을 가져다주기도 했다.

하지만 문제를 일으키는 '동네 사람들'도 있었다. 그때쯤 나는 제임스 스트리트에서 공연하는 것에 대해 코벤트 가디언들로부터 경고를 받고 있었다. 나는 계속 지하철역 옆에서 연주를 하고 있었는데, 두어 번 정도 코벤트 가디언이 와서 법을 들먹이며 그 구역이 인간 조각상들을 위한 자리라고 못을 박았다. 막상 주위에 인간 조각상이 한 명도 없다는 사실은 그들에게 별로 중요하지 않은 것 같았다.

"규칙을 알잖소."

그는 계속 이 말만 되풀이했다. 물론 잘 알고 있었다. 하지만 나는 규칙이란 유연하게 적용할 필요가 있다고 생각한다. 그게 거리의 삶이다. 우리가 규칙에 얽매이는 사람들이었다면 애초부터 거기 있지도 않았을 것이다.

그래서 코벤트 가디언이 다가올 때마다 나는 다른 곳으로 자리를 피해 있다가 몇 시간 후에 다시 슬그머니 돌아오곤 했다. 내 생각에 그 정도 위험은 감수할 만한 가치가 있었다. 게다가 정해진 구역이 아닌 곳에서 공연하는 사람을 단속하기 위해 경찰을 불렀다는 소리를 들어 본 적도 없으니 말이다.

---

* 중국 공산당 최고 지도자였던 마오쩌둥을 의미

사실 코벤트 가디언보다 나를 더 괴롭히는 이들은 지하철 역무원들이었다. 이들은 자기네 직장 밖에서 길거리 연주를 하는 나에게 반감을 가지는 것 같았다. 특히 표 검사원 두어 명은 나를 정말 힘들게 했다. 그들은 내가 지하철역 벽에 기대어 자리를 잡으면 기분 나쁜 표정을 지으며 다가와 신경에 거슬리는 말들을 해 댔다. 하루는 몸집이 크고 땀에 젖은 푸른색 유니폼을 입은 불친절한 역무원이 다가왔는데 정말 위협적이었다.

나는 밥이 사람을 잘 볼 줄 안다는 것을 경험상 알고 있었다. 녀석은 멀리서도 그가 좋은 사람이 아니라는 걸 한눈에 알아보았다. 밥은 그가 우리 쪽으로 걸어오기 시작하자마자 바로 낌새를 채더니 그가 다가올수록 점점 더 내게 몸을 바짝 붙였다.

"무슨 문제라도 있나요?"

내가 물었다.

"그렇소. 당장 꺼지는 게 좋을 거요. 안 그러면……."

"그렇지 않으면 뭐요?"

나는 벌떡 일어나서 물었다.

"곧 알게 될 거요. 경고하는 거요!"

나를 위협하려는 게 뻔했다.

나는 그래봤자 그에게는 지하철역 밖의 상황을 통제할 아무런 권한도 없으며, 기껏 해야 위협이나 할 수 있을 뿐임을 알고 있었다. 하지만 나는 잠시 다른 곳에 가 있는 것이 현명하겠다는 결론을 내렸다.

처음에는 닐 스트리트와 롱 에이커가 교차하는 지점 근처로 옮겼다. 지하철역에서 아주 멀리 떨어진 곳은 아니었지만 지하철 역무원들의 시야에서 벗어날 정도는 되었다. 하지만 그곳은 코벤트 가든 주변만큼 사람들이 많지도 않았고 친절하지도 않았다. 일하는 내내 멍청한 녀석들이 와서 내 가방을 걷어차거나 밥을 겁주곤 했다. 밥도 그곳을 전혀 편안해하지 않았다. 녀석은 내가 이곳에 자리를 잡을 때마다 눈을 가느다랗게 뜬 채 방어적인 자세로 몸을 동그랗게 말고 있었다. 자기 식으로 이렇게 말하는 것이었다.

'나는 여기가 마음에 안 들어.'

그래서 며칠 뒤에는 평소처럼 코벤트 가든으로 가는 대신, 중간에 버스에서 내려 피카딜리 서커스로 향하는 소호 거리를 통과했다. 물론 센트럴 런던을 떠난 것도, 웨스트민스터 구를 벗어난 것도 아니었기 때문에 여전히 그곳에도 규칙은 존재했다. 피카딜리 서커스는 코벤트 가든과 비슷한 방식으로 굴러가고 있었다. 그곳에도 길거리 음악가에게 지정된 구역이 있었는데, 나는 이번에는 규칙을 어기지 않기로 결심했다. 피카딜리 서커스 동쪽에 있는 리세스터 스퀘어로 가는 길목이 길거리 음악가들에게 특히 좋은 장소라는 것을 알고 있었던 나는 곧장 그곳으로 향했다.

늦은 오후, 우리는 피카딜리 서커스 지하철역 입구 한쪽에서 몇 미터 떨어져 있지 않은 곳에 자리를 잡았다. '리플리의 믿거나 말거나' 박물관 바로 밖이었다. 웨스트엔드에 있는 영화관이나 공연장으로 향하는 수백 명의 관광객들로 거리는 정신없이 분주했다. 사람들은 지하철역을 중심으로 빠르게 움직이고 있었지만 우리는 금방 적응했고, 사람들도 곧 여느 때처럼 밥을 보고는 걸음을 늦추거나 아예 멈추기도 했다. 그러나 밥은 약간 불안한지 내 기타 아래에서 평소보다 몸을 더 단단히 말고 있었다. 사람이 너무 많은 데다 낯선 장소이기 때문인 듯했다. 녀석은 자기가 아는 장소에 있을 때 확실히 더 편안해했다.

여느 때처럼 전 세계에서 온 수많은 사람이 주변을 돌아다니며 센트럴 런던의 멋진 풍경을 마음껏 음미하고 있었다. 특히 일본 관광객들이 많았는데 그들은 밥에게 흠뻑 빠진 것 같았다. 덕분에 나는 고양이를 뜻하는 새로운 언어를 배우게 되었다. 고양이는 일본어로 '네코'였다. 그렇게 시간은 저녁 6시경까지 별다른 문제없이 잘 흘러갔고, 러시아워가 시작되자 인파는 더 불어났다. 리플리 박물관의 홍보 직원이 거리에 나타난 것은 그때쯤이었다.

그 남자는 바람을 넣어 몸을 세 배쯤은 커 보이게 만든 옷을 입고 있었고 커다란 팔을 휘저으며 사람들에게 리플리 박물관으로 들어오라고 목소리를 높이고 있었다. 나는 그 차림새가 건물 안에서 열리는 전시회와 무슨 관련이 있는 것인지 알 수가 없었다. 세계에서 가장 뚱뚱한 사람에 대한 전시회인가? 아니면 세계에서 가장 우스운 직업에 대한 전시회?

하지만 적어도 밥이 그 남자를 마음에 들어 하지 않는다는 사실은 금방 알 수 있었다. 그 남자가 나타났을 때 밥은 내 곁에 바짝 붙었고, 그 뒤로 줄곧 두려운 듯한 표정으로 그를 경계했다. 밥을 이해할 수 있을 것 같았다. 그 남자는 정말 이상한 괴짜 같았다.

다행히 밥은 곧 진정되었고 그 남자에 대해 잊어버린 듯했다. 우리가 잠시 그 사람을 무시하고 있는 사이, 그는 성과가 있었는지 곧 우리 옆에서 사라졌다. 하지만 그는 내가 조니 캐쉬의 노래 '링 오브 파이어'를 부르고 있을 때 느닷없이 다시 나타났고, 이제는 밥을 가리키며 아예 우리 쪽으로 걸어오고 있었다. 가까이 와서 밥을 쓰다듬고 싶어 하는 것 같았다. 이상한 풍선 옷을 입은 그 남자는 어느새 우리 앞에까지 와서 몸을 숙였고, 내가 알아차렸을 땐 이미 때가 늦어 버렸다.

밥은 순식간에 용수철이 튕기듯 벌떡 일어났고 그대로 새로 산 줄을 끌면서 인파 속으로 달아나 버렸다! 내가 미처 어떻게 손을 써 보기도 전에 녀석은 지하철역 입구 쪽으로 사라져 버렸다.

'이런 맙소사!'

심장이 미친 듯이 쿵쾅쿵쾅 뛰었다.

'밥이 사라졌어! 밥을 잃어버린 거야!'

내 본능도 즉시 깨어났다. 나는 벌떡 일어나 녀석의 뒤를 쫓았다. 기타는 내팽겨 둔 채였다. 기타보다 밥이 훨씬 더 중요했다. 기타쯤이야 다시 구할 수 있으니까.

나는 금세 엄청난 인파 속에 갇혔다. 하루 일과를 마치고 피로에 찌든 채 지하철역으로 향하는 회사원들, 화끈한 웨스트엔드의 밤을 즐기기 위해 속속 도착하는 술꾼들, 그리고 고동치는 런던의 심장부에 있다는 사실에 무척 상기된 표정으로 배낭을 메거나 지도를 옆구리에 끼고서 두리번거리는 관광객들까지. 지하철역 입구로 가기 위해서는 수많은 사람 사이를 이리저리 헤치며 길을 내야 했다. 어쩔 수 없이 사람들과 부딪치기도 했고, 한 여성을 거의 넘어뜨릴 뻔하기도 했다.

지하철역 중앙광장으로 이어지는 계단을 다 내려오자 상황이 조금 나아졌다. 여전히 사람들이 많긴 했지만 멈춰 서서 주위를 둘러볼 정도는 되었다. 나는 쪼그리고 앉아서 바닥을 둘러보았다. 한두 사람이 이상한 표정으로 쳐다봤지만 개의치 않았다.

"밥, 밥, 어디 있니?"

곧 나는 아무리 소리를 질러 봐야 온갖 소음에 묻혀 아무 소용도 없겠다는 사실을 깨달았다. 감으로 방향을 하나 정해야 했다. 에스컬레이터를 타고 지하철 승강장으로 내려갈지 아니면 다른 출구들이 있는 곳으로 가야 할지 갈피를 잡을 수가 없었다. 밥은 어느 쪽으로 갔을까? 지하철 승강장으로 내려가진 않았을 것 같다. 한 번도 밥을 데리고 그곳으로 내려가 본 적 없는 데다 움직이는 에스컬레이터는 밥을 두렵게 했을 것이다.

그래서 나는 피카딜리 서커스의 다른 쪽으로 나가는 출구를 향해 움직였다. 잠시 후 뭔가 얼핏 보였다. 계단 쪽에서 적갈색 덩어리가 희미하게 휙 움직이더니 그 뒤로 줄이 끌려 올라가는 게 아닌가!

"밥! 밥!"

나는 큰 소리로 밥의 이름을 외치며 또다시 인파 속으로 몸을 던졌다. 계단으로 엄청나게 많은 사람이 물밀듯이 내려오고 있었다. 밥과 10미터도 채 안 되는 거리에 있었지만 1킬로미터도 넘게 떨어져 있는 것 같았다.

"제발 그 고양이 좀 잡아 주세요! 줄을 발로 밟아 주세요!"

어스름해지는 저녁 불빛 아래로 적갈색 흔적이 또다시 눈에 들어오자 내가 소리쳤다. 하지만 아무도 귀 기울이지도 신경 쓰지도 않았다. 순식간에 줄은 사라져 버렸고 밥의 흔적은 더 이상 보이지 않았다. 녀석은 리젠트 스트리트와 이어져 있는 출구로 나간 뒤 그쪽으로 달아나고 있을 게 분명했다.

그러자 온갖 생각이 머릿속을 맴돌기 시작했다. 그중에 긍정적인 건 하나도 없었다. 만약 밥이 피카딜리 서커스에 있는 큰 도로로 뛰어들면 어쩌지? 누가 밥을 덥석 집어 들고 가 버리면 어쩌지?

계단을 올라와 다시 길거리로 나오자 상황이 더 실감나기 시작했다. 왈칵 눈물이 쏟아질 것 같았다. 다시는 밥을 못 볼지도 모른다는 생각이 너무 강하게 들었다. 내 잘못이 아니라는 건 알지만 끔찍한 기분이었다. 왜 나는 녀석의 줄을 배낭이나 벨트에 묶어 놓지 않았을까? 그랬으면 도망가지 못했을 텐데. 왜 나는 리플리 박물관 녀석이 처음 길거리에 나타났을 때 밥의 공포심을 알아차리지 못했을까? 가슴이 찢어지는 것 같았다.

나는 다시 한 번 선택을 해야 했다. 길거리로 나온 뒤 녀석은 어느 쪽으로 향했을까? 왼쪽으로 돌아서 피카딜리 서커스 쪽으로 갔을 수도 있고, 대형 음반 가게인 타워 레코드 쪽으로 갔을 수도 있다. 나는 다시 한 번 내 직감을 믿기로 했다. 녀석이 그냥 직진해서 리젠트 스트리트의 넓은 인도를 따라 내려갔을 거라는 생각이 들었다.

여전히 패닉 상태에 빠진 채 혹시 녀석을 본 사람이 있지 않을까 하는 희망을 안고 리젠트 스트리트를 따라 내려갔다. 아마도 나는 완전히 미친 사람으로 보였을 것이다. 사람들이 나를 힐긋힐긋 쳐다보았다. 어떤 사람들은 내가 미쳐 날뛰는 범죄자라도 되는 양 길에서 비켜서기까지 했다.

다행히 모든 사람이 그러는 것은 아니었다. 약 30미터쯤을 걸어가던 중에 애플 스토어의 쇼핑백을 들고 걸어오는 한 어린 소녀를 발견했다. 애플 스토어는 리젠트 스트리트 끝과 옥스퍼드 스트리트가 만나는 지점에 있었다. 리젠트 스트리트 반대쪽 끝에서부터 걸어온 게 분명했다. 나는 그 소녀에게 고양이를 보지 못했느냐고 물었다.

"오, 봤어요. 고양이 한 마리가 사람들 사이를 헤치면서 뛰어가던걸요. 적갈색이었어요. 줄을 뒤로 늘어뜨린 채로요. 어떤 남자가 줄을 잡으려 했지만 너무 빨라서 그럴 수가 없었어요."

소녀가 말했다. 순간 기쁨이 용솟음쳤다. 밥이었다! 하마터면 소녀를 붙잡고 뽀뽀라도 할 뻔했다. 하지만 기쁨도 잠시 곧 공포가 몰려들었다. 밥을 잡으려고 한 그 남자는 도대체 누굴까? 밥을 데리고 뭘 어쩔 셈이었던 거지? 그런 행동이 밥을 더 놀라게 만든 건 아닐까? 밥이 내가 절대 찾을 수 없는 곳에 숨어서 혼자 웅크린 채 벌벌 떨고 있는 건 아닐까?

이런 생각들로 머릿속이 복잡해진 채 나는 리젠트 스트리트를 따라 걸어가며 모든 가게 안을 기웃거렸다. 가게 종업원들 대부분이 머리가 긴 이상한 남자가 가게 입구에 서 있는 것을 보고 깜짝 놀라 뒷걸음질을 쳤다. 어떤 종업원은 무표정한 얼굴로 흘깃 쳐다보고는 안 된다는 듯 천천히 고개를 흔들었다. 그들이 무슨 생각을 하는지 알 것 같았다. 아마도 나를 거리에서 날아 들어온 쓰레기 조각쯤으로 여겼을 것이다.

가게를 대여섯 군데 둘러보고 나자 잠시나마 희망에 부풀었던 마음이 다시 곤두박질치기 시작했다. 절망적이었다. 밥이 달아난 후 시간이 얼마나 지났는지 알 수가 없었다. 시간이 너무 더디게 가는 것처럼 느껴졌고, 모든 일이 슬로모션으로 일어나고 있는 것 같았다. 이제 포기해야 하는 걸까?

리젠트 스트리트를 따라 몇 백 미터 내려가자 피카딜리 서커스로 다시 돌아갈 수 있는 골목길이 나왔다. 이 지점에서 밥이 선택할 수 있는 길은 열 가지도 넘었다. 메이페어 쪽으로 갔을 수도 있었고, 혹은 길을 건너서 세인트 제임스 궁과 헤이마켓 쪽으로 갔을 수도 있었다. 만약 그렇게 멀리 갔다면 녀석을 찾을 가능성은 매우 희박했다.

자포자기 심정으로 피카딜리 서커스로 이어지는 골목길로 들어선 나는 한 여성복 가게를 들여다보았다. 점원 두 명이 당황한 기색으로 가게 안쪽을 쳐다보고 있었다. 인기척에 뒤를 돌아본 그들은, 내가 '고양이'라는 단어를 입에 올리자마자 얼굴이 환해졌다.

"적갈색 수고양이요?"

그들 중 한 명이 말했다.

"네, 목걸이와 줄을 하고 있어요."

"여기 안쪽에 있어요."

그들 중 한 명이 내게 문을 닫고 들어오라고 손짓했다.

"그래서 문을 닫아 두었던 거예요. 녀석이 또다시 도망갈까 봐요."

다른 한 명이 말했다.

"목줄을 보고서 누군가가 찾고 있을 게 분명하다고 생각했어요."

그들은 멋진 옷들로 가득한 개방형 옷장이 줄지어 있는 곳으로 나를 데려갔다. 옷에 붙어 있는 가격표가 몇 개 눈에 들어왔다. 옷 한 벌 값이 내가 한 달 동안 버는 돈보다 훨씬 더 많았다. 그때 한 옷장 구석에서 몸을 말고 있는 밥이 눈에 들어왔다.

몇 시간은 된 것 같은 몇 분 사이, 내 마음 한 구석에는 밥이 내게서 도망가고 싶었던 것은 아닐까 하는 생각이 들어와 있었다. 어쩌면 이제 내게서 얻고 싶은 만큼 충분히 얻은 걸까? 나와의 생활이 더 이상 마음에 들지 않는 걸까? 그래서 나는 녀석에게 다가가는 동안 녀석이 펄쩍 뛰어 나를 피해 다시 달아날지도 모른다며 마음의 대비를 했다. 하지만 밥은 그렇게 하지 않았다.

나는 부드러운 목소리로 속삭였다.

"이봐, 밥. 나야."

말이 떨어지기가 무섭게 밥이 내 품 안으로 뛰어들었다. 녀석이 내게서 떠나고 싶어 할지도 모른다는 슬픔과 두려움은 녀석이 가르릉 소리를 내며 내게 몸을 비비는 순간 눈 녹듯 사라져 버렸다.

"얼마나 무서웠는지 몰라. 널 잃어버린 줄 알았어."

나는 녀석을 쓰다듬으며 말했다. 고개를 들자 가게 점원들이 옆에서 우리를 지켜보고 있었다. 둘 중 하나는 눈가에 고인 눈물을 닦고 있었다.

"고양이를 찾게 돼서 정말 잘 됐어요. 정말 사랑스러운 고양이처럼 보였거든요. 문 닫을 시간까지 아무도 안 나타나면 어떻게 해야 하나 걱정했는데……."

그녀가 이렇게 말하며 가까이 다가와 잠시 동안 밥을 쓰다듬었다. 그리고 가게 문을 닫을 때까지 우리는 몇 분간 대화를 나눴다.

"잘 가, 밥."

그들은 피카딜리 서커스 거리의 인파 속으로 향하는 우리를 보며 진심어린 작별 인사를 건넸다. 어느새 밥은 내 어깨 위에 자리를 잡고 있었다.

리플리 박물관 앞으로 다시 돌아왔을 때, 나는 기타가 그대로 있는 걸 보고 약간 놀랐다. 박물관 입구에 있는 안전 요원이 지켜보고 있었나 싶었다. 아니면 지역을 관리하는 경찰관 중 한 명이 도와준 것일 수도 있었다. 이동 경찰팀이 우리 옆에 있었다. 모든 경찰이 밥을 사랑했다. 밥은 경찰관에게 정말 인기가 많았다. 착한 사마리아인이 누구인지는 정확히 알 수 없었지만 솔직히 중요하지 않았다. 지금은 그저 밥과 내가 다시 만났다는 것이 너무 기쁠 따름이었다.

나는 서둘러 짐을 싸고 하루 일과를 마쳤다. 돈은 충분히 벌지 못했지만 전혀 걱정되지 않았다. 나는 잡화점에 들른 뒤, 있는 돈을 모두 털어 내 몸에 고정시킬 작은 벨트 클립을 샀다. 그리고 한쪽은 내 옷에, 다른 한쪽은 밥의 목줄에 연결했다. 이제 우리는 확실하게 연결되었다.

버스에 오르자 밥은 평소처럼 옆 좌석에 앉는 대신 내 무릎 위에 앉았다. 속을 알 수 없는 수수께끼 같은 녀석이지만, 가끔은 녀석이 어떤 생각을 하고 있는지 정확히 알 수 있을 때가 있다. 지금이 바로 그런 때였다. 우리는 함께였다. 우리 둘 다 이것이 변하지 않길 바랐다.

[Chapter 10]

산타 포스
Santa Paws

　피카딜리 서커스에서 한 편의 드라마를 찍은 이후 몇 주가 지나도록 밥과 나는 바다에서 조난당한 생존자 둘이 구명보트 하나에 매달려 있듯 서로에게 달라붙어 있었다. 우리 둘 다 그 사건에 심각한 영향을 받았다. 나는 그 사건으로 우리의 우정에 대해 오랫동안 심사숙고하게 되었다. 아주 잠깐이었지만 나는 녀석의 탈출이 나와의 사이에 거리를 두고 싶다는 신호가 아닐까 걱정했다. 녀석이 만약 자기가 원래 있었던 곳으로 돌아가고 싶어 한다면 녀석을 막기 위해 내가 할 수 있거나 해야 하는 일은 아무것도 없었다.
　나는 밥이 도망가고 싶다는 신호를 또 보낸다면 어떻게 해야 할지 깊이 생각해 보았다. 만약 밥이 또 그런 신호를 보내고 녀석이 완전히 사라져 버리기 전에 붙잡는 데 성공한다면, 녀석을 RSPCA 센터나 정말 근사한 시설을 가진 사립 보호소 '배터시 독스 앤 캣츠 홈'에 데려다줘야겠다고 마음먹었다. 나는 밥의 교도관이 되고 싶지는 않았다. 녀석은 나에게 너무 좋은 친구였고 그런 녀석의 자유를 빼앗고 싶지 않았다. 밥은 자유를 누릴 자격이 있었다.

하지만 다행히 그런 일은 일어나지 않았다. 그 사건 후 나와 함께 밖에 나가지 않겠다고 한 날이 한두 번 정도 있기는 했다. 아침에 밥이 가슴 줄을 가지고 나오는 나를 보고 소파 뒤로 뛰어가거나 테이블 아래에 숨는 것으로 나가고 싶지 않다는 의사를 분명히 하면 나는 그대로 내버려 두었다. 하지만 대부분 밥은 매일 즐겁게 나를 따라나섰다. 그리고 녀석은 그렇게 행복해할 때면 행동이 조금 달라졌는데 나에게 더 많은 관심을 보이면서 더 편안해했다.

그 사건에도 불구하고 밥은 인파 속에 묻히는 것을 무서워하지 않았다. 아마도 밖에 나갈 때마다 내가 벨트 클립을 이용해 녀석을 내 벨트에 연결시켜 놓고 줄을 더 단단히 잡았기 때문인 것 같았다. 사실, 그날 이후 밥이 나를 더 가깝게 느끼는 것 같다는 생각이 들었다. 우리의 유대감은 시험대 위에 올랐지만 무사히 살아남았다. 밥이 내 옆에 머물고 싶어 한다는 생각이 어느 때보다 강하게 들었다.

물론 하루하루가 늘 장밋빛은 아니었다. 런던의 거리에서 일하다 보면 위협을 느끼게 되는 순간이 늘 있기 마련이다. 피카딜리 서커스에서 기괴한 풍선 옷을 입은 남자를 본 지 몇 주 후, 우리는 코벤트 가든에서 거대한 죽마*를 탄 길거리 공연가들을 보았다. 그들은 오래된 프랑스 스타일의 공연을 하는 예술가들이었고 화려하면서도 무서운 얼굴 분장을 하고 있었다. 그들이 우리 머리 위로 기우뚱거리며 걸어가는 모습을 보는 순간, 나는 밥이 겁을 먹었다는 것을 느낄 수 있었다. 녀석은 몸을 잔뜩 웅크린 채로 내게 달라붙었다. 나는 노래에 집중하려 애썼지만 이따금씩 녀석이 꼬리로 기타 프렛보드를 찰싹 갈길

---

* 두 개의 긴 막대기에 나지막하게 발판을 각각 붙여 발을 올려놓고 걸어다닐 수 있게 만든 것

때마다 연주를 중단할 수밖에 없었다.

"그러지 마, 밥."

나는 노래를 듣고 있던 한두 명의 관광객들에게 양해를 구하며 말했다. 다행히도 그들은 이 모습을 재미있어 했고 이것도 공연의 일부라고 생각했다. 나에게 그렇게 쉽게 밥을 조종할 수 있는 능력이 있다고 생각하다니.

죽마를 타고 있는 사람들이 사라지자마자 밥은 다시 긴장을 풀고 내게서 약간 몸을 뗐다. 녀석은 내가 자신의 안전망이라는 사실을 아는 것 같았다. 물론 녀석의 안전망이 돼 주는 것은 내게 큰 기쁨이었다.

※ ※ ※ ※ ※ ※ ※ ※ ※ ※ ※ ※ ※ ※

2007년도 크리스마스가 다가오고 함께 보낸 첫 해가 서서히 저물어 가면서 우리의 하루 일과는 어느덧 규칙적으로 움직이고 있었다. 매일 아침 잠에서 깨면 주방에 있는 자기 밥그릇 옆에서 인내심 있게 나를 기다리고 있는 밥의 모습을 볼 수 있었다. 밥은 한입에 아침 식사를 해치웠고, 그런 다음 얼굴과 앞발을 차례로 핥으며 정성껏 세수를 했다.

여전히 집 안에서 고양이 변기 사용하는 것을 완강히 거부했고, 덕분에 나는 늘 녀석을 아래층 풀밭까지 데려가 볼일을 보게 해야 했다. 가끔씩 혼자 나가게 내버려 두면, 녀석은 볼일을 본 다음 유유히 집으로 돌아왔다. 그러는 동안 나는 가방을 꾸리며 거리 연주를 하러 나갈 준비를 했다.

크리스마스가 며칠 앞으로 다가오면서 코벤트 가든의 인파는 점점 더 늘어났다. 밥이 받는 간식과 선물의 개수도 점점 더 많아졌다. 이미 오래전부터 많은 사람이 밥에게 작은 선물을 주곤 했다. 밥에게 처음으로 선물을 준 사람은 제임스 스트리트에서 그리 멀리 떨어져 있지 않은 한 사무실에 근무하는 중년 여성이었다. 그녀는 정기적으로 우리에게 들러 인사를 건넸다. 그녀는 자신도 오래전에 수컷 진저캣을 기른 적이 있다며 밥을 보면 그 고양이 생각이 난다고 했다.

어느 날 저녁, 그녀가 얼굴에 커다랗게 미소를 띠우면서 애완용품 가게에서 산 쇼핑백을 들고 왔다.

"밥을 위해 작은 선물을 샀는데 실례가 아니었으면 좋겠어요."

그녀가 말했다.

"실례라니요."

내가 말했다.

"대단한 건 아니에요."

그녀는 이렇게 말하며 작은 생쥐 봉제 인형을 꺼냈다.

"안에 캣닙이 조금 들어 있어요. 많이 들어 있는 것은 아니니 걱정 마세요."

그녀가 빙그레 웃었다. 미묘한 감정이 들었다. 캣닙은 결국 고양이에게 마약이나 마찬가지였다. 나는 고양이들이 캣닙에 한번 빠지면 얼마나 그것에 미치는지에 대한 글을 수없이 읽었다. 마약 중독에서 벗어나려고 필사적으로 노력 중이던 나로서는 그다지 좋게 느껴지지 않았다. 밥에게 그런 중독 습관이 생기는 것도 싫었다.

하지만 무척 친절한 그녀를 실망시킬 수는 없었다. 그녀는 밥이 작은 쥐를 가지고 노는 모습을 행복한 표정으로 지켜보며 잠시 동안 머물렀다.

날씨가 점점 더 추워지자 사람들은 밥에게 실용적인 선물을 주기 시작했다. 어느 날은 인상적인 외모의 러시아 여성이 미소를 지으며 우리에게 다가왔다.

"실례합니다만, 날씨가 추워져서 밥을 따뜻하게 해 줄 뭔가를 만들어 주고 싶었어요."

그녀는 어깨에 걸친 가방에서 연한 파란색 실로 짠 예쁜 털목도리를 꺼냈다.

"와, 정말 멋진데요."

나는 정말로 깜짝 놀라 감탄사를 내뱉었다. 즉시 목도리를 밥의 목에 둘러 주었다. 딱 맞았고 환상적일 정도로 잘 어울렸다. 그녀 역시 날아갈 듯이 기뻐했다. 그녀는 1~2주쯤 후 목도리와 한 쌍인 파란색 조끼를 가지고 다시 나타났다. 나를 만난 사람이라면 누구라도 금방 알 수 있듯 패션 전문가는 아니었지만 나도 밥에게 이 옷이 정말 잘 어울린다고 생각했다. 사람들은 조끼와 목도리를 하고 있는 밥의 사진을 찍기 위해 줄을 섰다. 돈이라도 받을 걸 그랬다. 벼락부자가 될 수 있었을 텐데 말이다.

그날 이후로 적어도 대여섯 명 이상의 여성이 밥에게 다양한 종류의 털실로 뜬 옷을 선물해 주었다. 어떤 여성은 작은 목도리에 밥의 이름을 수놓기도 했다. 어느 날 문득 밥이 패션모델이 되어 가고 있다는 생각이 들었다. 정기적으로 녀석은 친절한 사람들이 자기를 위해 만들어 준 작품의 모델이 되었다. '캣워크* '라는 단어에 새 의미가 추가된 것 같았다.

이런 일들은 내가 이미 깨닫고 있었던 사실을 재차 확인시켜 주었다. 밥에게 깊은 애정을 느끼는 사람은 나뿐만이 아니라는 사실 말이다. 밥은 만나는 거의 모든 사람과 친구가 되는 것 같았다. 늘 내 자신에게 있었으면 하고 바랐

---

* catwalk: 패션쇼 모델들의 걸음걸이 또는 모델들이 걸어가는 좁은 통로

던 재능이었다. 나는 사람들과 관계를 맺는 것을 쉽다고 생각해 본 적이 한 번도 없었다.

그 누구보다 밥에게 깊이 빠진 사람은 내 전 여자 친구 벨이었다. 우리는 여전히 가까운 친구 사이였고 사귈 때보다 오히려 더 좋은 친구로 지내고 있었다. 그녀는 정기적으로 우리 집에 놀러 왔다. 나를 만나러 오는 것이었지만 분명 밥을 보려는 목적도 컸다. 밥과 벨은 소파 위에서 몇 시간이고 같이 놀았다. 밥은 그녀의 세계를 잘 이해하는 것 같았다.

크리스마스를 3주 정도 앞둔 어느 날, 그녀가 얼굴에 한가득 웃음을 띤 채 손에 쇼핑백을 들고 나타났다.

"뭐를 가지고 온 거야?"

그녀가 뭔가 아주 신이 나 있다는 걸 알아챈 내가 물었다.

"당신 거 아니야. 밥 줄 거야."

그녀가 나를 놀리면서 말했다. 라디에이터 밑에 앉아 있던 밥이 자기 이름을 듣자 벌떡 일어섰다.

"밥, 이리 와 봐. 깜짝 선물을 가져왔어."

벨이 쇼핑백을 가지고 소파에 털썩 앉으며 말했다. 그 안에 뭐가 들었는지 알고 싶은 호기심에 밥이 곧 어슬렁거리며 걸어왔다.

벨은 작은 동물 티셔츠 몇 벌을 꺼냈다. 하나에는 귀여운 새끼 고양이가 그려져 있었고, 다른 빨간색 티셔츠에는 초록색 장식이 달려 있었는데 하얀 글씨로 크게 '산타 포스*'라고 적혀 있었다. 그 아래에는 큰 발바닥 그림이 있었다.

＊ Santa Paws: 산타클로스(Santa Claus)의 운율을 흉내 낸 말로 산타클로스의 Santa에 개나 고양이의 발바닥을 뜻하는 paws를 붙였다.

"오, 정말 멋지다. 밥, 안 그래? 크리스마스 무렵 코벤트 가든에 갈 때 입으면 딱 맞겠다. 사람들이 다들 미소 지을 거야."

내가 말했다.

정말로 그랬다. 크리스마스 분위기 때문인지 크리스마스 옷을 입고 있는 밥을 봐서 그런 건지 모르겠지만 효과가 정말 엄청났다.

"어머, 저것 봐. 산타 포스야."

나는 사람들이 거의 몇 분마다 한 번씩 이렇게 말하는 걸 들을 수 있었다. 많은 사람이 가던 길을 멈추고 기타 케이스 안에 동전을 던졌다.

여전히 밥에게 직접 뭔가를 주고 싶어 하는 사람들도 있었다. 한번은 매우 부유해 보이는 여성이 걸음을 멈추더니 밥을 자세히 살펴보기 시작했다.

"정말 멋진 고양이네요. 이 녀석이 크리스마스 선물로 뭘 좋아할까요?"

그녀가 물었다

"음, 잘 모르겠습니다만, 부인."

내가 대답했다.

"그럼 질문을 바꿔 보죠. 이 고양이에게 필요한 게 뭔가요?"

그녀가 말했다.

"아마 가슴 줄이 하나 더 있으면 좋을 거예요. 날씨가 정말 추워졌을 때 몸을 따뜻하게 해 줄 만한 것도 괜찮고요. 아니면 그냥 장난감도 좋을 거예요. 사내 녀석들은 크리스마스에 장난감 받는 걸 좋아하니까요."

"좋아요."

그녀가 몸을 일으켜 자리를 뜨며 말했다.

별 생각 없이 있었는데, 한 시간 후 그녀가 다시 나타났다. 그녀는 함박웃음을 지으며 뜨개질로 만든 근사한 양말을 들고 왔다. 고양이가 그려져 있는 양말 안에는 선물이 가득 차 있었다. 간식, 장난감 같은 것들이었다.

"크리스마스까지 밥에게 공개하지 않겠다고 약속해 주세요. 꼭 크리스마스 아침까지 트리 아래에 놓아 두셔야 해요."

그녀가 말했다. 나는 차마 크리스마스트리나 장식품을 살 형편이 안 된다는 말을 할 수가 없었다. 최근에 중고품 가게에서 건진 낡은 게임기에 연결해서 쓰는 USB 크리스마스트리가 내가 마련할 수 있는 최고의 것이었다.

하지만 며칠 후 나는 한 가지 결정을 내렸다. 그녀의 말이 맞았다. 나도 한 번쯤은 근사한 크리스마스를 보내야 했다. 내게도 축하해야 할 일이 있었다. 내 곁에 밥이 있다는 사실 말이다.

최근 몇 년간 제대로 된 크리스마스를 한 번도 보내지 못했기 때문에 크리스마스에 둔감해진 것 같았다. 사실 나는 크리스마스를 몹시 두려워하는 사람 중 하나였다.

지난 10년가량 나는 보호 시설 같은 곳에서 크리스마스를 보냈다. 보호 시설은 해마다 노숙자들을 위해 대규모 크리스마스 점심 식사 자리를 마련했다. 좋은 의도로 만들어진 자리였고 나름 재미있기도 했지만 내가 갖지 못한 것들을 생각나게 했다. 정상적인 인생과 따뜻한 가족 말이다. 크리스마스는 내가 내 인생을 완전히 망쳐 버렸다는 사실을 떠올리게 했다.

나는 가족들이 지구 반대편에 살고 있다는 사실을 잊으려 노력하면서 한두 번쯤 혼자서 크리스마스를 보내 보았다. 사실 거의 늘 그랬던 것 같다. 두 번 정도는 아버지와 함께 보내기도 했다. 처음 거리로 나앉아 실종자를 자처하며 살았던 1년이 지나자 나는 아버지에게 드문드문 연락을 했고, 아버지는 남런던에 있는 집으로 나를 초대했다. 하지만 그다지 좋은 시간은 아니었다. 아버지는 나를 그다지 생각하고 있지 않았다. 아버지를 탓할 수는 없었다. 나는 그다지 자랑스러워할 만한 아들이 아니었으니까 말이다. 그래도 나는 멋진 점심 식사와 몇 잔의 포도주, 그리고 무엇보다 크리스마스에 함께할 사람이 있다는 것에 감사했다. 하지만 성공적이지 못한 자리였고 우리는 두 번 다시 그런 자리를 마련하지 않았다.

하지만 이제 달랐다. 나는 크리스마스이브를 벨과 함께 보냈고, 크리스마스에 먹을 장식이 된 칠면조 구이를 사느라 돈도 좀 썼다(나는 요리에 취미가 없었고 설사 있다 해도 요리 도구도 없었다). 밥을 위해서는 녀석이 제일 좋아하는 닭고기와 맛있는 간식들을 준비해 두었다.

마침내 크리스마스 아침이 되었고, 나는 일찍 일어나 밥이 볼일을 볼 수 있도록 짧게 산책을 나갔다. 이웃 몇몇이 가족과 친구들을 만나러 길을 떠나고 있었다. 우리는 서로 "메리 크리스마스!"라고 말하며 미소를 주고받았다. 이것만 해도 내가 오랫동안 경험하지 못한 따스함이었다.

집으로 돌아와서 나는 밥에게 양말을 보여 주었다. 녀석은 이미 며칠 전에 양말의 존재를 알아차렸고 자기 것인 줄 아는 모양이었다. 나는 내용물을 하나씩 꺼냈다. 간식, 장난감, 공, 캣닙이 잔뜩 들어 있었다. 밥은 이 모든 것에 홀딱 빠져들었고 아침 내내 신 나서 어쩔 줄 모르는 어린아이처럼 새로운 장난감들을 가지고 놀았다. 정말 사랑스러웠다.

나는 일찍 점심 식사를 마친 후 밥과 함께 고깔을 하나씩 나눠 쓰고 맥주 한 캔을 마시며 그날 저녁때까지 텔레비전을 보았다. 최근 몇 년 동안 보낸 크리스마스 중 최고의 크리스마스였다.

[Chapter 11]

누명
Mistaken Identity

    2008년 봄이 지나고 여름이 되자, 런던에서 길거리 연주자로 살아가기는 더 어려워졌다. 때로는 아예 불가능하기까지 했다.

    몇 가지 이유가 있었다. 경제가 거리의 사람에게까지는 별 영향을 미치지 않을 것이라고들 생각하지만 사실 그렇지 않다. 경제 불황은 나 같은 거리의 사람들에게도 큰 영향을 미쳤다. 밥과 나에게 1~2파운드쯤은 대수롭지 않게 주던 마음씨 따뜻한 사람들이 지갑을 꽉 닫아 버렸다. 우리에게 정기적으로 들르던 한두 사람은 일자리를 잃을까 봐 걱정이라고 하소연까지 했다. 그들에게 뭐라 할 말이 없었다. 그 결과 나는 먹을 것과 몸을 따뜻하게 해 줄 것들을 장만하기 위해 더 오래 일해야 했다. 하지만 그러고도 더 적은 돈을 버는 날이 잦아졌다.

    이건 그런대로 참을 수 있었지만, 더 큰 문제는 당국이 지정된 장소를 벗어나 일하는 길거리 예술가들을 혹독하게 다루기 시작했다는 사실이었다. 왜 하필이면 이런 시기에 그런 결정을 내렸는지는 알 수 없는 노릇이었지만 덕분에 내 인생은 더 골치 아파지기 시작했다.

대부분의 코벤트 가디언들은 합리적이었다. 유난히 공격적인 사람들과는 종종 분란이 일기도 했지만 보통은 나에게 심하게 굴지 않았다. 하지만 이제는 그들마저도 자기 말을 진지하게 받아들이지 않는다고 생각되면 인정사정 없이 물품을 압수하기 시작했다. 그들에게 새로운 권력이 생긴 것은 아닌 것 같았고 그저 업무에 좀 더 진지하라는 상부의 지시가 있었던 듯했다.

게다가 그들 중에는 못 보던 얼굴도 있었는데 그 신참들 중 제일 공격적인 사람은 몇 번이나 기타를 빼앗아 버리겠다고 나를 위협했다. 나는 지정된 장소에서만 연주하겠다고 약속하는 것으로 간신히 그를 말렸다. 그런 다음 30분가량 모퉁이 근처를 몰래 배회하다가 다시 제임스 스트리트로 돌아가곤 했다.

숨바꼭질이 계속되었고 얼마 못 가 숨을 곳이 바닥나 버렸다. 새로 온 코벤트 가디언들은 내가 어디에 숨을지 훤히 알고 있는 것 같았다. 이제는 거의 날마다 경고 조치를 받거나 이동 조치를 당했다. 나는 지쳐 갔고, 이제 길거리 음악가로서의 생활도 끝났다는 기분이 들었다. 더 이상 견딜 수 없는 한계에 이르렀다고 느낀 건 그해 5월의 어느 오후였다.

길거리 연주가 특히 더 힘들어지게 된 또 다른 이유는 코벤트 가든 지하철 역무원들 때문이었다. 그들이 내게 뿜어내는 험악한 기운은 점점 더 심해졌다. 왜 내가 그 앞에서 연주하는 걸 그렇게 싫어하는지 도무지 알 수가 없었다. 아예 주기적으로 지하철역 입구 길 건너까지 나와 돌아다니면서 내게 모욕적인 말을 해 대는 역무원들도 있었다. 그래도 그 정도는 잘 버틸 수 있었다. 이미 익숙해질 대로 익숙해졌으니까. 하지만 결국 그들은 작당해서 나를 쫓아낼

작전까지 세워 놓고 있었다.

　이따금씩 그들이 불러낸 런던 교통경찰이 나타나 나를 들볶았다. 내가 뭐 대단한 잘못이라도 저질렀다는 듯이 말이다. 나는 코벤트 가디언이나 역무원들에게 하는 것과 똑같은 방식으로 대처했다. 지하철역 출입구 앞 분위기를 다시는 흐려 놓지 않겠노라 약속하며 잠시 자리를 피했다가 방해꾼들이 다 사라지고 나면 다시 제자리로 슬쩍 돌아오는 방법을 말이다. 누구에게도 피해를 주지 않는 방법이었다. 아무도 다치거나 상처를 입지도 않았다. 정말이지 그랬다. 하지만 어느 날 오후, 모든 것이 송두리째 바뀌어 버렸다.

※ ※ ※ ※ ※ ※ ※ ※ ※ ※ ※ ※ ※ ※

　나는 여느 때처럼 밥과 함께 코벤트 가든으로 향하고 있었다. 그 당시 나는 밴드 활동을 할 때 만났던 딜런이라는 이름의 사내와 함께 지내고 있었다. 그는 악랄한 집주인이 부당하게 올린 집세를 납부하길 거부했다가 쫓겨난 상태였다. 그에게는 몇 주 동안 잠잘 곳이 필요했다. 나도 그런 상황을 겪어 봤기 때문에 그의 부탁을 거절할 수 없었고, 그는 우리 집 소파에서 자기 시작했다.

　밥은 처음에는 딜런을 그리 반기지 않았다. 녀석은 딜런 때문에 머지않아 나의 애정을 잃게 될 거라고 느꼈던 것 같다. 하지만 딜런 또한 동물을 무척 사랑하는 사람이었고 덕분에 자신에게 더 많은 관심이 쏟아지자 금세 괜찮아졌다. 밥은 늘 관심에 목말라했다.

　사건이 있었던 날 오후, 딜런은 자기도 우리와 함께 나가 코벤트 가든을 둘러보겠다고 했다. 햇빛이 눈부시게 빛나는 멋진 날이었고, 그는 그 날씨를 즐기고 싶어 했다. 내가 제임스 스트리트의 모퉁이에서 공연 준비를 하고 있는 동안 그는 밥과 함께 놀고 있었다. 지금 와서 생각해 보면 그가 거기에 있었던 것이 얼마나 다행이었는지 모른다.

어깨에 멘 기타를 막 내려놓으려는 순간 런던 교통 경찰차가 빠른 속도로 달려오더니 인도 옆에 멈춰 섰다. 세 명의 경찰관들이 차에서 내려 나를 향해 걸어왔다.

"이게 대체 무슨 일이야?"

딜런이 물었다.

"몰라. 처음 있는 일인데."

나는 자리를 옮기겠다고 약속하는 평상시의 눈속임용 전략을 또 써야겠다고 생각하며 대수롭지 않게 말했다. 하지만 내가 완전히 틀렸다.

"당신, 우리와 함께 가시죠."

경찰관 중 하나가 나를 손가락으로 가리키며 말했다.

"왜 그러십니까?"

"위협적인 행동을 한 혐의로 당신을 체포합니다."

"뭐라고요? 누구를 위협했다는 거죠? 도대체 무슨 말을 하는……."

내가 말을 채 마치기도 전에 그들은 나를 붙잡았다. 그들 중 하나가 내게 법적 권리에 대해 말해 주는 동안 다른 경찰관은 내게 수갑을 채웠다.

"경찰서에 가서 자세하게 설명하지요. 짐을 챙겨서 순순히 차에 타세요. 상황이 더 불리해지는 걸 원치 않는다면."

그가 말했다.

"제 고양이는 어떡하고요?"

나는 밥을 가리키며 말했다.

"경찰서에 개집이 몇 개 있는데 거기에 두면 되겠군요. 누군가 돌봐 줄 사람이 따로 없다면요."

다른 경찰관이 말했다. 머릿속이 빙빙 돌았다. 도대체 무슨 일이 일어나고 있는 건지 알 수가 없었다. 하지만 바로 그때 딜런이 보였다. 그는 겁먹은 표정을 하고 있었고 휘말리고 싶지 않은 눈치였다.

"딜런, 밥을 돌봐 줄 수 있겠어? 밥을 집에 데려다 줘. 열쇠는 내 배낭 안에 있어."

경찰차에 타며 내가 말했다. 그는 고개를 끄덕이며 밥에게 다가갔다. 나는 그가 밥을 안아 올린 뒤 안심시키는 모습을 지켜보았다. 나는 밥의 표정을 읽을 수 있었다. 밥은 내게 일어난 일 때문에 겁에 질려 있었다. 뒷유리의 철창 너머로 인도에 서 있는 딜런과 밥의 모습이 점점 멀어져 가는 게 보였다.

경찰차는 런던 교통 경찰국에 도착했다. 여전히 무슨 일인지 통 영문을 알 수 없었다. 몇 분 후, 나는 주머니 안에 있는 모든 물건을 접수 담당자 앞에 꺼내 놓은 채 온갖 종류의 질문에 대답해야 했다. 그리고 누군가가 나를 독방으로 데려가더니 경찰관이 올 때까지 기다리라는 말을 남기고 사라졌다.

썩은 오줌 냄새가 풍기는 바닥에 낙서로 뒤덮인 벽으로 둘러싸인 황폐한 독방에 앉아 있자니 끔찍한 기억들이 물밀 듯이 밀려들었다. 나는 전에도 경찰에 체포된 적이 여러 번 있었다. 주로 좀도둑질 때문이었다. 노숙자가 되거나 마약 중독자가 되면 쉽게 돈 버는 방법을 찾으려 애쓰게 된다. 그리고 솔직히 말하자면 가게에서 물건을 훔치는 일보다 쉬운 일은 없다. 내가 주로 훔친 것은 고기였다. 나는 스테이크, 새끼 양 정강이살, 훈제 돼지 넓적다리 등을 주로 훔쳤다. 닭고기는 한 번도 훔치지 않았다. 닭고기는 너무 쌌다. 내가 훔친 것들은 모두 값이 비싼 것들이었다. 나는 그것들을 펍에 가격표의 절반 값을 받고 팔았다. 모두가 잘 알다시피 펍은 훔친 물건을 팔기에 정말 좋은 곳이다.

　　마약을 사는 데 드는 돈을 충당하기 위해 처음 물건을 훔쳤던 건 2001년이나 2002년경이었다. 그 전에는 구걸을 했다. 마약을 끊기 위해 메타돈을 복용하기 이전의 일이었다. 한동안 마약을 끊고 깨끗해져 가고 있었지만 일이 나쁘게 돌아가는 바람에 나는 다시 마약에 손을 대고 말았다. 대부분의 거주자들이 마약을 하는 질 나쁜 보호 시설에 입소하게 된 것을 계기로 다시 과거의 나쁜 습관에 빠져들었던 것이다.

　　처음 체포되었던 때가 아직도 생생히 기억난다. 이슬링턴 지역의 엔젤역 근처에 있는 막스앤드스펜서 매장에서였다. 나는 하루 일과를 마치면 퇴근길에 간식거리나 우유를 사러 들른 우편배달부처럼 말쑥하게 옷을 차려입고 머리도 뒤로 묶었다. 배낭을 메거나 쇼핑백을 들고 갔다면 절대 성공하지 못했겠지만, 나는 우체부 가방을 들고 갔다. 지금은 조금 달라졌을지 모르지만 그 당시만 해도 그런 가방을 어깨에 메고 있으면 아무도 이상하게 쳐다보지 않았다.

　　여하튼 어느 날 나는 붙잡혔고, 체포되는 순간 나에게는 약 120파운드어치의 고기가 있었다. 나는 경찰서 유치장에 갇혔다. 그리고 절도에 대해 현장 벌금 8파운드를 부과 받았다. 초범이었기 때문에 다행히 그 정도에서 그친 것이었다.

　　물론 그 일로 손을 씻은 건 아니었다. 나는 마약 중독자였고 마약을 사기 위해 계속 그 일을 했다. 나는 헤로인과 때때로 코카인을 정제한 환각제도 사용했다. 약을 사기 위해서라면 어떤 위험도 감수해야 했다. 그럴 수밖에 없었다.

감방에 갇히면 기분이 정말 엉망이 된다. 하지만 이를 악물고 견디는 수밖에 없다. 확실히 감방에 앉아 있으면 스스로에 대한 안 좋은 감정들이 밀려들지만 그런 부정적인 에너지와 싸워야 한다. 그곳에서 나오려고 온갖 거짓말을 다 지어내 봐도 그들은 믿어 주지 않는다. 정말 한 마디도 믿어 주지 않는다. 밑바닥 인생이 겪는 악순환이다.

이것이 내가 길거리 연주를 그렇게 좋아했던 이유였다. 길거리 연주는 합법이었고 내가 바른 생활을 할 수 있게 해 주었다. 그런데 다시 감방으로 돌아오다니! 배를 한 방 세게 걷어차인 기분이었다.

* * * * * * * * * * * * * * *

독방 안에 30분 정도 앉아 있는데 갑자기 문이 열리면서 흰색 셔츠를 입은 경찰관이 나를 밖으로 안내했다.

"이쪽으로 오시죠."

"저를 어디로 데려가시는 거죠?"

"곧 알게 될 겁니다."

나는 테이블 한 개와 플라스틱 의자 몇 개만 덩그러니 놓여 있는 휑한 방으로 안내되었다. 경찰관 몇 명이 테이블 반대편에 앉아 있었다. 솔직히 말해 그들은 매우 무표정했다. 그들 중 한 명이 내게 질문하기 시작했다.

"어제 저녁 6시 30분경에 어디에 있었습니까?"

"음, 코벤트 가든에서 연주를 하고 있었습니다."

"정확히 어디에서였죠?"

"제임스 스트리트의 모퉁이에서요. 지하철역 입구 맞은편 말입니다."

내가 대답했다. 진짜였다.

"그날 저녁 지하철역 안에 한 번이라도 들어간 적이 있습니까?"

경찰관이 물었다.

"아니오, 한 번도 들어가지 않았습니다. 저는 버스를 타고 다닙니다."

"당신이 지하철역 안에서 여자 역무원에게 욕설을 하고 실랑이를 벌이는 걸 봤다는 목격자가 둘이나 있는데, 어떻게 된 거죠?"

"무슨 말인지 하나도 모르겠는데요."

나는 멍해져서 말했다.

"그 사람들 말로는 당신이 지하철에서 내려 에스컬레이터를 타고 올라와서는 표도 내지 않고 개찰구를 지나가려고 했다는데요?"

"글쎄요, 말씀드린 대로 저일 리가 없어요."

"여자 역무원이 저지하자 당신이 욕설을 퍼부었다는군요."

나는 힘없이 고개를 좌우로 저었다. 꿈이라면 깨고 싶었다.

"그런 다음 매표소로 안내되어 표를 사라는 요청을 받는데 표를 사고 난 뒤 매표소 창문을 주먹으로 세게 내리쳤다고 하더군요."

나는 평정심을 잃어버렸다.

"이봐요. 그런 헛소리가 어디 있어요. 어젯밤에 지하철역 안에 간 적 없다고 말했잖아요. 근처에 얼씬도 하지 않았다고요. 그리고 나는 절대로 지하철은 타지 않아요. 나와 내 고양이는 버스만 타고 다닌다고요."

내가 말했다. 그들은 내가 세상에서 제일 큰 거짓말이라도 하고 있다는 듯한 표정으로 나를 쳐다보았다. 그들은 내게 마지막으로 하고 싶은 말이 없냐고 물었고 나는 지난밤 내내 거리에서 연주를 했다고 말하며 최후 변론을 마쳤다. 나는 CCTV가 내 말을 뒷받침해 줄 거라고 생각했다. 하지만 마음 한쪽에서는 온갖 망상이 피어오르고 있었다. 이 모든 것이 다 짜 맞춰진 각본에서 나온 것이면 어떡하지? 만약 그들이 지하철역에 있는 CCTV 기록을 조작했으면 어떡하지? 만약 법정에 가게 됐는데 내 말이 서너 명이나 되는 런던 지하철 역무원들의 증언과 반대되면 어떡하지?

무엇보다 나는 밥에 대한 걱정을 떨칠 수가 없었다. 누가 밥을 돌봐 주지? 밥이 새 주인과 잘 지내려 할까, 아니면 다시 거리로 돌아가 버릴까? 만약 거리로 돌아간다면 녀석에게 무슨 일이 생길까? 이런 생각들을 하고 있자니 머리가 깨질 지경이었다.

그들은 나를 두세 시간가량 더 붙잡아 두었다. 얼마 후 나는 시간 감각을 잃어버렸다. 햇빛이 들어오지 않는 곳이어서 낮인지 밤인지도 알 길이 없었다. 시간이 지나 여자 경찰관이 들어왔고 뒤이어 험악한 표정의 남자 경찰관이 따라 들어왔다.

"DNA 테스트를 해야 합니다."

그녀가 이렇게 말하는 동안 남자 경찰관은 구석에 서서 팔짱을 낀 채 나를 노려보고 있었다.

"알겠습니다."

나는 그를 무시한 채 대답했다. 더 이상 잃을 게 없었다.

"어떻게 하면 되죠?"

여자 경찰관에게 물었다.

"거기 그대로 앉아 있으면 제가 면봉을 입안에 넣어 구강 상피세포를 채취할 겁니다."

그녀는 면봉과 시험관들이 들어 있는 작은 상자를 꺼냈다. 갑자기 치과에 온 기분이었다.

"입을 크게 벌리세요."

그녀는 내 입속에 긴 면봉을 집어넣더니 볼 안쪽 주위를 약간 문질렀다. 그게 다였다.

"다 됐습니다."

그녀가 시험관 안에 면봉을 넣은 뒤 짐을 정리하면서 말했다.

마침내 나는 독방에서 풀려나 들어올 때 짐을 맡겼던 책상 앞으로 안내되었다. 나는 내가 임시로 풀려나는 것이며 며칠 후 다시 경찰서에 와야 한다고 적혀 있는 서류에 사인을 했다.

"정식으로 기소되는 건지 아닌지 언제 알 수 있나요?"

나는 제대로 답해 주지 않을 것이라 생각하면서 담당 경찰관에게 물었다. 하지만 놀랍게도 그는 내가 며칠 후에 돌아올 때면 알게 될 거라고 대답해 주었다.

"정말로요?"

"네, 확실히요."

그가 대답했다. 좋기도 하고 나쁘기도 하다는 생각이 들었다. 몇 개월씩 기다리지 않아도 된다는 점에서는 좋았지만 만약 벌금형 이상을 받게 된다면 감방에서 시간을 보내야 할 날도 코앞이라는 이야기였다. 정말이지 그렇게 되고 싶지 않았다.

※ ※ ※ ※ ※ ※ ※ ※ ※ ※ ※ ※ ※ ※ ※

마침내 경찰서에서 풀려난 나는 칠흑 같은 어둠이 깔린 워렌 스트리트 뒷길로 들어섰다. 벌써 골목길에는 노숙자들이 밤을 보내기 위해 삼삼오오 모여 쭈그리고 앉아 있었다.

밤 11시가 다 되어 가고 있었다. 세븐 시스터즈 지하철역에 도착했을 때쯤엔 자정이 가까워져 있었고, 거리는 술 취한 사람들과 펍에서 쏟아져 나온 사람들로 가득했다.

마침내 집에 도착하자 나는 안도의 한숨을 크게 내쉬었다. 딜런은 라디에이터 밑에 몸을 말고 있는 밥과 함께 텔레비전을 보고 있었다. 내가 현관문에 들어서자 밥은 벌떡 일어나 소리 없이 걸어왔다. 그리고는 고개를 한쪽으로 기울인 채 나를 올려다봤다.

"안녕, 밥. 잘 있었어?"

나는 무릎을 꿇고 앉아 녀석을 쓰다듬으며 말했다. 밥은 곧장 무릎 위로 기어 올라와 내 얼굴에 자기 얼굴을 비볐다. 그 사이 딜런은 냉장고에서 시원한 캔 맥주를 하나 꺼내 들고 왔다.

"구세주가 따로 없네. 고마워."

나는 뚜껑을 따고 차가운 맥주를 한 모금 들이키며 말했다. 나는 딜런과 몇 시간 동안이나 대화를 나누며 내게 일어난 일을 이해해 보려 애썼다. 코벤트 가든 지하철역의 역무원들이 나를 좋아하지 않는다는 것쯤이야 이미 알고 있었지만 내가 저지르지도 않은 죄까지 덮어씌우며 이렇게 심한 일을 벌일 줄은 상상도 하지 못했다.

"DNA를 조작할 수는 없을 거야."

딜런이 나를 안심시켜 주었다. 그 말이 맞길 바랐다. 그날 밤은 잠을 이룰 수가 없었다. 그날 일로 나는 완전히 엉망이 돼 버렸다. 다 잘될 거라고 아무리 내 자신에게 말해 보아도 내 인생이 끔찍한 국면으로 접어들기 일보 직전일지도 모른다는 생각을 떨칠 수가 없었다. 나는 무력했고 화가 났다. 그리고 정말 무서웠다.

* * * * * * * * * * * * * * *

다음 날에는 코벤트 가든에서 멀찌감치 떨어져 있기로 결심했다. 밥과 나는 닐 스트리트 주변과 토트넘 코트 로드로 향하는 장소 한두 곳에서 연주를 했다. 하지만 마음은 딴 데 가 있었다. 다음 날 경찰국에 출두할 때 어떤 결과가 기다리고 있을지 너무 걱정됐다. 그날 밤 역시 잠을 설쳤다.

다음 날 런던 교통 경찰국에는 정오까지 출두하면 됐지만 나는 제시간에 도착하기 위해 일찌감치 출발했다. 그들에게 작은 것 하나라도 책잡히고 싶지 않았다. 밥은 집에 두고 갔다. 지난번처럼 또 몇 시간씩 억류될 경우를 대비해서였다. 밥은 내가 토스트를 먹으며 집 안을 이리저리 서성대자 덩달아 불안해 했다.

"걱정 마, 밥. 눈 깜짝할 사이에 다녀올 테니까."

나는 떠나면서 밥을 안심시켰다. 내가 내뱉은 말처럼 진짜 자신감이 생겼으면 좋겠다는 생각이 들었다. 토트넘 코트 로드에서 조금 떨어진 뒷골목에 숨어 있는 런던 교통 경찰국을 찾는 데 시간이 좀 걸렸다. 지난번에는 경찰차 뒷좌석에 실려 도착한 데다 칠흑 같은 밤에야 풀려났으니 찾는 데 애를 먹는 게 당연했다.

경찰국에 도착한 다음 앞서서 20분가량을 대기해야 했는데 나는 그 어떤 것에도 집중할 수가 없었다. 마침내 한 사무실 안으로 불려갔다. 두 명의 경찰관이 나를 기다리고 있었다. 그들 앞에는 서류 파일이 놓여 있었다. 불길한 느낌이 들었다. 나는 그들이 내 과거에 대해 어떤 것들을 파헤쳤을지 궁금했다.

그 서류에 어떤 비밀이 숨겨져 있는지는 아무도 알 수 없는 노릇이었다.

남자 경찰관이 먼저 입을 열었다. 그는 내게 위협적인 행동을 한 범법 행위에 대해 처벌을 하지 않겠다고 말했다. 이유를 알 것 같았다.

"매표소 부스에 있던 침과 제 DNA가 일치하지 않았죠? 그렇죠?"

나는 그의 말에 갑자기 힘이 솟아서 말했다. 그는 입을 꽉 다문 채 살짝 미소를 지으며 나를 쳐다보았다. 그는 아무 말도 하지 못했다. 하지만 나는 알았다. 그가 말해 줄 필요도 없었다. 지하철역에 근무하는 누군가가 나에게 누명을 덮어씌우려다 실패한 게 분명했다.

여기까지는 좋은 소식이었지만 곧 나쁜 소식이 이어졌다. 여자 경찰관은 내가 불법적으로 길거리 연주를 한 것, 즉 형식적으로 명칭을 붙이자면 '보상을 노린 호객 행위'를 했다는 이유로 기소될 것이라고 말했다. 그들은 내게 서류 몇 장을 내민 다음 일주일 안에 법정에 출두해야 한다고 말했다.

나는 마음이 한결 가벼워져서 경찰서를 나왔다. '보상을 노린 호객 행위'는 '위협적인 행동'과 비교했을 때 상대적으로 가벼운 범법 행위였다. 운이 좋다면 벌금을 약간 무는 정도로 정리될 수 있을 것이었다. 하지만 위협적인 행동은 완전히 다른 차원의 문제였다. 중벌을 받을 가능성이 높고 구속을 당할 수도 있었다. 가벼운 벌에 그치게 돼 다행이었다.

한편으로는 내게 일어났던 일의 부당함에 대해 맞서 싸우고 싶은 마음도 들었다. 매표소 창문에 침을 뱉었다는 사람의 인상착의는 내 외모와 전혀 달랐다. 나는 서류를 꽉 움켜쥔 채 엉뚱한 사람을 체포한 것에 대해 그들을 혼내 줄 수는 없을까 생각했다. 하지만 솔직히 말해 그날 오후 집으로 향하는 길 내내 내 마음속에서 가장 큰 자리를 차지하고 있던 것은 큰 고비를 무사히 넘겼다는 안도감이었다. 하지만 정말로 그런지는 아직 확신할 수 없었다.

❋❋❋❋❋❋❋❋❋❋❋❋❋

　법원 심리에 참석해야 하는 일이 남아 있었다. 나는 지역 시민 지원 센터로 가서 법률 조언을 들었다. 진작 그렇게 했어야 했지만 며칠간 정신이 나가 있어 미처 그럴 겨를이 없었다. 그들은 내가 마약 중독 치료 프로그램에 참여하고 있는 중인 데다 보호 시설에서 살고 있기 때문에 무료로 국가의 법적 도움을 받을 수 있다고 했다. 하지만 나는 나를 대변해 줄 변호사까지는 굳이 필요없다는 생각이 들었다. 그냥 간단하게 법정에서 어떤 말을 해야 하는지 조언을 듣는 것으로 충분했다.
　정말 간단했다. 나는 내가 길거리 음악 연주를 했다고 인정하기만 하면 됐다. 명백하고 간단했다. 그저 진행되는 절차에 잘 따르고 차례가 오면 변론을 하고 판사가 길거리 음악가들에게 증오심을 품고 있는 사디스트가 아니길 기도하기만 하면 됐다.
　마침내 결전의 날이 오자, 나는 '완전 불행해'라고 적힌 티셔츠 위로 깨끗한 셔츠를 덧입은 뒤 깔끔하게 면도를 하고 법원으로 향했다. 대기실은 머리를 빡빡 민 동유럽 억양을 쓰는 무서운 인상의 사내들부터 운전 법규 위반문제로 온 듯해 보이는 회색 양복을 입은 말끔한 중년 남성들에 이르기까지 온갖 종류의 사람들로 가득했다.
　"제임스 보웬. 제임스 보웬 씨 차례입니다."
　안내 방송에서 낭랑한 목소리가 울렸다. 나는 심호흡을 한 번 크게 한 다음 법정으로 향했다. 판사는 바람에 굴러들어온 거리의 쓰레기 조각을 보는 듯한 표정으로 나를 쳐다보았다. 하지만 법 아래에서 그들이 내게 할 수 있는 일은 그리 많지 않았다. 특히 길거리 연주에 대해서는 초범이었기 때문에 더욱 그랬다. 나는 3개월 집행 유예를 선고받았다. 벌금은 부과 받지 않았다. 하지만 내가 다시 법을 어기면 벌금형 혹은 더 심한 형을 받게 될 것이라고 말했다.

심리가 끝나고 밖으로 나가자 벨과 밥이 법원 밖에서 나를 기다리고 있었다. 밥은 나를 보자마자 벨의 무릎에서 폴짝 뛰어내려 내 쪽으로 걸어왔다. 멜로드라마를 찍을 생각까지는 없어 보였지만 나를 보고 반가워하는 건 분명했다.

"어떻게 됐어?"

벨이 물었다.

"3개월 집행 유예야. 하지만 다시 잡히면 호된 벌을 받을 거래."

"그러면 앞으로 어쩔 생각이야?"

나는 그녀를 한 번 쳐다보고 난 후 밥을 내려다보았다. 대답은 내 얼굴에 똑똑히 적혀 있었을 것이다. 나는 막다른 골목길에 이르러 있었다. 나는 거의 10년째 길거리 연주를 해왔다. 시대가 바뀌었고 내 인생도 바뀌었다. 특히 밥을 만난 이후 더욱 그랬다. 더 이상은 길거리 연주를 할 수 없다는 사실이 점점 더 명확해지고 있었다. 어떻게 생각해 봐도 답이 없었다. 길거리 연주로는 간신히 먹고살 만큼의 돈도 벌 수 없는 때가 되었고, 덕분에 나는 물론이고 밥까지 위험한 상황에 처해 있었다. 게다가 한 번만 더 지정된 장소 밖에서 길거리 연주를 하다가 붙잡히면 정말 위험해질 터였다. 감방에 갇힐 수도 있었다. 정말로 그럴 만한 가치가 없는 일이었다.

"뭘 어떻게 해야 할지 모르겠어, 벨."

잠시 후 나는 다시 말을 이었다.

"하지만 한 가지 확실한 건, 길거리 연주는 더 이상 하지 않겠다는 거야."

[Chapter 12]

683번
Number 683

다음 며칠 동안 머릿속이 빙글빙글 돌았다. 마음이 정말 복잡했다. 한편으로는 내게 벌어진 일에 대한 부당함에 분노가 치밀었다. 뚜렷한 이유도 없이 나를 싫어하는 몇 사람 때문에 내 생계 수단을 잃어버린 것 같았다. 또 한편으로는 이 일이 사실은 '불행을 가장한 축복' 이 아닐까 하는 생각도 들었다.

나도 마음 깊은 곳에서는 평생 길거리 연주나 하면서 살 수는 없다는 것을 이미 잘 알고 있었다. 길모퉁이에서 존 캐시나 오아시스의 노래를 부르면서 내 인생을 마치고 싶지는 않았다. 또, 기타 하나에 의존해 마약 중독에서 벗어나고 싶은 마음도 없었다. 인생의 기로에 섰다는 생각이 들기 시작했다. 어쩌면 과거를 뒤로 한 채 앞으로 나갈 수 있는 기회일지도 몰랐다. 이전에도 기로에 선 적은 많았지만 스스로 기회를 잡을 준비가 됐다고 느껴진 것은 이번이 처음이었다. 하긴 말로야 무슨 일인듯 못 할까만은 말이다.

한편 나는 잔인한 진실도 잘 알고 있었다. 내 선택권은 매우 제한적이었다. 이제는 어떻게 돈을 벌어야 하는 걸까? 아무도 나에게 일자리를 주려고 하지 않을 텐데.

내가 멍청해서가 아니었다. 나는 호주에 살았던 십대 시절에 IT 분야에서 일했기 때문에 컴퓨터에 관해서라면 남부럽지 않은 지식을 가지고 있었다. 나는 친구들의 노트북이나 지역 도서관에 있는 무료 컴퓨터를 사용하며 많은 시간을 보냈고 독학으로 컴퓨터에 대해 많은 것을 터득했다. 하지만 내게는 영국 내에서 사용할 수 있는 추천서도 적절한 경력 한 줄도 없었고, 면접관이 지난 10년 동안 어디에서 일했느냐고 물었을 때 구글이나 마이크로소프트에서 일했다고 말할 수도 없었다. 그러니 이 부분에 대해서는 잊어야 했다.

또 내게는 컴퓨터 교육 과정 코스를 신청해 볼 수 있는 기회도 없었다. 그들이 나를 받아 주지 않을 게 뻔했다. 공식적으로 나는 여전히 마약 중독 치료 프로그램을 받고 있는 사람이었다. 나는 보호 시설에 살고 있고 고등학교도 졸업하지 못했다. 그들은 나를 신경도 쓰지 않을 것이다. 아니 그럴 수밖에 없을 것이다. 정상적인 직업을 가지기에 나는 어느 모로 보나 전혀 가망 없었다. 정상적이라는 게 무엇을 의미하건 간에 말이다.

나는 곧 현실적인 대안은 단 하나뿐이라는 사실을 깨달았다. 행운의 여신이 나타날 때까지 기다리며 사치를 부리고 있을 틈이 없었다. 빨리 내 자신과 밥을 돌볼 수 있도록 돈을 벌어야만 했다. 그래서 법원 심리가 있고 며칠 후, 나는 밥과 함께 코벤트 가든으로 출발했다. 몇 년 만에 처음으로 기타를 어깨에 메지 않은 채 말이다. 광장에 도착하자 나는 곧장 샘이라는 이름의 여성이 있을 만한 장소로 향했다. 샘은 그 지역의 〈빅이슈〉* 코디네이터였다.

---

* Big Issue: 노숙인의 자활을 돕기 위해 1991년 창간된 잡지로 전 세계 수십여 개국에서 발간되고 있으며 2010년에 한국판도 창간되었다.

처음 길거리에 나앉았던 1998년과 1999년에 나는 이미 〈빅이슈〉를 판매해 본 경험이 있었다. 나는 정식으로 판매 승인을 받고서 차링크로스와 트라팔가 광장 주변의 길거리에서 〈빅이슈〉를 판매했지만 일이 잘 풀리지 않았고 1년도 채 못 돼 포기하고 말았다.

그 일이 얼마나 어려웠는지 아직도 생생히 기억한다. 〈빅이슈〉를 팔고 있노라면 이런저런 사람들이 내게 다가와 '제대로 된 일을 구하라'며 으르렁댔다. 나는 정말 화가 났다. 그들은 〈빅이슈〉를 파는 것도 엄연히 일이라는 사실을 알지 못했다. 많은 사람이 〈빅이슈〉 판매 사업을 자선 사업이라고 생각하고 판매원들이 공짜로 잡지를 받는다고 여기지만 결코 그렇지 않다. 사실 〈빅이슈〉 판매원이 된다는 것은 자기 사업을 운영한다는 것과 같은 의미이다. 먼저 〈빅이슈〉를 판매하려면 자본이 있어야 한다. 판매할 부수를 자기 돈으로 미리 구입해야 하기 때문이다.

나 역시 코디네이터 사무소에 갈 때마다 잡지를 살 수 있게 최소한 몇 파운드는 가지고 가야 했는데 그리 쉬운 일이 아니었다. 오래된 격언은 〈빅이슈〉 판매원에게도 예외는 아니었다. '돈을 벌려면 돈이 있어야 한다.'

〈빅이슈〉의 철학은 '스스로 돕는 자를 돕는다'이다. 돌이켜 보면 그 당시 나는 내가 도움이 필요한지도 제대로 몰랐다. 나는 도움 받을 준비가 전혀 되어 있지 않았다.

지금도 영혼이 파괴되는 듯 냉혹했던 그 당시의 나날들이 떠오른다. 추적추적 비가 내리고 바람이 거세게 부는 길모퉁이에 앉아, 현금과 잡지를 교환하자고 설득하며 사람들의 마음을 움직이려 애쓰는 것은 정말 힘든 일이었다. 게다가 그때의 내 삶은 여전히 마약의 지배를 받고 있었고, 덕분에 나는 욕을 바가지로 얻어먹거나 갈비뼈를 차이기 십상이었다.

하지만 훨씬 더 견디기 힘든 것은 내가 투명인간이나 다름없는 존재라는 사실이었다. 사람들은 자신의 귀중한 시간을 티끌만큼도 할애하려 들지 않았다. 사실 그들은 할 수 있는 모든 방법을 총동원해서 나를 피해갔다. 이것이 내가 길거리 연주로 방향을 틀게 된 결정적인 이유였다. 길거리 연주는 적어도 사람들의 관심을 끌었고, 연주를 통해 그들에게 나도 살아 숨 쉬는 생명체라는 사실을 알려 줄 수 있었다. 뭐 그래도 사람들은 변함없이 나를 무시했지만 말이다.

밥을 위해서가 아니었다면 나는 다시 〈빅이슈〉를 팔 생각은 눈곱만큼도 하지 않았을 것이다. 길 위에서 함께 지내는 동안 밥은 내 운은 물론 영혼까지도 새롭게 바꿔 버렸다. 길거리 연주를 했을 때처럼 밥과 함께 〈빅이슈〉를 판매한다면 잘 해낼 수 있을 것 같았다. 물론 문제가 하나 있었다. 과연 그들이 나를 다시 받아 줄 것인지가 관건이었다.

나는 그 지역의 〈빅이슈〉 판매원들이 〈빅이슈〉를 사러 모여드는 코벤트 가든 광장 옆 골목에서 샘을 찾았다. 다른 사람들도 함께 있었는데 모두 남자였다. 아는 얼굴도 몇몇 있었다. 그중 스티브는 내가 알기로 잡지 운반차량의 운전사였다. 신간이 나오는 매주 월요일마다 그가 잡지를 나르는 모습을 본 적이 있었다. 우리는 코벤트 가든 주변에서 몇 번 마주친 적이 있었고 서로에게 경계심을 조금 가지고 있었다. 그가 나를 그다지 반기지 않는다는 인상을 받았지만 개의치 않았다. 그를 만나러 온 게 아니었다. 내가 이야기를 나눠야 할 사람은 샘이었다.

"안녕하세요. 오늘은 길거리 연주를 안 하나 봐요?"

그녀가 우리를 알아보고는 밥의 머리를 가볍게 토닥이며 말했다.

"네, 이제 접어야 할 것 같아요. 문제가 생겼거든요. 다시 불법적으로 연주를 하다 잡히면 아주 곤란한 상황에 처하게 될 텐데 이제는 밥을 돌봐야 하니 그런 위험을 무릅쓸 수가 없어서요."

"정말 그렇겠네요."

샘이 다음에 무슨 얘기가 나올지 알겠다는 표정으로 말했다.

"저기요, 그래서 말인데요……."

나는 발뒤꿈치를 들었다 놨다 하면서 말을 꺼냈다. 샘이 미소를 지으며 내 말을 잘랐다.

"자, 모든 건 당신이 조건에 맞는지 아닌지에 달려 있어요."

"그럼요. 전 조건에 맞아요."

나는 내가 '주거 취약자'에 속해 있어서 〈빅이슈〉를 판매할 자격이 된다는 사실을 알고 있었다.

"하지만 복잡한 절차를 밟아야 하고 복스홀에 있는 본사에 가서 등록도 해야 해요."

그녀가 말했다.

"네, 알았어요."

"사무실이 어디 있는지 아세요?"

그녀가 약도가 그려진 종이에 손을 뻗으며 말했다.

"정확히는 몰라요."

나는 대답했다. 몇 년 전에 등록했을 때는 사무실이 다른 지역에 있었다.

"복스홀로 가는 버스를 타고 기차역 옆에서 내리세요. 그곳 건너편에, 강에서 별로 멀지 않은 곳에 있어요. 판매자격증을 받으면 다시 날 만나러 오세요. 그 다음 절차를 알려 줄게요."

그녀가 말했다. 나는 약도를 받아 들고 밥과 함께 집으로 향했다.

"말끔하게 차려입는 게 좋겠어, 밥. 면접을 보러 가야 되거든."

내가 말했다. 사무실에 가기 전에 몇 가지 서류를 준비해야 했다. 그래서 다음 날 나는 내가 살고 있는 보호 시설의 관리인을 찾아갔다. 어떠한 경우에든 나는 그녀를 정기적으로 만나기로 되어 있었다. 나는 내 현재 상황을 설명한 다음, 런던 교통 경찰국에서 어떤 일이 있었는지도 이야기해 주었다. 그녀는 내가 현재 주거 취약자들을 위한 보호 시설에 살고 있고, 〈빅이슈〉를 파는 일이 내 인생을 정상궤도에 올려놓는 데 큰 도움이 될 것이라는 내용의 편지를 써 주었다.

다음 날 나는 외모를 단정하게 정돈했다. 머리를 뒤로 넘겨 깔끔하게 묶고 깨끗한 셔츠를 입은 뒤 필요한 서류들을 모두 챙겨서 복스홀로 출발했다. 밥을 데려가는 것도 잊지 않았다. 길거리 연주를 할 때처럼 잡지를 팔 때도 녀석이 나를 도와줄 거란 생각이 들었다. 녀석은 나와 한 팀이었고 그래서 나는 가능하다면 녀석도 정식 판매자로 등록시키고 싶었다.

본사는 복스홀 다리와 엠식스틴 빌딩 부근의 템스 강 남쪽, 사무실 밀집 구역에 있었다. 건물 로비에 도착하자 '개 출입 금지'라고 적힌 커다란 표지판이 눈에 들어왔다. 전에는 개가 들어오는 것을 허용했지만 개싸움이 일어나는 경우가 잦아지면서 금지되었다고 했다. 하지만 고양이에 대한 언급은 없었다.

몇 가지 서류를 작성한 뒤, 자리에 앉아 차례를 기다렸다. 잠시 후 나는 면접을 보기 위해 한 사무실 안으로 불려 들어갔다. 예의 바른 남자가 기다리고 있었고 우리는 잠시 이야기를 나누었다. 그도 몇 년 전까지 거리에서 살았고, 〈빅이슈〉를 디딤돌 삼아 새로운 인생을 시작했다고 했다. 나도 내 상황을 설명했다. 그는 깊은 공감을 보였다.

"나도 바깥에서 지내는 게 어떤지 잘 알아요, 제임스. 걱정 말고 날 믿어요."

그가 말했다. 몇 분 후, 그는 내게 엄지손가락을 들어 보이며 옆 사무실에 가서 판매자격증을 받으라고 말했다. 사진을 찍고 내 판매자 번호가 적혀 있는 자격증을 받을 때까지 기다려야 했다. 먼저 나는 판매자격증을 발행하는 담당자에게 밥도 자격증을 받을 수 있는지 물었다.

"미안해요. 애완동물은 판매자격증을 가질 수 없어요. 이전에 개에게 발급해 본 적이 있긴 하지만 고양이는 처음이에요."

그가 고개를 저으며 말했다.

"그렇다면 사진이라도 함께 찍는 건 어떨까요?"

내가 물었다.

그는 잘 모르겠다는 듯 표정을 찌푸렸지만 결국 마음이 약해진 것 같았다.

"한번 해봅시다."

"자, 웃어, 밥."

밥과 함께 카메라 앞에 앉아서 내가 말했다. 사진이 나오길 기다리는 동안 그는 나머지 등록 절차를 마무리했다. 판매원이 되면 임의의 숫자를 배정받게 되는데, 이 숫자는 등록 순서대로 발행되는 것은 아니었다. 순서대로 발행했다면 수천 대로 숫자가 커졌을 것이다. 엄청나게 많은 사람이 〈빅이슈〉를 팔겠다고 등록했다가 소리 소문 없이 자취를 감춰 버리기 때문이다. 그래서 어떤 사람이 일정 기간 동안 기록상으로 확인되지 않으면 그 숫자는 다른 사람에게로 넘어갔다. 그럴 수밖에 없었다.

15분쯤 기다리자 그 남자가 다시 자리로 돌아왔다.

"여기 있습니다, 보웬 씨."

그는 잘 코팅된 판매자격증을 건네며 말했다. 나는 사진을 보고서 자꾸 입꼬리가 올라가는 걸 참을 수가 없었다. 밥이 내 왼쪽에 있었다. 우리는 한 팀이었다. 우리는 이제 683번 〈빅이슈〉 판매원이었다.

※ ※ ※ ※ ※ ※ ※ ※ ※ ※ ※ ※ ※ ※

버스를 갈아타며 토트넘으로 돌아가는 여정은 길었다. 그동안 나는 그들이 준 소책자를 느긋하게 훑어보았다. 10년 전과 비슷하긴 했지만 어느 것 하나 그대로 남아 있는 규정은 없었다. 솔직히 말해 전에는 이 일에 진지하게 임하지 않았고 정신을 딴 데 팔고 있었다. 나는 이번에는 진지한 자세로 임하기로 굳게 마음먹었다.

소책자는 〈빅이슈〉의 주요 철학을 알려 주는 글로 시작했다.

〈빅이슈〉는 노숙자와 취약한 주거 환경을 가진 사람들이 일반 대중에게 잡지를 판매해 합법적으로 소득을 올릴 수 있는 기회를 제공하기 위해 존재한다. 우리는 '자선보다는 자활'이라는 견지를 가지며, 개인으로 하여금 자신의 인생을 통제하게 만들 수 있다는 것을 믿는다.

'내가 원하는 게 바로 이거야. 스스로의 힘. 이번에는 절대 기회를 놓치지 않을 거야.'

나는 속으로 생각했다. 그 다음 부분에는 내가 '수습 과정을 거쳐야 하고 행동 수칙에 따라야 한다'고 적혀 있었다. 그것은 지정된 '시험 구역'에서 일하는 동안 그 지역 간사들이 업무 능력을 지켜보고 평가한다는 의미였다. 만약 일을 잘 해낸다면 나는 고정 구역에 배치될 것이고 계속 그곳에서 활동할 수 있게 된다. 또 일을 시작할 수 있도록 잡지 10부를 무료로 제공받게 된다. 그리고 그 다음부터는 모든 것이 나에게 달려 있음이 마지막에 정확하게 밝혀져 있었다.

10부를 다 팔고 나면 잡지를 더 구입할 수 있다. 1부에 1파운드를 주고 산 뒤 2파운드를 받고 팔기 때문에 1부당 1파운드의 이윤을 남길 수 있다.

이어 모든 판매원은 〈빅이슈〉에 고용된 사람들이라는 사실을 설명하는 글이 이어졌다.

우리는 판매원들이 팔지 못한 잡지에 대해 변상하지 않는다. 그러므로 각 판매원들은 스스로 신중하게 판매 및 재정 상황을 관리해야 한다. 잡지를 판매하는 일을 통해 쌓는 자신감과 자존감 그리고 경영 기술은 노숙자들로 하여금 주류 사회로 복귀하는 데 결정적인 역할을 할 것이다.

〈빅이슈〉의 간단한 경제 논리였다. 하지만 내가 곧 알게 되었듯, 이보다 더 많은 것이 있었다.

❋ ❋ ❋ ❋ ❋ ❋ ❋ ❋ ❋ ❋ ❋ ❋ ❋ ❋

다음 날 아침, 나는 〈빅이슈〉 코디네이터인 샘을 만나기 위해 코벤트 가든으로 향했다. 하루라도 빨리 수습 과정을 시작하고 싶었다.

"복스홀에서는 별 문제 없었나요?"

밥과 내가 다가가자 그녀가 물었다.

"그럼요. 거기서 이걸 받았어요."

나는 이를 드러내고 씩 웃으며 의기양양하게 코트 주머니에서 판매자격증을 꺼내 샘에게 보였다.

"훌륭한데요. 바로 시작하는 게 좋겠어요."

샘이 밥과 내 사진을 보고 웃더니 곧 내게 줄 잡지 10부를 세기 시작했다.

"자, 여기 있어요. 이 10부를 다 팔고 나면 잡지를 직접 사야 한다는 건 알고 있죠?"

"네, 알고 있어요."

몇 분 동안 그녀는 서류 더미를 살폈다.

"어느 곳을 당신의 시험 판매 구역으로 삼으면 좋을지 찾아보고 있는 중이에요."

그녀가 설명하듯 말했다. 잠시 후 그녀가 마음을 굳힌 듯했다.

"좋은 곳을 찾았나요?"

내가 살짝 들뜬 목소리로 물었다.

"그런 것 같아요."

샘이 대답했다. 나는 이어서 그녀가 한 말을 믿을 수가 없었다.

"좋아요. 바로 여기를 당신의 수습 구역으로 배정할게요."

그녀가 가리킨 곳은 제임스 스트리트보다 몇 미터 위쪽에 있는 코벤트 가든 지하철역 쪽이었다. 나는 웃음이 터져 나오는 것을 멈출 수가 없었다.

"괜찮아요, 제임스? 무슨 문제라도 있나요? 다른 곳이 있는지 더 찾아볼 수도 있어요."

그녀가 영문을 모르겠다는 표정을 지으며 물었다.

"아니에요. 전혀 문제되지 않아요. 그곳에서 정말 멋지게 잘 해낼 수 있을 거예요. 추억이 담긴 길을 걷는 것이나 다름없으니까요. 당장 시작할게요."

내가 말했다. 나는 시간 낭비를 하지 않도록 곧장 출발했다. 평소 길거리 연주를 시작하던 때보다 몇 시간이나 이른 오전 시간이었지만 이미 많은 사람이 주변을 서성대고 있었다. 대부분 관광객이었다. 밝고 화창한 날이었고, 경험상 나는 이런 날씨에는 사람들이 더 즐겁고 관대해진다는 것을 알고 있었다.

그곳에서 연주를 할 때는 늘 관리 당국으로부터 집중 공격을 받는 듯한 느낌을 지울 수 없었다. 하지만 〈빅이슈〉를 판매하게 된 이상 이제 나와는 아무 상관없는 일이었다. 나는 여기서 일할 수 있도록 공식적으로 허가를 받은 사람이었다. 나는 중앙 홀 안에 들어가지는 않으면서도 최대한 지하철역에서 가까운 곳에 자리를 잡았다.

나는 나를 못살게 굴었던 역무원들이 있는지 보기 위해 안쪽을 들여다보고 싶은 유혹을 참을 수가 없었다. 아니나 다를까, 한 사람이 보였다. 파란색 셔츠를 입은 덩치가 크고 땀에 절어 있는 뚱뚱한 사내였다. 그는 일이 너무 바빠서 내 존재를 알아차릴 겨를이 없어 보였지만 언젠가는 그렇게 될 터였다.

한편 나는 〈빅이슈〉 10부를 판매하는 일에 서둘러 착수했다. 나는 그들이 내게 이 구역을 할당해 준 이유를 알았다. 판매원 입장에서 봤을 때 이 구역은 악몽이나 다름없다. 지하철역 출입구는 걸음을 늦추고서 무언가를 팔고 있는 사람에게 관심을 기울일 여유를 가질 만한 곳이 아니기 때문이다. 사람들은 어딘가로 가고, 누군가를 만나기 위해 늘 서둘렀다. 따라서 자기 옆을 달리듯 지나가는 사람 천 명 중 한 명만 멈춰 세운다 해도 꽤나 성공적이라고 말할 수 있다. 그만큼 힘들기만 하고 보상은 제대로 받을 수 없는 그런 곳이었다. 길 건너에서 길거리 연주를 하는 동안, 〈빅이슈〉 판매원들이 사람들의 관심을 끄는

데 줄줄이 실패하는 모습을 지겹도록 지켜봤던 터라 실상을 잘 알고 있었다.

하지만 나는 평범한 〈빅이슈〉 판매원이 아니었다. 나에게는 비밀 무기가 있었다. 이미 코벤트 가든에 널리 이름을 떨친 바로 그 녀석 말이다. 아니나 다를까, 녀석은 곧바로 마법을 부리기 시작했다.

❋❋❋❋❋❋❋❋❋❋❋❋❋❋❋

나는 밥을 내 옆에 내려놓았다. 녀석은 인도 위에 편안하게 앉아 만족스러운 표정으로 세상 돌아가는 모습을 지켜보았다. 핸드폰을 붙잡고 뛰어가거나 주머니 속에서 표를 찾느라 녀석의 존재를 알아차리지 못하는 사람들도 있었지만 녀석을 알아보는 사람들이 더 많았다.

내가 판매 준비를 하는 사이, 젊은 미국인 여성 관광객 둘이 다가와 밥을 손가락으로 가리켰다.

"어머."

한 여성이 즉시 카메라를 꺼내면서 말했다.

"고양이 사진을 찍어도 괜찮을까요?"

다른 여성이 물었다.

"물론이죠. 마음껏 찍으세요."

나는 이들이 예의를 갖춰 물어보는 것에 기분이 좋아져서 말했다.

"〈빅이슈〉를 한 부 사실 생각은 없으신가요? 녀석과 제가 오늘밤 저녁거리를 준비하는 데 도움이 된답니다."

"오, 그럼요."

한 여성이 미처 그런 생각을 하지 못한 것이 미안하다는 듯한 표정으로 말했다.

"동전이 없으시면 괜찮아요. 꼭 사셔야 하는 건 아니에요."

내가 말했다. 하지만 내가 말을 채 마치기도 전에 그녀는 내게 5파운드짜리 지폐를 내밀었다.

"제게 잔돈이 있을지 모르겠네요. 말 그대로 진짜 방금 시작했거든요."

나는 당황스러웠다. 〈빅이슈〉 판매원들이 습관적으로 잔돈 핑계를 댄다고 생각할지 모르지만 정말로 내게는 돈이 얼마 없었다. 주머니 안에 있는 동전을 다 긁어모았는데도 1파운드가 채 되지 않았다. 하지만 나는 그거라도 그녀에게 건넸다.

"괜찮아요. 잔돈은 넣어 두셨다가 고양이에게 맛있는 거라도 사 주세요."

그녀가 말했다. 미국인 여성들이 떠나자 또 다른 관광객 무리가 다가왔다. 이번에는 독일인이었다. 그들도 밥에게 다정하게 말을 걸기 시작했다. 그들은 잡지를 사지 않았지만 상관없었.

이미 나는 충분히 10부를 다 팔 수 있을 거란 예감이 들었다. 어쩌면 하루가 끝나기 전에 잡지를 더 사러 샘을 다시 찾아가야 할지도 몰랐다.

나는 한 시간 만에 6부를 수월하게 팔아치웠다. 대부분의 사람들은 가격대로 돈을 정확하게 주었다. 말쑥한 트위드 정장을 입은 한 노신사는 5파운드나 주었다. 나는 벌써부터 이 일로 바꾸길 정말 잘했다는 기분이 들었다. 항상 이렇게 잘 풀리리란 법도 없고 오르막이 있으면 내리막이 있다는 것도 잘 알고 있었지만, 새로운 길에서 벌써 한 걸음을 크게 내딛은 것 같았다.

이미 충분히 멋진 하루였지만 그곳에 있은 지 두 시간 삼십 분쯤 됐을 때 벌어졌던 일은 그야말로 금상첨화가 따로 없었다. 잡지가 2부밖에 남지 않았을 때, 갑자기 지하철역 안에서 약간 소란스러운 기운이 느껴졌다. 곧 지하철 역무원들 무리가 중앙 홀에 나타나 나를 쳐다보기 시작했다. 그들은 뭔가 심각하게 대화를 나누더니 한두 사람이 무전기에 대고 뭐라고 말을 했다.

최근 나에게 일어났던 일이 저절로 떠올랐다. 나는 또 다른 사건이 생긴 건 아닌지, 그리고 어떤 불쌍한 녀석이 자기가 저지르지도 않은 일로 누명을 쓰게 된 건 아닌지 궁금했다. 하지만 그게 무엇이었건 간에 소동은 곧 조용해졌고 그들도 흩어지기 시작했다. 그때 덩치가 크고 늘 땀에 절어 있는 역무원이 지하철역 밖에 있는 밥과 나를 발견하고는 우리 쪽으로 성큼성큼 걸어왔다.

그는 들볶여서 성질이 잔뜩 난 것 같아 보였고 얼굴이 홍당무처럼 빨갰다. 흔히들 복수는 '식혀서 먹어야 더 맛있는 음식'과 같다고 하듯 나는 차분하게 있기로 결심했다.

"도대체 여기서 뭘 하고 있는 거야? 감방에 처박혔다고 생각했는데! 여기 오면 안 된다는 거 몰라?"

그가 말했다. 우선 나는 아무 말도 하지 않았다. 그 대신 아주 천천히, 그리고 신중하게 그에게 〈빅이슈〉 판매자격증을 흔들어 보여 주었다.

"내 일을 하고 있는 것뿐이에요."

나는 그의 얼굴에 당황스러움과 분노가 뒤죽박죽되어 순식간에 퍼져 가는 걸 음미하면서 한 마디 더 덧붙였다.

"당신도 당신 일이나 열심히 하지 그래요."

[Chapter 13]

완벽한 구역

Pitch Perfect

나는 살면서 올바른 선택을 한 적이 별로 없었다. 지난 10년간 기회라는 것이 찾아왔을 때마다 일을 망쳐 버리기 일쑤였다. 하지만 〈빅이슈〉 판매원이 되기로 결심한 지 며칠 만에 나는 이번만큼은 내가 올바른 방향으로 발걸음을 떼었다는 것을 확신할 수 있었다.

당장 나와 밥의 삶에 긍정적인 변화가 생겼다. 무엇보다 생활에 체계가 잡혔다. 월요일부터 금요일까지, 아니 월요일부터 토요일까지 근무하는 직업이 생긴 것이다. 처음 2주 동안 밥과 나는 코벤트 가든에서 월요일부터 토요일까지 일했다. 이는 잡지의 발행일과 관련이 있었는데 신간 잡지가 매주 월요일 아침에 나왔기 때문이다.

우리는 오전 중에 일터로 나갔다가 초저녁 러시아워가 끝날 때쯤인 저녁 7시경에 일을 마쳤다. 잡지 한 묶음을 다 팔 때까지는 절대 자리를 뜨지 않았다.

밥과 함께 지내게 되면서 이미 책임감에 대해 많은 것을 배웠지만 〈빅이슈〉는 이를 한 차원 더 올려 주었다. 책임감 있게, 규칙적으로 부지런하게 움직이지 않으면 돈을 벌 수 없었고, 돈을 벌지 못하면 밥과 나는 밥을 먹을 수가 없었다. 그래서 바로 그 첫 2주째부터 나는 어떻게 하면 나의 〈빅이슈〉 판매 구역을 사업적으로 잘 운영할 수 있을지 고민해야 했다.

꼬박 10년가량을 무질서하게 제멋대로 산 사람에게 이는 정말 큰 도약이었다. 나는 돈이 풍족했던 적이 한 번도 없었고, 늘 하루 벌어 하루 근근이 먹고살아야 했다. 나는 새로운 일에 적응해 나가는 내 모습이 놀라웠다.

물론 부정적인 면도 있었다. 〈빅이슈〉는 할인 판매나 반품을 할 수 없기 때문에 잡지를 어느 정도 받아 올지 계산을 잘못하면 큰 손해를 볼 수도 있었다. 만약 토요일 저녁까지 잡지를 50부나 가지고 있게 된다면 심각한 타격을 입게 된다. 월요일이 되면 신간이 나오기 때문에 그 잡지들은 폐지나 다름없는 셈이 되고 신간을 구입할 자금도 없을 테니까 말이다. 그렇다고 잡지를 적게 준비하는 것도 문제였다. 잡지가 너무 적으면 금방 다 팔려 버릴 것이고 잡지를 사려는 다른 고객들을 모두 놓쳐 버리게 된다. 이론상으로는 막스앤드스펜서를 경영하는 것과 별반 다를 바가 없었다.

매주 잡지의 질에 큰 차이가 있다는 점도 반드시 고려해야 하는 사항이었다. 어떤 주에는 흥미로운 기삿거리들로 가득 찬 잡지가 발행되지만, 어떤 주에는 지루하기 짝이 없어서 팔기가 정말 힘들었다. 특히 표지에 유명한 영화배우나 록스타가 등장하지 않을 때면 더 그랬다. 불공평한 면이 다소 있었다. 아무튼 그 균형을 잘 맞추는 데는 시간이 좀 걸렸다.

〈빅이슈〉를 잘 팔 수 있는 최선의 방법을 찾으려 늘 애쓰고 있었지만 나는 여전히 하루 벌어 하루 먹고사는 신세였다. 월요일부터 토요일 사이에 번

돈은 대개 그 다음 주 월요일 아침이면 모두 사라지고 없었다. 어떨 때는 겨우 몇 파운드만을 가지고 코디네이터 사무실에 가는 경우도 있었다. 만약 샘이 자리에 있으면 나는 그녀에게 부탁해 돈이 생기면 바로 갚는다는 조건으로 10부를 받아 오곤 했다. 그녀는 돈을 제대로 갚을 것이 확실한 판매원에게만 이렇게 해 주었다. 나도 다른 방법을 찾을 수 없는 절박한 순간에 한두 번 정도 그렇게 했고, 늘 몇 시간 안에 돈을 다 갚았다. 그 돈은 〈빅이슈〉 본사가 아니라 그녀의 주머니에서 나오는 것이었고, 당연히 그렇게 해야 했다. 가지고 간 잡지를 다 팔면 나는 그녀에게 돌아가서 빚진 돈을 갚고 남은 돈으로 잡지를 더 샀다. 그런 식으로 묵묵히 해 나갔다.

사실, 나는 밥과 함께 길거리 연주를 할 때보다 더 적은 돈을 벌고 있었다. 하지만 새로운 일과에 안정적으로 적응하고 있는 중이었기 때문에 그 정도 손해는 감내할 가치가 있다고 생각했다. 거리에서 합법적으로 일한다는 사실은 그 자체만으로도 내 자신에게 큰 변화를 가져다주었다. 만약 경찰관이 나를 멈춰 세우면 판매자격증을 보여 주고는 평온하게 내 할 일을 할 수 있게 되었다. 런던 교통 경찰국에서 좋지 않은 경험을 한 후로는 이 점이 특히 중요하게 여겨졌다.

지하철역 앞에서 일하기 시작한 이후, 몇 달이 쏜살같이 흘러갔다. 여러 모로 〈빅이슈〉 판매는 길거리 연주와 비슷했다. 밥과 나는 예전과 같은 부류의 사람들을 끌어당겼다. 중년 여성, 노부인, 여학생 무리, 게이 등을 말이다. 물론 다른 사람들도 밥을 좋아했다.

2008년 초가을의 어느 날, 매우 이색적인 외모를 지닌 남자가 우리에게 다가왔다. 그는 탈색을 한 금발 머리에 청바지를 입고 카우보이 부츠를 신고 있었다. 한눈에 보기에도 가죽 재킷과 청바지는 상당히 값이 나가 보였다. 나는 그가 미국에서 온 록스타라는 확신이 들었다. 정말로 그렇게 보였다.

밥을 발견하자마자 그는 가던 길을 멈추고 빙그레 미소를 지었다.

"멋진 고양이로군요."

그는 미국식 억양으로 뒤를 길게 빼며 말했다. 정말 어디서 많이 본 듯한 친숙한 외모였지만 어디서 봤는지 기억이 나지 않았다. 그에게 누구냐고 묻고 싶어 죽을 지경이었다. 하지만 무례한 질문이라는 생각에 꾹 참았다.

그는 무릎을 굽히고 앉아서 1분가량 밥을 쓰다듬었다.

"둘이서 함께 지낸 지 오래되었나요?"

그가 물었다.

"음, 생각해 봐야겠는걸요. 그러니까 작년 봄부터 함께 지냈으니 이제 1년 반쯤 됐네요."

밥을 처음 만난 때를 가늠하며 내가 대답했다.

"멋지네요. 정말이지 같은 영혼을 가진 형제처럼 보여요. 서로에게 속한 것처럼요."

그가 미소 지으며 말했다.

"고마워요."

나는 그때까지도 이 남자가 누군지 기억해 내려고 안간힘을 쓰고 있었다. 다행히 내가 진짜 물어보는 일이 일어나기 전에 그가 시계를 들여다보며 자리에서 일어났다.

"가야겠네요. 둘 다 또 봅시다."

그가 재킷 주머니 안에 손을 넣더니 지폐 뭉치를 꺼내며 말했다. 그리고는 내 손에 10파운드 지폐를 건네주었다. 내가 잔돈을 찾으러 이곳저곳을 뒤지자 그가 말했다.

"넣어 두세요. 그럼 둘 다 즐거운 하루 되시길!"
"네, 그럴게요."
나는 그에게 약속했다. 그리고 우리는 정말 즐거운 하루를 보냈다.

❋ ❋ ❋ ❋ ❋ ❋ ❋ ❋ ❋ ❋ ❋ ❋ ❋ ❋ ❋

지하철역 밖에서 합법적으로 일한다는 사실은 내게 큰 변화를 가져왔다. 익숙한 역무원들 얼굴을 다시 볼 기회가 몇 번 있었는데 그들 중 한두 명은 내게 똥 씹은 표정을 지어 보였다. 나는 그들을 무시해 버렸다. 나머지 역무원들은 사실 괜찮았다. 그들은 내가 새 일을 시작했다는 사실을 알고 있었고, 내가 누군가를 공격하거나 괴롭히지 않는 이상 아무 문제없다고 여겼다.

어쩔 수 없이 밥과 나는 그 지역에 있는 다른 〈빅이슈〉 판매원들에게 주목 받을 수밖에 없었다. 나는 다른 〈빅이슈〉 판매원이나 거리에서 일하는 이런저런 사람들과 아무 문제없이 모든 일이 달콤하게만 흘러갈 거라고 생각할 만큼 순진하지 않았다. 거리의 삶은 그렇지 않다. 서로가 서로를 돌보는 것을 기반으로 하는 공동체가 아니다. 모든 사람이 일인자만을 돌보는 세계다. 그러나 적어도 처음에는, 〈빅이슈〉 판매원들 대부분은 고양이를 어깨 위에 태우고 나타난 새로운 사내의 등장을 따뜻하게 반겨 주었다.

개를 데리고 다니는 판매원은 늘 있었고 그 개 중 한두 마리는 정말 개성이 뚜렷했다. 하지만 내가 아는 한 코벤트 가든에 고양이를 데리고 나온 〈빅이슈〉 판매원은 이제껏 한 명도 없었다. 런던의 다른 지역도 마찬가지일 것이다. 일부 판매원들은 이를 다소 기분 좋게 받아들이는 것 같았다. 몇몇은 다가와서 밥을 쓰다듬으며 우리가 어떻게 만났고 밥의 출신 배경에 대해 내가 얼마나 알고 있는지 질문을 던지기도 했다. 물론 아무 대답도 할 수 없었지만 말이다. 밥은 아무것도 정확히 알려져 있지 않은 백지 상태의 미스터리한 고양이였다. 이 사실이 사람들로 하여금 녀석에게 더 애정을 느끼게 만드는 것 같기도 했다.

물론 나에게는 아무도 관심을 보이지 않았다. 다시 만났을 때 사람들이 내게 던지는 첫 마디는 "오늘 밥의 기분은 좀 어때요?"였다. 아무도 나에게는 기분이 어떠냐고 묻지 않았다. 하지만 괜찮았다. 충분히 예상하고 있었으니까.

그리고 내 생각대로 그런 친밀감은 그다지 오래 지속되지 않았다. 그게 거리의 법칙이었다.

❋ ❋ ❋ ❋ ❋ ❋ ❋ ❋ ❋ ❋ ❋ ❋ ❋ ❋

밥과 함께 있으면 운이 좋은 날에는 하루에 30부에서 50부까지도 잡지가 팔렸다. 1부당 2파운드였으니 상당히 많은 돈을 버는 셈이었다. 특히 사람들이 나에게 주는 아니, 사실상 밥에게 주는 팁까지 합치면 더 그랬다.

어느 이른 가을 저녁, 밥이 내 배낭 위에 앉아 저물어 가는 노을을 음미하고 있을 때였다. 아주 부유해 보이는 남녀 한 쌍이 지하철역을 지나 걸어가고 있었다. 옷차림으로 보아 뮤지컬이나 오페라를 보러 가는 듯했다. 남자는 턱시도에 나비넥타이를 매고 있었고 여자는 검은색 실크 드레스를 입고 있었다. 그들이 발걸음을 멈추고 사랑스럽다는 듯이 밥을 쳐다보자 내가 먼저 말을 건넸다.

"두 분 다 멋져 보이시는군요."

여자는 내게 미소를 지어 보였지만 남자는 나를 무시했다.

"매력적인 고양이네요. 오랫동안 함께 지내셨나요?"

여자가 말했다.

"네, 꽤 됐어요. 우리는 길에서 서로를 발견했죠."

내가 말했다.

"여기 있소."

남자가 갑자기 지갑에서 20파운드짜리 지폐를 꺼내며 말했다. 내가 코트 주머니에 손을 집어넣어 잔돈을 찾으려 하자 남자는 됐다며 손을 저었다.

"괜찮소. 넣어 두시오."

그가 여자에게 미소를 보이며 말했다. 그 순간 그녀가 그에게 보인 표정으로 많은 것을 알 수 있었다. 아마 그날이 그들의 첫 번째 데이트인 것 같았다. 그녀는 그가 그렇게 큰돈을 나에게 준 것에 감동 받은 눈치였다. 멀어져 가는 그들의 뒷모습을 보고 있자니 그녀가 그에게 기대며 팔짱을 끼는 것이 보였다.

그가 진심에서 우러나와 그렇게 했는지 아닌지는 내가 알 바 아니었다. 난생 처음으로 20파운드짜리 지폐를 받은 날이었으니까 말이다.

지하철역 밖에서 보낸 2주간의 수습 기간이 끝나가고 있었고, 나는 지하철역이 '적합하지 않은' 구역이기는커녕 밥과 나에게 최적의 장소라는 사실을 깨달았다. 그래서 샘이 2주간의 수습 과정이 끝나면 다른 구역으로 옮기게 될 것이라고 말했을 때 나는 크게 실망했다.

그렇다고 놀라지는 않았다. 〈빅이슈〉 판매원 공동체의 일원이 된다는 것은 다른 사람들이 얼마나 일을 잘하는지 모두가 볼 수 있게 된다는 것을 뜻한다. 즉, 〈빅이슈〉 판매원이라면 코디네이터에게 갈 때마다 공개된 자료를 통해 누가 잡지를 몇 부나 사갔는지 훤히 다 볼 수 있다는 말이다. 그러니 그들은 지난 첫 2주 동안 내가 잡지를 유난히 많이 사갔다는 사실도 알아챘을 것이다.

곧 내가 다른 판매원들의 표적이 되었다는 것이 명백해졌다. 둘째 주가 되자 나를 대하는 그들의 태도가 미묘하게 달라졌다는 것을 느낄 수 있었다. 장사가 잘 안 되는 구역에서도 내가 잡지를 그렇게 많이 팔았다는 사실이 못마땅한 것 같았다.

밥과 내가 새로 배정 받은 구역은 쇼츠 가든스와 닐 스트리트 모퉁이에 있는 '사이즈'라는 신발 가게 앞이었는데, 역시 지하철역에서 그리 멀지 않은 곳이었다. 나는 실적이 좋은 기존 판매원들이 뿜어 대는 적대감 속에서 다시 한 번 입술을 꽉 깨물었다.

'힘내서 한번 싸워 보자, 제임스.'

나는 스스로를 격려했다.

그리고 곧 밝혀졌듯, 이것은 헛되지 않은 격려였다.

[Chapter 14]

몸이 좋지 않은 날
Under the Weather

그해 가을은 춥고 습했다. 찬바람과 거센 비가 이어졌다. 나무들은 잎을 모두 벗어 던지고 곧 벌거숭이가 될 기세였다. 그날 아침은 유난히 더 추웠다. 밥과 내가 아파트에서 나와 버스 정류장으로 향하는 동안 해는 어디로 숨었는지 통 보이질 않고 가랑비만 추적추적 내리고 있었다.

밥은 원래 비를 좋아하지 않았기 때문에 처음에 나는 무기력하게 느릿느릿 걷는 밥을 보며 비 때문이겠거니 하고 생각했다. 녀석은 한 번에 겨우 한 걸음씩을 뗐다.

'아마 오늘은 나와 같이 나가고 싶지 않은 건지도 몰라.'

나는 속으로 생각했다.

'아니면 고양이들이 대기 중에서 나쁜 날씨를 감지하는 능력이 있다는 말이 맞는 걸 수도 있고 말이야.'

아니나 다를까, 거대한 잿빛 구름 무리가 대형 우주선처럼 북런던 하늘을 뒤덮고 있었다. 하루 종일 이럴 모양이었다. 빗줄기가 더 세질 것 같았다. 밥의 직감대로 발길을 돌려야 하는 건지 잠시 고민했다. 하지만 곧 있으면 주말이고 주말을 보내기에 돈이 충분하지 않다는 사실이 떠올랐다.

"내가 지금 찬 밥 더운 밥 가릴 처지가 아니지."

나는 힘든 상황을 가볍게 만들려 애쓰며 혼잣말을 했다. 거리에서 일하는 것이 행복했던 적은 한 번도 없었지만 그날은 평소보다 더 힘겹게 느껴졌다. 밥은 여전히 달팽이 속도로 움직였고 길 아래로 100미터 정도 걸어 내려가는 데 몇 분이나 걸렸다.

"이봐, 밥. 위로 올라오지그래?"

나는 돌아서서 녀석에게 늘 애용하던 자리로 올라오라고 손짓했다. 밥은 내 어깨 위로 올라와 몸을 축 늘어뜨렸고 나는 버스를 타기 위해 토트넘 하이로드로 터덜터덜 걸어갔다. 비는 이미 거세지고 있었다. 굵고 힘찬 빗줄기가 인도를 때렸다. 나는 물속을 참방대며 걸어가다 적당한 곳이 있으면 살짝 비를 피했다. 그때까지만 해도 밥은 괜찮아 보였다. 하지만 버스에 올라타고 나서야 나는 녀석의 상태가 단순히 날씨 탓이 아니라는 것을 깨달았다.

버스에 타는 것은 원래 밥이 제일 좋아하는 하루 일과 중 하나였다. 밥은 호기심 많은 고양이였다. 세상은 늘 녀석에게 무궁무진한 재밋거리를 선사해주는 곳이었다. 지금껏 수도 없이 버스를 탔지만 밥은 버스 유리창에 얼굴을 눌러 가며 바깥구경 하는 일에 싫증을 낸 적이 한 번도 없었다. 하지만 그날은 창가 쪽 자리에 앉으려고도 하지 않았다. 창문에 맺힌 물방울과 빗줄기 때문에 밖이 잘 보이지 않긴 했지만 말이다. 창문에 붙는 대신 밥은 내 무릎 위에서 몸을 둥글게 말았다. 피곤한 것 같았다. 몸도 축 늘어져 있었다. 눈을 들여다보니 반쯤 잠든 것 같았다. 평소의 기민한 모습은 전혀 찾아볼 수가 없었다.

토트넘 코트 로드에서 내릴 때가 되자 밥의 상태는 확연히 더 나빠져 있었다. 다행히 비가 약간 잦아든 덕분에 뒷골목을 통해 코벤트 가든 쪽으로 걸어갈 수 있었다. 수월한 여정은 아니었다. 물웅덩이들을 피하기 위해 계속 껑충껑충 뛰어야 했고 이따금씩 커다란 우산에 부딪히기도 했다.

닐 스트리트를 지나고 있을 때 나는 어깨 위에 있는 밥의 움직임이 심상치 않다는 것을 눈치 챘다. 평소와 달리 경련을 일으키며 몸을 흔들고 있었다.

"괜찮아, 밥?"

나는 발걸음을 늦추며 물었다. 그 순간 밥이 몸을 격렬하게 떨기 시작하더니 숨이 막혔거나 목을 가다듬을 때 하는 것처럼 헛구역질 비슷한 소리를 냈다. 녀석이 뛰어내리거나 떨어질 것 같다는 생각이 들자 나는 녀석을 길 위에 내려놓고 뭐가 문제인지 살펴보기로 했다. 그런데 내가 채 무릎을 굽히고 앉기도 전에 녀석이 토하기 시작했다. 덩어리는 하나도 없고 담즙뿐이었다. 밥은 멈추지 않고 계속 토했다. 몸을 부들부들 떨고 구역질을 하며 자기를 아프게 하고 있는 무언가를 물리치기 위해 사투를 벌이고 있었다. 잠깐 동안 나는 이게 다 내 잘못은 아닌지, 그리고 녀석이 멀미 때문에 속이 메스꺼운 것은 아닐까 하는 생각이 들었다. 물웅덩이와 우산을 피하느라 평소보다 더 이리저리 움직였으니 말이다.

밥은 다시 한 번 경련을 일으켰고 구역질을 하며 담즙을 더 토해 냈다. 멀미보다 더 심각한 문제가 생긴 게 틀림없었다. 이제 녀석의 뱃속에는 더 이상 게워 낼 것도 없는 것 같았다. 이상했다. 전날 밤과 아침까지만 해도 아무 문제없이 밥을 잘 먹었는데 말이다. 그 순간 뭔가 다른 이유가 있는 게 틀림없다는 생각이 뇌리를 스쳤다. 녀석은 이미 아팠던 게 분명했다. 심지어 아파트를 떠나기 전부터, 어쩌면 풀밭에서 볼일을 볼 때부터 아팠는지도 몰랐다. 밥은 버스를 타고 오는 내내 울렁거림을 느꼈던 게 틀림없었다. 이제야 알다니.

더 빨리 알아차리지 못한 내 자신이 원망스러웠다.

사람이 이런 상황에서 보이는 반응은 참 기이하다. 나는 내 본능도 여느 부모나 애완동물 주인들과 똑같을 것이라 확신한다. 온갖 이상하고 말도 안 되는 생각들이 머릿속으로 밀려 들어왔다. 아침에 먹은 음식이 안 맞았던 것일까? 집 안에서 뭔가를 삼켰는데 그게 문제가 된 것일까? 아니면 혹시 더 심각한 문제일까? 녀석이 내 앞에서 쓰러져 죽는 건 아닐까? 액체 세제를 마셨거나 플라스틱 조각이 목에 걸려 주인이 보는 앞에서 죽었다는 고양이 이야기가 떠올랐다. 동시에 죽어 가는 밥의 모습도 떠올랐다. 나는 상상의 세계가 더 이상 뻗어 나가기 전에 마음을 추슬렀다.

'정신 차려, 제임스. 차분하게 대처하자.'

녀석이 계속 구역질을 해댄 점, 그리고 더 이상 토할 액체도 없다는 점 등으로 미루어 보아 녀석이 탈수 상태일 거라는 생각이 들었다. 아무런 조치도 취하지 않는다면 녀석의 장기 중 어딘가가 손상될지도 몰랐다. 당장 물과 먹을 것이 필요했다. 나는 녀석을 팔에 안고 코벤트 가든으로 가는 길에 있는 가까운 편의점에 들어갔다. 현금이 별로 없었지만 밥이 좋아하는 으깬 닭고기와 품질 좋은 미네랄워터를 살 정도는 됐다. 녀석에게 오염된 수돗물을 주고 싶지는 않았다. 상태를 훨씬 더 나쁘게 만들 수도 있기 때문이었다.

나는 밥을 코벤트 가든으로 데려가 우리가 평소 일하는 곳 근처의 인도 위에 내려놓았다. 그리고 재빨리 밥의 밥그릇을 꺼내 으깬 닭고기를 담았다.

"여기 있어, 밥."

나는 앞에 그릇을 내려놓은 후 녀석을 쓰다듬으며 말했다. 평소 같았으면 부리나케 그릇을 덮쳐서 뚝딱 해치웠겠지만 그날은 아니었다. 밥은 가만히 서서 잠깐 그릇을 쳐다보다가 가까스로 그릇 안에 고개를 들이밀었다. 그리고 나서도 머뭇거리다가 조금씩 깨작거렸다. 소스만 겨우 핥아먹고 고기에는 입도 대지 않았다. 내 머릿속에서 또다시 경고음이 울렸다. 이 모습은 내가 아는, 내가 사랑하는 밥의 모습이 아니었다. 뭔가 단단히 잘못된 게 틀림없었다.

내키지는 않았지만 나는 자리를 잡고 잡지를 팔기 시작했다. 다음 며칠을 버틸 돈이 필요했다. 특히 밥을 수의사에게 데려가고 약을 사려면 더 그랬다. 하지만 내 마음은 완전히 딴 데 가 있었다. 나는 지나가는 사람들의 관심을 붙잡는 것보다 밥을 지켜보는 데 훨씬 더 정신이 팔려 있었다. 밥은 무엇에도 관심을 보이지 않았고 미동조차 없이 그대로 누워 있었다. 어쩌면 당연한 일이겠지만 그날따라 발걸음을 멈추고 잡지를 사는 사람들이 별로 없었다. 나는 두 시간도 못 채우고 일을 접기로 했다. 밥은 다시 토하지는 않았지만 분명 몸에 이상이 있어 보였다. 어서 따뜻한, 그리고 비를 피할 수 있는 집으로 녀석을 데려가야 했다.

※ ※ ※ ※ ※ ※ ※ ※ ※ ※ ※ ※ ※ ※

지금까지 밥과 나는 꽤 운이 좋았다. 녀석은 나를 만난 이후 죽 최상의 건강 상태를 유지해 왔다. 처음에 벼룩이 있긴 했지만 그 정도는 길고양이에게 어쩔 수 없는 일이다. 벼룩을 없애는 치료를 해 주고 난 뒤에는 아무런 건강상의 문제도 생기지 않았다. 나는 밥을 종종 마이크로칩 이식을 받았던 이슬링턴 공원의 블루 크로스 이동 병원으로 데려가곤 했고, 덕분에 그곳에 근무하는 수의사와 간호사들은 밥을 아주 잘 알았다. 그들은 항상 녀석의 건강 상태를 칭찬해 주었다. 때문에 그날의 사건은 내게 너무 생소했다. 심각한 문제일까 봐 무서웠다. 토트넘으로 돌아가는 버스 안에서 밥이 내 무릎 위에 축 늘어져 있는 모습을 보자 여러 가지 감정이 솟구쳤다. 내가 할 수 있는 일이라고는 두 눈을 감고 눈물이 터져 나오려는 것을 꾹 참는 것뿐이었다. 밥은 내 인생에서 최고의 존재였다. 녀석을 잃어버릴지도 모른다는 생각에 너무 두려웠다. 하지만 아무리 애써도 나쁜 생각들은 떨어져 나갈 줄을 몰랐다.

집에 도착하자마자 밥은 라디에이터 쪽으로 가더니 몸을 동그랗게 만 채 바로 잠이 들었다. 녀석은 몇 시간 동안 그곳에 그렇게 있었다. 그날 밤 나는 녀석 걱정에 잠을 설쳤다. 너무 피곤한 나머지 나를 따라 침대까지 올 수 없던 밥은 라디에이터 밑에서 그대로 눈을 붙였다. 나는 수시로 침대에서 내려와 밥이 괜찮은지 체크했다. 어둠 속을 더듬더듬 걸어가 녀석의 숨소리에 귀를 기울였다. 그러다 녀석이 괜찮지 않다는 생각이 들면 무릎을 꿇고 앉아 녀석 몸에 손을 대고 횡격막이 움직이는지 확인했다. 녀석이 부드럽게 가르릉 소리를 낼 때마다 얼마나 마음이 놓였는지 모른다.

돈이 거의 바닥나 있었기 때문에 그 다음 날도 일을 하러 나가야만 했다. 나는 완전히 딜레마에 빠졌다. 밥을 집에 혼자 두고 가야 할까? 아니면 괜찮은지 계속 지켜볼 수 있도록 따뜻하게 잘 싸서 센트럴 런던까지 데려가야 할까?

다행히 날씨는 전날보다 좋았다. 태양이 모습을 드러내기로 마음먹은 것 같았다. 손에 시리얼 그릇을 들고 주방에서 걸어 나오자 밥이 나를 올려다봤다. 녀석은 전날보다는 약간 활기차 보였다. 그리고 내가 먹을 것을 주자 의욕적으로 야금야금 먹기 시작했다.

나는 녀석을 데리고 가기로 결심했다. 이제 막 한 주가 시작되었고 밥을 목요일에 여는 블루 크로스 이동 병원에 데리고 가려면 며칠은 더 기다려야 했다. 나는 그 전에 미리 나름대로 조사를 해 보기로 마음먹고 동네 도서관으로 향했다. 그리고 인터넷에 접속해 밥의 증상에 대해 찾아보았다.

나는 의학 관련 웹 사이트를 뒤져 보는 것이 얼마나 나쁜 생각인지 까맣

게 잊고 있었다. 이 사이트들은 언제나 최악의 시나리오를 제시한다. 나는 몇 가지 검색어들을 검색창에 써 넣은 뒤 정보가 많아 보이는 사이트 몇 군데를 알아냈다. 무기력, 구토, 식욕상실 같은 밥의 주요 증상들을 기입하자 밥이 걸렸을 수도 있는 질병 목록이 길게 나열됐다.

어떤 것은 별로 나쁘지 않았다. 단지 헤어볼*이 몸속에 쌓였다거나 배에 가스가 심하게 찬 것일 수 있었다. 하지만 가능성 있는 또 다른 질병들에 대해 살펴보기 시작하자 문제가 점점 심각해졌다. 애디슨병, 급성 신부전증, 비소 중독 같은 병명들이 등장하더니, 그 정도로는 겁주기가 충분하지 않았는지 고양이 백혈병, 대장염, 당뇨병, 납 중독, 살모넬라 식중독, 편도염 등이 줄을 이었다. 그중 최악은 대장암 초기 증상일 수 있다는 의견이었다.

15분 정도 읽어 보고 나자 신경과민이 될 지경이었다. 나는 전략을 바꿔서 구토를 하는 고양이에게 제일 좋은 치료법을 살펴보기로 했다. 그 편이 더 나을 것 같았다. 내가 살펴본 사이트에는 물을 많이 먹이고 휴식을 취하게 한 다음 잘 지켜보라고 나와 있었다. 그래서 나는 앞으로 24시간에서 48시간 동안 그렇게 하기로 계획을 세웠다. 24시간 내내 녀석에게 눈을 떼지 않고 있다가 녀석이 다시 토하기 시작하면 바로 수의사에게 달려가기로 말이다. 다행히 그런 일이 없다면 목요일에 블루 크로스 이동 병원에 갈 생각이었다.

❋ ❋ ❋ ❋ ❋ ❋ ❋ ❋ ❋ ❋ ❋ ❋ ❋ ❋

다음 날, 나는 오후 늦게까지 집에 머무르면서 밥에게 충분한 휴식을 취

---

* 소, 양, 고양이 등이 삼킨 털이나 섬유 따위가 위에서 뭉쳐져 생긴 덩어리

할 시간을 주기로 했다. 밥은 자기가 제일 좋아하는 곳에 몸을 동그랗게 말고 서 계속 죽은 듯이 잤다. 계속 녀석을 지켜보고 싶었지만 괜찮아 보여서 혼자 얼른 나가 서너 시간 정도만 잡지를 팔다 와야겠다고 마음먹었다. 나에겐 선택의 여지가 별로 없었다.

토트넘 코트 로드에서 코벤트 가든으로 이어지는 거리를 터덜터덜 걸어가는 동안 나는 다시 한 번 내가 투명인간 같은 존재라는 사실을 체감할 수 있었다. 코벤트 가든에 도착하자 모든 사람이 밥은 어디 있냐고 물었다. 밥이 아프다고 말하자 모두가 진심으로 걱정해 주었다.

"곧 괜찮아지겠죠?"

"심각한가요?"

"수의사에게 가 봐야 하는 것 아니에요?"

"집에 혼자 있어도 괜찮을까요?"

그때 로즈마리가 떠올랐다. 나는 밥과 함께 가끔씩 우리가 잡지를 파는 곳 근처에 있는 만화책 가게에 들렀다가 거기서 일하는 스티브와 친구가 되었다. 하루는 그의 여자 친구가 그곳에 와 있었는데 그녀의 이름이 로즈마리였다. 그녀의 직업은 동물병원 간호사였다. 우리는 밥에 대해 한참 동안 수다를 떨었다.

나는 거기 가서 둘 중 한 사람이라도 있는지 살펴보기로 했다. 다행히 스티브가 자리에 있었고 내게 로즈마리의 전화번호를 건네주었다.

"전화를 걸어도 전혀 귀찮아하지 않을 거야. 더군다나 밥에 대한 일이라면 말이야. 로즈마리는 밥을 사랑하거든."

스티브가 말했다. 전화를 걸자 로즈마리는 내게 많은 질문을 쏟아 부었다.

"밥이 평소에 무엇을 먹나요? 밖에 나갔을 때 혹은 그즈음 별다른 걸 먹은 적이 있나요?"

"글쎄요. 쓰레기통을 잘 뒤지기는 해요."

내가 말했다. 그것은 밥이 절대 끊지 못하는 습관이었다. 정말 골칫거리였다. 한번은 녀석이 주방에서 쓰레기 봉지를 갈기갈기 찢고 있는 모습을 발견한 적이 있었다. 그 뒤로는 쓰레기 봉지를 항상 현관 밖에 내놓아야만 했다. 밥은 길고양이였다. 거리에서 고양이를 데려올 수는 있지만 고양이에게서 거리의 흔적을 지울 수는 없는 법이다.

로즈마리와 이야기를 나누다 보니 깜깜했던 전구에 불이 번쩍 들어온 듯한 느낌이었다.

"음, 그게 해답일지도 모르겠네요."

그녀가 말했다. 그녀는 위장을 진정시킬 수 있도록 유산균 제재와 항생제, 물약을 처방해 주었다.

"주소를 알려 주세요. 제가 자전거를 타고 갖다 드릴게요."

그녀의 말에 나는 깜짝 놀랐다.

"비용을 낼 수 있을지 모르겠어요, 로즈마리."

"걱정하지 마세요. 돈은 들지 않을 거예요. 그 지역에 다른 걸 배달하는 길에 잠깐 들르는 건데요, 뭐. 오늘 저녁에 들르면 어떨까요?"

"그럼요, 좋아요."

내가 말했다.

나는 어찌할 바를 몰랐다. 이렇게 관대하고 자발적인 선의의 도움은 지난 몇 년간 한 번도 받아 본 적이 없었다. 간간히 폭력을 맛보기는 했어도 말이다. 이것은 밥이 나에게 가져다준 가장 큰 변화 중 하나였다. 밥 덕분에 나는 인간의 본성에 좋은 측면도 있다는 사실을 재발견하고 있었고, 사람에 대한 믿음과 신뢰를 되찾고 있었다.

　로즈마리는 약속을 지켰다. 물론 그러리라는 걸 조금도 의심치 않았지만 말이다. 그녀는 그날 저녁 일찍 도착했고, 나는 그녀에게 받은 약을 즉시 밥에게 먹였다. 밥은 약 냄새를 좋아하지 않았다. 밥은 내가 물약이 가득 담긴 숟가락을 내밀자 얼굴을 잔뜩 찌푸리더니 반 발짝 뒤로 물러섰다.

　"어쩔 수 없어, 밥. 쓰레기통을 뒤지지만 않았어도 이런 건 안 먹어도 됐을 텐데 말이야."

　약은 즉시 효과를 발휘했다. 그날 밤 밥은 숙면을 취했고 다음 날 아침 훨씬 생기발랄해 보였다. 약을 먹일 때마다 나는 밥이 물약을 제대로 삼키는지 확인하기 위해 손으로 녀석의 머리를 붙잡고 있어야 했.

　목요일이 되자 녀석은 완전히 회복된 것 같았다. 하지만 예방 차원에서 이슬링턴 공원에 있는 블루 크로스 이동 병원에 데려가기로 했다. 근무 중이던 간호사가 밥을 한눈에 알아보았고, 그동안 밥이 몸이 좋지 않았다는 말을 듣자 걱정스러운 표정을 지었다.

　"간단하게 검진을 해 보죠. 괜찮겠죠?"

　그녀가 말했다. 그녀는 밥의 몸무게를 잰 다음 입안을 살피고 몸 이곳저곳을 만져 보았다.

　"모두 괜찮아 보이네요. 회복되고 있는 것 같아요."

　그녀가 말했다. 그녀와 몇 분간 대화를 나눈 뒤 자리를 떠나려 하자 그녀가 밥에게 말했다.

　"밥, 이제 더 이상 쓰레기통은 뒤지지 마."

❋❋❋❋❋❋❋❋❋❋❋❋❋❋

밥이 아팠던 일은 내게 큰 영향을 미쳤다. 녀석은 그동안 불멸의 고양이 같아 보였다. 녀석이 아프리라고는 한 번도 생각하지 못했는데, 녀석도 유한한 생명을 가진 존재라는 사실을 새삼 깨달은 건 내게 무척 큰 충격이었다.

이 일을 계기로 나는 그동안 마음속에 품어 왔던 계획을 다시금 확고히 하게 되었다. 이제는 정말 마약 중독에서 완전히 벗어나야 할 때였다. 나는 내 생활패턴에 완전히 질려 있었다. 2주일에 한 번씩 마약 중독 치료 센터에 가고 매일마다 약국에 가야 하는 일과는 정말이지 지긋지긋했다. 그리고 언제 또 다시 중독에 빠질지 모른다는 불안감을 떨치지 못하는 것도 지겨웠다. 그래서 상담사를 만나러 갔을 때 나는 메타돈을 끊는 일과 완전히 마약을 끊을 수 있는 치종 절차에 대해 물어보았다. 전에도 이런 이야기를 한 적 있었지만 그는 내 말을 그다지 진지하게 받아들이지 않았다. 그렇지만 그날 나는 정말 진지했다.

"쉽지 않을 거예요, 제임스."

"네, 잘 알아요."

"우선 서뷰텍스라는 약을 복용해야 해요. 그런 다음 천천히 복용량을 줄이다가 완전히 약을 끊을 거예요."

"네, 알겠습니다."

"약을 끊는 과정이 많이 힘들 수 있어요. 굉장히 심각한 금단 현상이 생길 수도 있고요."

그가 몸을 앞으로 내밀며 말했다.

"힘들겠지요. 하지만 꼭 해내고 싶어요. 제 자신을 위해서 그리고 밥을 위해서요."

"좋아요. 그렇다면 일단 절차에 들어갈게요. 몇 주 후에 본격적으로 시작하기로 하죠. 그때 다시 만납시다."

몇 년 만에 처음으로 어두운 터널 끝에서 아주 가느다란 빛이 비치는 것 같았다.

[Chapter 15]

블랙리스트
The Naughty List

　습하고 쌀쌀했던 어느 월요일 아침, 코벤트 가든에 있는 〈빅이슈〉 코디네이터 사무소에 도착하자마자 바로 나는 뭔가가 잘못되었다는 사실을 감지할 수 있었다. 사무실 입구 쪽에 스티로폼 컵을 들고 차를 홀짝이면서 한기를 쫓으려 발을 구르고 있는 〈빅이슈〉 판매원 무리가 서성대고 있었다. 밥과 내가 다가오는 것을 보자 그들 중 몇몇이 서로 수군대더니 환영받지 못할 손님을 보는 듯 기분 나쁜 표정으로 나를 쳐다보았다.
　신간 잡지가 담겨 있는 카트 쪽으로 오는 길이던 〈빅이슈〉 코디네이터, 샘은 나를 보자마자 손가락으로 똑바로 가리켰다.
　"제임스, 당신과 할 말이 있어요."
　그녀가 단호한 표정으로 말했다.
　"무슨 문제라도 생겼나요?"
　나는 밥을 어깨 위에 올려둔 채로 그녀에게 다가가며 물었다. 평소에 그녀는 늘 밥에게 반갑게 인사를 건네고 등을 쓰다듬어 주었는데 그날은 아니었다.

"누가 당신에 대해 불만을 신고했어요. 솔직히 말하면 한 사람이 아니에요."

"무엇 때문에요?"

내가 물었다.

"판매원 몇 명이 당신이 여기저기 돌아다니면서 잡지를 판다고 하더군요. 코벤트 가든 주변에서 그렇게 하는 걸 몇 번이나 보았대요. 그게 규칙에 어긋나는 일이란 건 잘 알고 있죠?"

"사실이 아니에요."

나는 말했다. 하지만 그녀는 듣기 싫다는 듯 손바닥을 활짝 펼쳐 보였다.

"그렇게 말해 봤자 아무 소용없어요. 본부에서는 당신이 직접 찾아와 정확한 경위에 대해 해명하기를 바라고 있어요."

나는 '그렇군.' 하고 생각하며 방금 도착한 신간 잡지들이 쌓여 있는 쪽으로 걸어갔다.

"제임스, 미안하지만 안 돼요. 복스홀에 가서 진상을 규명할 때까지 잡지는 한 권도 살 수 없어요."

"뭐라고요? 오늘 잡지를 하나도 살 수 없다고요?"

내가 항의했다.

"그럼 밥과 제가 먹고살기 위한 돈은 어떻게 벌라는 말인가요?"

"미안해요. 하지만 본부와 해결을 볼 때까지 당분간 자격을 정지하는 수밖에 없어요."

나는 화가 났다. 하지만 그다지 놀라지는 않았다. 그동안 이런저런 일들이 쌓여 문제가 이렇게 커진 것이었다.

〈빅이슈〉 판매원이 지켜야 하는 많은 규칙 중에는 지정받은 구역에서만 잡지를 팔아야 한다는 조항이 있었다. 다른 사람의 구역에서 팔아서도 안 되고 여기저기 돌아다녀서도 안 된다. 즉 거리를 이리저리 걸어다니면서 잡지를 팔면 안 된다는 이야기다. 나는 이 규칙에 100퍼센트 동의한다. 나 역시 어떤 사람이 내 구역 옆에서 〈빅이슈〉를 흔들어 댄다면 곱게 봐 넘기지 못할 것이다. 이것은 런던에 있는 수많은 〈빅이슈〉 판매원을 효과적으로 통제할 수 있는 가장 간단하고도 공정한 규칙이었다.

하지만 지난 한두 달 동안 몇몇 판매원들이 내가 여기저기 돌아다니면서 잡지를 판다며 나를 찾아와 항의했다. 그들은 내가 밥을 데리고 걸어다니면서 잡지를 파는 모습을 목격했다고 했다. 사실이 아니었지만 왜 그들이 그렇게 생각했는지는 알 수 있을 것 같았다.

밥과 함께 다니다 보면 늘 가다 서다를 반복해야 했다. 런던 시내 어느 곳에 가든지 간에 우리는 항상 몇 미터도 채 못 가서 밥을 쓰다듬고 싶어 하거나 말을 걸고 싶어 하거나, 혹은 함께 사진을 찍고 싶어 하는 사람들에게 붙잡혔다. 예전과 달라진 점이 있다면 이제는 그중에 〈빅이슈〉를 사겠다는 사람도 있다는 것이었다.

다른 판매원들에게 이 문제에 대해 해명하기란 정말 힘든 일이었다. 사실 엄밀히 따지자면 나는 사람들에게 이렇게 말해야 했다.

'죄송하지만 제 구역으로 오셔서 잡지를 구입하시거나, 아니면 바로 근처에 있는 다른 판매원에게 구입하셔야 해요.'

하지만 그렇게 말했을 때 결과는 불 보듯 뻔했다. 아무도 잡지를 사지 않을 테고 그것은 아무에게도 도움이 되지 않는 일이었다. 자초지종을 설명하자 몇몇 판매원들은 내 사정을 공감하고 이해해 주었다. 하지만 상당수의 판매원들은 그렇지 않았다.

나는 누가 나를 신고했는지 짐작이 갔다. 잠깐만 생각해 봐도 누군지 금방 알 수 있었다. 샘이 나에게 자격 정지를 내리기 한 달 정도 전쯤의 일이었다. 나는 롱에이커 거리를 걸어 내려가며 바디숍 매장 앞을 지나고 있었다. 그곳은 제프라는 사내가 〈빅이슈〉를 판매하는 구역이었다. 바디숍의 창립자인 아니타의 남편, 고든 로딕이 〈빅이슈〉와 깊은 인연이 있기 때문에 바디숍 매장 앞에는 항상 〈빅이슈〉 판매원이 있었다. 나는 원래 그와 알던 사이였기 때문에 그 앞을 지나가면서 그에게 간단히 눈인사를 건넸다. 그리고 그 직후, 어느 나이 많은 미국인 부부가 밥과 나를 세웠다. 놀라울 정도로 예의가 바른 전형적인 미국 중서부 지역 사람들이었다.

"실례합니다만 선생님, 당신과 당신의 고양이 사진을 찍어도 될까요? 저희 딸아이가 고양이를 무척 좋아한답니다. 사진을 보면 딸아이가 무척 좋아할 것 같아서요."

남편이 말했다. 나는 기쁜 마음으로 기꺼이 도와주고 싶었다. 아무도 나를 '선생님'이라 불러 준 적 없었는데 말이다.

나는 관광객들을 위해 모델 역할을 하는 일에 제법 익숙해졌기 때문에 밥이 사진에 가장 괜찮게 나오는 몇 가지 자세를 완벽하게 취해 주었다. 나는 녀석을 내 오른쪽 어깨 위에 올려놓은 뒤 녀석의 얼굴과 내 얼굴이 나란히 카메라를 바라보도록 방향을 잡았다. 아침에도 이미 한 번 이 포즈를 취한 터였다. 미국인 부부는 우리 모습을 보고 무척 기뻐했다.

"어머나, 어떻게 감사의 인사를 해야 할지 모르겠네요. 딸아이가 이 사진을 보면 기뻐서 어쩔 줄 몰라 할 거예요."

부인이 말했다. 그들은 연신 고맙다는 말을 하며 잡지를 한 권 사겠다고 했다. 정중하게 거절한 나는 몇 미터 떨어져 있는 제프를 가리키며 이렇게 말했다.

"저 사람이 이 구역의 〈빅이슈〉 판매원이에요. 그러니 저 사람에게서 잡지를 사셔야 합니다."

그들은 결국 잡지를 사지 않기로 결정했다. 하지만 막 발걸음을 떼려는 순간 갑자기 부인이 내 쪽으로 몸을 기울이더니 손에 5파운드짜리 지폐를 쥐어 주었다.

"받아 주세요. 사랑스러운 고양이와 간식이라도 사 드세요."

'사실' 과 '인식' 이 완전히 뒤바뀌어 버린 전형적인 상황이었다. 옆에 누군가가 있었다면 내가 돈을 구걸한 것도 아니고 오히려 그들을 제프에게 보내려고 애썼다는 사실을 잘 알았을 것이다. 하지만 제프의 눈에는 내가 잡지를 판 것도 아니면서 돈만 챙긴 것도 모자라 그 사람들에게 자기를 무시하라고 말함으로써 내가 더 큰 죄를 짓는 것으로 보였을 것이다.

좋지 않아 보였을 수 있겠다는 생각에 나는 곧장 제프에게 다가가서 상황을 설명해 주려고 했다. 하지만 이미 때는 늦었다. 그는 내가 가까이 다가가기도 전부터 밥과 나를 향해 고래고래 욕설을 퍼부었다. 나는 제프가 불 같은 성미를 가졌으며 절대로 그 성질을 참는 법이 없다는 이야기를 익히 들어 알고 있었다. 그는 엄청난 분노에 휩싸여 있었다. 나는 그에게 도전하는 위험은 감수하지 않기로 했다. 결국 그날 나는 그를 이해시키려 시도해 보지도 못한 채 그냥 자리를 피하고 말았다. 말썽이 더 커지기 전에 말이다.

그 사건이 〈빅이슈〉 판매원들 사이에 '빅 이슈' 가 된 것이 틀림없었고, 그 후로 나에 대한 중상모략도 활개를 치기 시작했을 것이다.

처음에는 나를 비아냥대는 것으로 시작됐다.

"오늘도 돌아다니면서 파는군."

어느 날 아침, 한 판매원이 자기 구역을 지나가는 나를 보며 비꼬듯 말했다. 하지만 그는 적어도 일말의 예의라도 갖추고 있었다. 세인트 마틴스 레인 주변에서 일하는 또 다른 판매원은 훨씬 더 노골적이었다.

"그 지저분한 고양이하고 둘이서 오늘은 또 누구 걸 훔치려고!"

그는 나를 노려보며 잡아먹을 듯 으르렁댔다. 나는 다시 한 번 자세한 상황을 설명하려 애썼지만 차라리 벽에 대고 이야기하는 편이 나을 것 같았다. 판매원들이 안줏거리 삼아 떠들면서 이야기가 계속 퍼져 나가고 있는 게 분명했다. 얼토당토않은 억측까지 더해지면서 말이다. 처음에는 별로 대수롭지 않게 생각했던 문제가 시간이 지나면서 아주 심각해지고 있었다.

제프와의 일이 있은 지 얼마 지나지 않아 나는 술 취한 판매원들로부터 협박을 받기 시작했다. 〈빅이슈〉 판매원들은 근무 시간에 술을 마시지 못하게 되어 있었다. 가장 기본적인 원칙 중 하나였다. 하지만 실제로는 많은 판매원이 알코올에 중독되어 있었고 그들의 주머니 속에는 늘 도수 높은 맥주 캔이 들어 있었다. 어떤 판매원들은 맥주보다 더 독한 술을 휴대용 술병에 넣어 가지고 다니면서 움직일 힘을 얻기 위해 틈틈이 한 모금씩 들이켰다. 사실 나도 매섭게 추운 날 딱 한 번 그런 적 있긴 했지만 이들의 경우는 달랐다. 그들은 완전히 인사불성으로 취해 있었다.

어느 날 밥과 내가 코벤트 가든 광장을 가로질러 걸어가고 있는데 그중 한 명이 우리에게 팔을 휘두르며 혀 꼬인 소리로 거친 말을 내뱉었다.

"이 빌어먹을 자식아. 우리가 버릇을 단단히 고쳐 주마."

그가 말했다. 나는 그 일이 그 한 번으로 끝나길 바랐지만 거의 매주 비슷한 일을 겪어야 했다. 상황이 좋지 않게 흘러가고 있음을 알려 준 최종 신호탄은 어느 날 오후 코벤트 가든에 있는 코디네이터 사무실 주변을 돌아다니고 있을 때 터졌다.

샘의 동료인 스티브는 그녀를 대신해 오후 근무를 서는 경우가 많았다. 스티브는 항상 밥에게 친절했다. 나를 좋아하는 것 같진 않았지만 밥은 항상 귀여워해 주었다. 하지만 그날은 웬일인지 우리 둘 모두에게 적대감을 드러냈다. 벤치에 앉아 내 일에 대해 이런저런 생각을 하고 있을 때 스티브가 다가왔다.

"내 담당이었으면 당장 판매 금지를 내렸을 거야!"

그의 목소리에는 잔뜩 독이 올라 있었다.

"넌 구걸하는 거지야. 그게 바로 너와 저 고양이가 하고 있는 짓이라고!"

나는 이 말에 정말로 화가 났다. 나는 지금껏 아주 먼 길을 걸어왔다. 그리고 코벤트 가든에서 일하는 〈빅이슈〉 가족에게 동화되기 위해서 정말 열심히 노력했다. 나는 그에게 다시 한 번 자초지종을 설명한 뒤 밥과 관련해 일어나는 일에 대해서도 설명했지만 역시 아무 소용이 없었다. 한 귀로 듣고 다른 한 귀로 흘리는 것 같았다.

그래서 이미 말했듯 나는 샘이 나에게 본부에 가서 해명해야 한다는 소식을 전했을 때 전혀 놀라지 않았다. 그래도 마음은 무척 복잡했다. 나는 단순히 혼란스러운 정도가 아니라 완전히 얼이 빠진 상태로 코벤트 가든을 떠났다. '블랙리스트'에 올랐다니 이제 앞으로 어떻게 해야 할지 눈앞이 캄캄했다.

❋ ❋ ❋ ❋ ❋ ❋ ❋ ❋ ❋ ❋ ❋ ❋ ❋ ❋

그날 밤 밥과 나는 저녁을 먹고 일찌감치 잠자리에 들었다. 점점 날씨가 추워지고 있었고 당분간 답이 없는 재정 상태였기 때문에 전기를 낭비하고 싶지 않았다. 밥이 침대 발치에서 몸을 말고 있는 동안 나는 이불 아래 몸을 웅크리고서 앞으로 어떻게 해야 할지 필사적으로 머리를 쥐어짰다. 나는 자격 정지가 정확히 무슨 의미인지 궁금했다.

'영원히 자격을 박탈당한다는 의미일까? 아니면 단순히 가벼운 경고에 불과한 것일까?'

알 수가 없었다. 불현듯 부당하게 길거리 연주를 그만둘 수밖에 없었던 기억이 떠올랐다. 두 번씩이나 다른 사람의 거짓말 때문에 내 생계가 위협받았다는 생각에 울분이 치밀었다. 게다가 이번에는 훨씬 더 억울하게 느껴졌다. 코벤트 가든 주변에서 볼 수 있는 다른 〈빅이슈〉 판매원들은 자주 규칙을 어기며 샘이나 다른 코디네이터들에게 경고를 받곤 했지만, 나는 〈빅이슈〉 판매를 시작한 이후 지금까지 그 어떤 문제도 일으키지 않았다.

판매원들 사이에서 악명 높은 한 사내가 생각났다. 그는 덩치가 크고 자신감이 넘치는 런던 토박이로 성격이 매우 거칠었다. 그는 위협적인 어조로 사람들에게 말을 걸었다. 특히 여성을 놀라게 하는 경우가 많았는데, 이를테면 쓱 다가가서 이렇게 말하는 식이었다.

"이봐, 아가씨. 잡지 한 부 사지그래?"

그의 말투는 사람들에게 거의 협박이나 다름없이 들렸을 것이다.

'한 부 사쇼. 안 그러면······.'

듣자하니 그는 잡지를 돌돌 말아서 지나가는 사람들의 가방 안에 슬쩍 넣은 다음, 그 사람을 세우고 이렇게 말한다고도 했다.

"자, 2파운드 되겠습니다."

그리고 그 사람이 돈을 줄 때까지 성가시게 굴며 끝까지 쫓아간다고 했다. 그런 식으로 일하는 것은 아무에게도 도움이 되지 않는다. 희생자들은 가장 가까운 쓰레기통에 잡지를 던져 버리기 일쑤였고, 그 사내 또한 그렇게 번 돈을 좋은 목적에 쓰는 것 같지 않았다. 그 짐승 같은 사내는 도박 중독자였고, 다른 판매원들의 말에 따르면 조금이라도 돈이 생기면 도박용 슬롯머신 앞으로 직행한다고 했다.

그는 분명히 너무 많은 규칙을 어기고 있었지만 어이없게도 내가 아는 한 단 한 번도 징계를 받은 적이 없었다. 내가 설령 잘못을 저질렀다 하더라도 그의 잘못에 비하면 아무것도 아니었다. 그리고 이유가 무엇이든 뭔가로 고발 당한 것도 이번이 처음이었다.

'이 사실이 내게 유리하게 작용할까? 원 스트라이크에 바로 아웃되는 건 아니겠지?'

그야말로 알 수 없는 일이었고 나는 점점 패닉 상태에 빠지고 있었다. 이 문제에 대해 생각하면 할수록 내가 느끼는 혼란스러움과 무력감도 더 심해졌다. 그렇다고 마냥 손 놓고 있을 수는 없었다. 다음 날 아침 나는 평소처럼 같은 시간에 나가 런던의 다른 지역에 있는 〈빅이슈〉 코디네이터를 만나 보기로 결심했다. 위험할 수도 있지만 그럴 만한 가치가 있었다.

〈빅이슈〉 코디네이터들은 시내 곳곳에 있는데 특히 옥스퍼드 스트리트, 킹스 크로스, 그리고 리버풀 스트리트 근처에 많았다. 〈빅이슈〉 판매원이라면 전체 관계자들을 다 알게 되기 마련이다. 나는 언젠가 코디네이터 몇 명을 만난 적 있는 옥스퍼드 스트리트 쪽으로 나가 보기로 했다.

나는 오전에 〈빅이슈〉 판매소에 도착했고 최대한 눈에 띄지 않으려고 애썼다. 나는 내 판매자격증을 보여 주고 잡지 20부를 구입했다. 거기에 있던 남자는 다른 일에 잔뜩 정신이 팔려 있어서 나에게 신경 쓸 겨를이 없는 듯했다. 나는 꼬리를 잡히지 않기 위해 서둘러 자리를 떴다. 그러고 나서 잡지를 판매하는 사람이 없어 보이는 구역을 찾아 자리를 잡았다.

나는 이 모든 점에서 밥에게 미안한 기분이 들었다. 녀석은 상당히 초조해하고 있었고 갈피를 잡지 못하는 것처럼 보였다. 그럴 만도 했다. 밥은 규칙적인 일과를 좋아했고, 안정적이고 예측 가능한 상황에서 편안해했다. 녀석은 자신의 삶이 또다시 혼돈 상태에 빠지는 것을 순순히 받아들이지 못했다. 솔직히 나도 마찬가지였다. 녀석은 왜 우리의 평범했던 일과가 이렇게 갑자기 이해할 수 없게 바뀌었는지 납득이 되지 않는 게 분명했다.

그날 나는 그런대로 잡지를 조금 팔았다. 그리고 그 다음 날도 그랬다. 나는 〈빅이슈〉 본부에서 파견한 팀이 나를 찾고 있을지 모른다는 생각에 계속 이리저리 자리를 옮겨 다녔다. 어쩌면 터무니없고 약간은 미친 생각일 수도 있었지만 나는 일자리를 잃을 거라는 피해망상에 사로잡힌 채 겁에 질려 있었다. 위원회 앞에 불려 나가서 판매자격증을 빼앗기고 쫓겨나는 내 모습이 자꾸만 떠올랐다.

"왜 이런 일이 자꾸 일어나는 거지?"

어느 날 저녁 버스를 타고 집으로 돌아오는 길에 밥에게 말했다.

"우리는 아무 잘못도 안 했잖아. 왜 우리가 벌을 받아야 하지?"

나는 다음 몇 주 동안은 런던의 다른 지역에서 일을 하기로 마음먹었다. 그 지역 코디네이터들이 내가 요주의 인물이라는 사실을 눈치 채지 못하길 간절히 바라면서 말이다.

※ ※ ※ ※ ※ ※ ※ ※ ※ ※ ※ ※ ※ ※ ※

어느 토요일 오후, 결국 나는 빅토리아 역 근처 길거리에 있는 낡은 우산 아래 앉아서 내 실수를 인정해야 했다. 벌써 네 시간째 비가 무섭게 쏟아지고 있었고 잡지를 사러 다가오는 사람은 한 명도 없었다. 사람들을 탓할 수는 없었다. 그들도 한시 바삐 폭우에서 벗어나고 싶은 마음뿐일 테니 말이다. 최근 장소를 옮겨 잡지를 팔기 시작한 이후 어떤 식으로든 밥과 나에게 관심을 보여 준 사람은 우리가 비를 피하기 위해 잠깐씩 들렀던 여러 빌딩의 경비원들뿐이었다.

"미안하지만 여기 들어오면 안 됩니다."

그들은 앵무새처럼 같은 말을 되풀이했다. 나는 쓰레기통에서 버려진 우산을 하나 발견했고, 혹시 그날 더 이상의 불운이 생기는 걸 막아 줄까 싶어 그 우산을 써 봤지만 아무 소용없었다.

나는 거의 한 달째 런던 곳곳의 코디네이터들로부터 가까스로 잡지를 구하고 있었다. 나는 어떤 사람에게 접근해야 할지 신중에 신중을 기했고 여러 곳의 여러 코디네이터로부터 잡지를 구입했다. 많은 코디네이터가 나를 알고 있었지만 내가 자격 정지 리스트에 올라 있다는 사실에 대해서는 잘 몰랐고, 다행히 그들로부터 10부나 20부 정도씩 잡지를 구입해서 그럭저럭 버틸 수 있었다. 나는 그들이 난처한 상황에 처하게 되는 것은 원하지 않았다. 하지만 그들이 내가 자격 정지 상태라는 사실 자체를 모르고 있었다면 아무도 그들에게 뭐라고 할 수 없을 거라는 생각이 들었다. 나는 이 방법이 안전하다고 생각했다. 그리고 지난 몇 달 동안 그 모든 일을 겪었던 나는 오로지 하루하루 생계를 꾸리고 밥과 나를 돌볼 수 있기만을 바랄 뿐이었다.

하지만 일은 그다지 순조롭게 흘러가지 않았다. 적당한 구역을 찾는 것은 정말로 어려웠다. 내가 판매 장소로 삼는 곳 대부분이 사실은 허가를 받지 않은 곳이기 때문이었다. 밥과 나는 옥스퍼드 스트리트, 패딩턴, 킹스 크로스,

유스톤과 다른 지하철역 주변에 있는 여러 길모퉁이들을 옮겨 다녔다. 하루는 자리를 옮기라고 같은 경찰관에게 세 번이나 경고를 받은 뒤 한 번만 더 걸리면 체포될 것이라는 반 공식적인 경고를 받기까지 했다. 또다시 그런 일을 겪고 싶지는 않았다.

정말 이럴 수도 저럴 수도 없는 상황이었다. 나는 주요 지정 구역들 가까이에 가지 않으려 조심하면서 동시에 사람들의 발길이 별로 닿지 않는 곳을 찾으려고 애썼다. 결과적으로 잡지를 팔기는 더욱 힘들어졌다. 아무리 밥과 함께 있다 해도 말이다. 〈빅이슈〉 본부가 기본 판매 지역을 심심풀이 삼아 아무데나 지정하는 것은 아니었다. 그들은 잡지가 어디에서 잘 팔리는지 그리고 안 팔리는지를 정확히 조사해 파악하고 있었던 반면, 나는 안 팔리는 곳들만 골라 찾아다니고 있었던 것이다.

물론 여전히 사람들은 밥의 매력에 빠져들었지만 위치가 워낙에 좋지 않았다. 당연히 나는 지갑 사정에 문제가 생겼고 '〈빅이슈〉 판매업' 운영은 훨씬 더 어려워졌다. 그날 밤 내 사업은 완전히 실패였다. 잡지가 아직 15부나 남아 있었다. 이걸 다 팔지 못하면 월요일에 나오는 신간에 밀려 모조리 쓸모없게 되어 버릴 게 뻔했다. 나는 곤경에 처해 있었다.

해도 저물고 비도 계속 내렸다. 하지만 나는 남아 있는 잡지를 처분하길 바라는 마음으로 몇 구역을 더 돌기로 했다. 조급한 마음에 밥에 대해서는 신경을 쓰지 못했다. 지금까지 밥은 항상 얌전했고, 절망적일 만큼 암울한 날씨에도 끄떡없었다. 심지어 차와 사람들이 지나가면서 계속 물을 튀겨도 잘 견뎌냈다. 내가 알기로 밥이 제일 싫어하는 것이 추운 날 물에 흠뻑 젖는 것인데도 말이다. 하지만 내가 점찍은 첫 번째 길모퉁이에 자리를 잡으려 멈췄을 때 녀석은 걸음을 멈추지 않았다. 밥이 개처럼 줄을 잡아당기는 일은 거의 없었는데, 그때는 정확히 그렇게 하고 있었다.

"그래, 밥. 무슨 말인지 알았어. 여기 있고 싶지 않구나."

나는 단순히 녀석이 그 장소를 좋아하지 않는 것이라고만 생각했다. 하지만 다른 장소에 갔을 때도 밥은 똑같은 행동을 했고, 또 다른 장소에 갔을 때도 마찬가지였다. 마침내 녀석의 의도를 알 수 있었다.

"집에 가고 싶구나. 그렇지, 밥?"

내가 말했다. 계속 앞장서서 걸어가고 있던 밥은 이 말을 듣자 걸음을 늦추고 살짝 내 쪽으로 고개를 젖히더니 어떻게 알았는지 놀랐다는 듯한 표정을 지었다. 그리고 멈춰 서서 어깨 위에 올려 주기를 바랄 때의 눈빛으로 나를 올려다보았다.

그 순간 나는 결심했다. 지금까지 밥은 바위처럼 충실하게 내 옆을 지켰다. 일이 그다지 잘 풀리지 않을 때도, 또 그래서 먹을 것이 부족했을 때도 말이다. 밥은 정말 신의 있는 녀석이었다. 이제 내가 녀석에게 신의를 지켜야 할 때였고, 그러기 위해서는 〈빅이슈〉 사업을 다시 정상으로 되돌려 놔야만 했다. 그렇게 해야 옳았다. 〈빅이슈〉 판매는 나를 크게 발전시켜 주었다. 〈빅이슈〉는 사실, 밥이 내 인생에 나타난 이후 내게 가장 큰 부양책이었다. 나는 이 상황을 제대로 정리할 필요가 있었다. 더 이상 벌을 피하고만 있을 수는 없었다. 나뿐만 아니라 밥을 위해서도 그랬다.

다음 월요일 아침, 나는 단정한 셔츠를 입고 복스홀을 향해 출발했다. 상황을 정확히 설명하는 데 도움이 되겠다 싶어 밥도 데리고 가기로 했다. 그곳에서 어떤 일이 기다리고 있을지는 알 수 없었다. 최악의 시나리오는 제대로 해명할 기회도 없이 판매자격증을 뺏기고 영영 잡지를 팔지 못하게 되는 것이었다. 지독하게 불공평한 일이었다. 하지만 내게 '여기저기 옮겨 다닌' 죄가 있다고 생각한다면 어떤 식으로든 단순히 처벌을 내리는 데서 그칠 가능성이 높았다. 물론 내가 바라는 것은 내가 그러지 않았다는 사실을 그들에게 확인시키고 그들이 내 말을 믿어 주는 것이었다.

〈빅이슈〉 사무실에 도착해 상황을 설명한 나는 그들이 시키는 대로 복도 의자에 앉아 대기했다. 20분 정도가 지나자, 젊은 남성과 중년 여성이 나를 평범해 보이는 사무실로 데려가더니 문을 닫고 들어오라고 했다. 나는 숨을 죽인 채 최악의 상황을 기다렸다. 그들은 반드시 지켜야 하는 기본 규칙 몇 가지를 어겼다면서 나를 호되게 질책했다.

"당신이 정해진 자리를 지키지 않고 이곳저곳 돌아다니며 구걸했다는 불만이 접수되었어요."

그들이 말했다. 나는 불만을 신고한 것이 누군지 알고 있었지만 입 밖으로 이름을 꺼내지는 않았다. 이 일을 개인 간의 충돌 문제로 몰고 가서는 안 된다는 것을 잘 알고 있었다. 〈빅이슈〉 판매원들은 서로 원만하게 잘 지내야 한다는 것도 규칙 중 하나였다. 그 자리에 앉아 다른 판매원들을 헐뜯는다고 해서 나에게 득이 될 것도 없었다. 그 대신 나는 밥을 데리고 코벤트 가든 주변을 걸어다닐 때면 잡지를 구입하겠다고 제안해 오는 사람들이 얼마나 많은지 그들에게 납득시키려 애썼다.

나는 펍 밖에 있던 몇 명의 청년들이 발걸음을 멈추고 감탄의 눈빛으로 밥을 바라보더니 잡지 3부에 15파운드를 줬던 일을 포함해서 몇 가지 예를 들려주었다. 그 청년들은 그 잡지에 자기들이 좋아하는 여배우의 인터뷰 기사가 실려 있다고 했다.

"이런 일들이 항상 벌어집니다."

나는 열심히 설명을 덧붙였다.

"만약 어떤 사람이 펍 바깥에서 저를 불러 세우는데 그 사람에게 잡지 파는 걸 거부한다면 무례해 보이기만 할 뿐일 겁니다."

그들은 공감하는 표정으로 내 말을 듣고 있다가 어떤 대목에서는 고개를 끄덕거리기도 했다.

"밥이 사람들의 관심을 많이 끈다는 사실은 잘 알겠습니다. 몇몇 판매원들에게 물어보니 확실히 밥에게 사람을 끄는 매력이 있다고 대답해 주더군요."

공감 이상의 의미가 실린 목소리로 젊은 남성이 말했다. 하지만 내가 변호를 마치고 나자 그는 몸을 앞으로 내밀고 안 좋은 결과를 전해 주었다.

"자, 그래도 우리는 구두 경고를 할 수밖에 없을 것 같습니다."

"네? 좋아요. 그런데 구두 경고라면 뭐가 어떻게 되는 건가요?"

나는 놀라서 가슴이 두근대는 걸 느끼며 물었다. 그는 지금은 판매 금지를 당하는 것은 아니지만 만약 내가 한 번만 더 이곳저곳 돌아다니는 게 발각된다면 그때는 상황이 달라질 것이라고 설명해 주었다.

그 말을 듣자 맥이 풀렸다. 구두 경고는 그다지 심각한 것이 아니었다. 나는 그동안 내가 완전히 패닉 상태에 빠져 성급하게 최악의 결론을 내리고 있었다는 것을 깨달았다. 무슨 일이 벌어질지 짐작조차 할 수 없는 상태에서 일자리를 잃게 될까 봐 너무 겁에 질려 있었던 것이다. 위원들 앞에 불려나가 판매자격증을 빼앗기고 쫓겨나는 장면은 지나친 상상일 뿐이었다. 이렇게 간단하리라곤 예상하지 못했다.

그동안 혼자 방황했던 걸 생각하니 약간 멋쩍었다. 나는 샘을 만나러 코벤트 가든으로 돌아갔다. 샘은 밥과 나를 보자 다 알겠다는 표정으로 미소를 지어 보였다.

"두 사람을 다시 보게 될 줄은 몰랐는데요? 본부에 가서 사건은 잘 해결했나요?"

그녀가 말했다. 나는 본부에서 있었던 일들을 설명해 준 뒤 미팅이 끝나고 받은 서류를 그녀에게 건네주었다.

"잠시 동안 다시 수습 기간을 거쳐야 할 것 같네요. 몇 주간 평일은 오후 4시 30분 이후에, 그리고 일요일은 하루 종일 일할 수 있어요. 그런 다음 정상적인 근무 시간으로 다시 배정해 줄게요. 다만 사소한 문제도 일으키지 않도록 조심해야 해요. 만약 누가 밥과 당신에게 다가와서 잡지를 사겠다고 하면 잡지가 다 떨어졌다고 말하세요. 혹은 당신이 가지고 있는 잡지가 뻔히 보이는 상황이라면 정기 구독자들을 위해 예약되어 있는 잡지라고 말하세요. 그리고 다른 판매원들과 엮이지 않도록 조심하고요."

모두 좋은 조언이었다. 하지만 문제는 그 다른 판매원이 우리와 '엮이고' 싶어 할 수도 있다는 사실이었다. 그리고 정말 그랬다.

❋ ❋ ❋ ❋ ❋ ❋ ❋ ❋ ❋ ❋ ❋ ❋ ❋ ❋

어느 일요일 오후, 밥과 나는 몇 시간 정도 일을 하기 위해 코벤트 가든으로 향했다. 우리에게 내려진 시간 제약 안에서 얻을 수 있는 기회는 무엇이든지 얻어야 했다.

제임스 스트리트에 있는 〈빅이슈〉 코디네이터 사무소 근처에 앉아 있는데 갑자기 크고 다소 위협적인 존재가 눈에 들어왔다. 스탠이라는 사내였다. 스탠은 〈빅이슈〉 업계에서 잘 알려진 존재였다. 그는 벌써 몇 년째 이 일을 하고 있었다. 문제는 그가 약간 예측할 수 없는 성격의 소유자라는 것이었다. 그는 정상적인 정신 상태일 때는 더없이 좋은 사람이었다. 다른 사람을 위해 어떤 일이라도 기꺼이 해 주었다. 나를 곤경에서 구해 준 적도 있었고, 잡지 2~3부를 공짜로 준 적도 몇 번 있었다. 하지만 기분이 좋지 않거나 혹은 술에 취해 있으면 세상에서 가장 무례하고 공격적인 싸움꾼으로 돌변했다.

나는 지금 내 앞에 서 있는 사람이 싸움꾼 스탠이라는 걸 금세 알아차렸다. 스탠은 185센티미터가 넘는 키를 가진 거구의 사내였다. 그가 내 위로 몸을 숙이더니 고함을 질렀다.

"넌 여기 있으면 안 되잖아. 쫓겨났다고!"

지독한 입 냄새가 났다. 위스키 공장에서나 날 법한 냄새였다. 나는 스스로를 방어해야 했다.

"아니, 샘이 일요일이나 평일 오후 4시 30분 이후에는 여기에 와도 된다고 했어."

내가 말했다. 다행히 때마침 샘과 함께 일하는 피터가 그 자리에 있어서 내 말이 맞다고 거들어 주었다. 그런데 그것이 스탠을 더 짜증나게 한 모양이었다. 스탠은 잠시 뒤로 휘청하더니 균형을 되찾으며 위스키 냄새에 쩐 숨을 한 번 더 내 얼굴에 내뿜었다. 그는 이제 밥을 노려보고 있었다. 적대적인 눈빛이었다.

"내게 맡겨만 준다면 당장 저 녀석 목을 매달아 버릴 텐데."

그가 말했다. 그의 말은 나를 몹시 화나게 했다. 만약 그가 밥에게 조금이라도 다가갔다면 나는 아마 그를 공격했을 것이다. 어머니가 자식을 보호하듯 밥을 지켰을 것이다. 밥은 내 자식이나 마찬가지였다. 하지만 그런 행동은 〈빅이슈〉 판매원 자격에 치명적이다. 모든 게 완전히 끝장날 게 뻔했다.

그래서 나는 그 자리에서 두 가지 결정을 내렸다. 나는 밥을 안고 오후

일과를 보낼 다른 곳으로 발걸음을 옮기기로 했다. 스탠이 이런 상태에 있을 때에는 근처에 얼씬도 하지 않을 작정이었다. 또 나는 코벤트 가든에서 멀리 떠나기로 했다.

타격이 클 수도 있었다. 코벤트 가든에는 밥과 나의 단골 고객이 잔뜩 있었고 무엇보다 코벤트 가든은 일하기에 재미있는 곳이었다. 하지만 그곳이 더 이상 내가 일하기에 그다지 유쾌하지 않은, 심지어 위험하기까지 한 장소가 되고 있다는 것은 피할 수 없는 현실이었다. 우리는 그곳만큼 경쟁이 치열하지는 않은 곳으로 옮길 필요가 있었다. 우리가 그다지 잘 알려지지 않은 곳으로 말이다. 확실한 후보지가 하나 있었다.

나는 코벤트 가든에서 활동하기 전에 이슬링턴 지역에 있는 엔젤 역 근처에서 길거리 연주를 했었다. 좋은 위치였다. 코벤트 가든 만큼 수입이 좋지는 않았지만 그래도 제법 돈벌이가 되었다. 나는 다음 날 그곳의 코디네이터인 '리' 라는 이름의 남자를 만나 보기로 결심했다. 우리는 약간 안면이 있는 사이였다.

"내가 여기에서 괜찮은 구역을 얻을 수 있을까요?"

나는 그에게 물었다.

"글쎄요, 캠든 패시지는 꽤 혼잡해요. 공원도 마찬가지고요. 하지만 당신만 괜찮다면 지하철역 바깥에 자리를 잡을 수 있어요. 그곳을 좋아하는 사람이 별로 없거든요."

그가 말했다. 데자뷰처럼 느껴졌다. 코벤트 가든에서의 일이 다시 되풀이되는 것 같았다. 런던에 있는 〈빅이슈〉 판매원들은 지하철역을 완전히 악몽 같은 곳으로 여긴다. 잡지를 팔기에 최악의 장소이기 때문이다. 이유는 간단하다. 런던에 사는 사람들은 너무 빠르게 움직인다. 그들은 잡지를 사기 위해 발걸음을 늦추고 주머니에 손을 넣을 만한 시간이 없다. 그들은 늘 어딘가로 가야만 하고 늘 바쁘다.

하지만 코벤트 가든에서 증명되었듯이 밥에게는 사람들의 발걸음을 늦추게 만드는 마법 같은 능력이 있다. 밥을 본 사람들은 걸음을 갑자기 멈추곤 한다. 밥은 그들의 정신없고 무미건조한 삶에 가벼운 안도감, 작은 따뜻함 그리고 친근감 같은 것들을 주는 듯했다. 그들은 밥이 자신에게 그런 치유의 시간을 선사해 준 것에 대한 감사의 마음에서 〈빅이슈〉를 사는 게 분명했다. 그래서 나는 엔젤 역 바깥의 '조금 까다로울' 수밖에 없는 구역을 즐거운 마음으로 기꺼이 받아들였다.

우리는 바로 코벤트 가든을 떠나 새 출발을 했다. 일을 시작하자마자 사람들이 걸음을 늦추고 밥에게 인사를 건네기 시작했다. 우리는 코벤트 가든에 두고 온 명당자리를 금세 다시 만들어 냈다. 나를 알아보는 사람들도 한둘 있었다.

어느 날 저녁, 정장을 멋지게 차려입은 한 여성이 길을 가다가 뭔가 생각났다는 듯이 걸음을 멈추고 우리를 다시 한 번 쳐다보았다.

"둘이 코벤트 가든에서 일하지 않았나요?"

그녀가 물었다.

"이제는 아니에요, 부인."

나는 미소를 지으면서 대답했다.

"이제는요."

[Chapter 16]

엔젤 하트
Angel Hearts

엔젤 역으로 옮기려면 무엇보다 밥의 승인이 필요했다. 그러기 위해서는 매일 일터로 향하는 동안 녀석의 몸짓 언어를 눈여겨보기만 하면 됐다.

이슬링턴 공원에서 버스를 내리면 녀석은 센트럴 런던에서와는 달리 내 어깨 위에 올라가겠다고 요구하지 않았다. 그 대신 줄을 당기며 내 앞에서 행진하듯 씩씩하게 캠든 패시지를 걸어 내려갔고, 갖가지 골동품 가게, 카페, 펍, 레스토랑을 지나 이슬링턴 하이 스트리트의 끝에 있는 지하철역 입구 근처의 광장까지 향했다.

가끔은 이슬링턴 공원 북쪽에 있는 〈빅이슈〉 코디네이터 사무소에 들러야 했기 때문에 다른 길을 이용하기도 했다. 그러면 밥은 늘 공원 한가운데 있는 정원 울타리 안으로 부리나케 달려 들어갔다. 밥은 무성한 수풀을 헤치고 다니며 자신의 사냥 기술을 시험해 볼 수 있는 쥐나 새 혹은 아무것도 모르는 가엾은 생명체의 냄새를 맡고 다녔고, 나는 그 모습을 지켜보며 밥을 기다렸다. 매번 아무 성과도 내지 못했지만 그 사실이 구석구석 쑤시고 다니는 밥의 열정을 꺾지는 못하는 것 같았다.

마침내 녀석이 제일 좋아하는 곳, 엔젤 지하철역 입구의 벤치 근처에 있는 꽃 파는 노점과 신문 가판대 앞에 도착하면, 녀석은 거기 우두커니 서서 내가 인도에 가방을 내려놓고 그 앞에 〈빅이슈〉를 세워 놓는 '도착 의식'을 치르는 과정을 지켜보았다. 이 모든 과정이 다 끝나고 나면 밥은 자리를 잡고 앉아 잠깐 동안의 여정으로 지저분해진 몸을 깨끗이 핥은 뒤 하루를 시작할 준비를 했다.

우리가 새로 개척한 구역에 대해 나도 녀석과 같은 기분이었다. 몇 년 동안 코벤트 가든에서 겪었던 골칫거리를 모두 뒤로 한 채 이슬링턴에서는 완전히 새롭게 시작할 수 있을 것 같았다. 새 시대를 열고 있는 것 같은 기분이었고, 그 새 시대가 오래 지속될 것 같은 기분 좋은 예감도 들었다.

엔젤 역은 코벤트 가든이나 웨스트엔드 주변의 거리들과 미묘하게 다른 구석이 많았다. 센트럴 런던의 거리는 항상 관광객들로 발 디딜 틈이 없었고 저녁이 되면 웨스트엔드에서 시끌벅적한 밤을 보내려는 사람들과 극장으로 뮤지컬을 보러 가는 사람들로 가득했다. 엔젤 역은 그 정도로 분주하지는 않았지만 지하철역인 만큼 기본적으로 수많은 사람이 매일 쏟아져 들어갔다 나왔다 했다.

하지만 이곳 사람들은 센트럴 런던의 사람들과는 확연히 달랐다. 물론 관광객들이 많았고 그들 대부분은 레스토랑, 그리고 새들러스웰 극장이나 이슬링턴 비즈니스 디자인 센터 같이 예술과 관련된 곳에 관심이 많았다.

이곳에는 전문직에 종사하는 사람들이 더 많기도 했다. 더 그럴듯한 말로 표현하자면 더 '고급스러운' 지역이었다. 매일 저녁 정장을 입은 사람들이 지하철역으로 향하거나 빠져나오거나 했지만 안타깝게도 그들 중 대부분이 역 밖에 진저캣이 앉아 있다는 사실은 눈치도 채지 못했다. 그나마 다행인 건 일단 걸음을 늦추고 밥을 본 사람들은 거의 모두가 순간에 밥에게 홀딱 빠졌다는 것이다. 또 그들은 정말로 관대했다. 나는 곧 이슬링턴에 있는 사람들이 코벤트 가든에 있는 사람들보다 잡지 값과 팁을 더 많이 준다는 사실을 알아차렸다.

또한 엔젤 역 주변에서 생활하는 사람들은 코벤트 가든 사람들과는 또 다른 방식으로 관대함을 표현했다. 우리가 이곳에서 〈빅이슈〉를 판매하기 시작하자마자 사람들이 밥에게 음식을 가져다주기 시작한 것이다. 일을 시작하고 두 번째 아니면 세 번째 날에 처음 그런 일이 일어났다. 맵시 있게 옷을 차려입은 한 여성이 다가와 말을 걸었다. 그녀는 내게 앞으로 매일 이곳에 나올 것인지를 물었다. 나는 이 말에 약간 의심이 들었다. 불만 신고라도 하려는 것일까? 하지만 완전히 잘못 짚은 것이었다. 다음 날 그녀는 고양이 우유와 간식이 담긴 작은 봉투를 들고 나타났다.

"여기 있어, 밥."

그녀는 밥에게 먹을 것을 주며 행복한 표정으로 말했다.

"괜찮으시다면 밤에 집에서 먹일게요."

나는 그녀에게 고마워하며 말했다.

"물론이죠. 밥이 좋아하기만 한다면 아무래도 좋아요."

그녀가 말했다.

그 후로 점점 더 많은 지역 사람이 밥에게 먹을 것을 가져다주기 시작했다. 내 구역은 대형 슈퍼마켓인 세인즈베리가 있는 길 아래쪽에 있었다. 사람들은 필요한 물건을 사러 쇼핑을 갔다가 밥을 위한 작은 선물을 샀고, 집으로 돌아가는 길에 우리한테 그 선물을 주었다.

엔젤 역에서 일을 시작한 지 몇 주도 채 안 됐던 어느 날에는 대여섯 명이나 되는 사람들이 이런 식으로 선물을 주고 가기도 했다. 저녁 무렵이 되자, 그날 받은 고양이 우유, 간식 봉지, 참치나 다른 생선 캔 등으로 배낭이 터질 지경이었다. 나는 결국 그것들을 모두 커다란 봉투에 따로 담아 둬야 했다. 집으로 돌아가 정리를 끝내고 나자 주방 찬장의 선반 한 칸이 선물 받은 밥의 음식으로 꽉 차 버렸다. 거의 일주일은 먹을 수 있는 분량이었다.

엔젤 역이 코벤트 가든과 또 다른 점은 지하철 역무원들의 태도였다. 코벤트 가든에서 나는 거의 악마 수준과 맞먹는 증오의 대상이었다. 길거리 연주를 하거나 〈빅이슈〉를 팔았던 최근 몇 년간 따뜻한 우정을 주고받은 사람들을 꼽으라면 다섯 손가락을 넘기 힘들었다. 사실 다섯 손가락까지도 필요 없었다. 생각나는 건 두 명이 전부였으니까.

그러나 엔젤 역의 역무원들은 처음부터 밥에게 정말 따뜻하고 관대했다. 예를 들어 태양이 너무 뜨거웠던 어느 날의 일이다. 기온이 32도를 넘나들고 있었다. 그래도 절기상으로는 가을이어서 사람들은 소매 있는 셔츠를 입고 다녔다. 나도 블랙진과 검은색 티셔츠를 입고서 땀을 뻘뻘 흘리고 있었다.

나는 밥이 더위를 먹지 않도록 일부러 녀석을 뒤에 있는 빌딩 그늘에 데려다 놓았다. 열기가 고양이에게 좋지 않다는 것쯤은 알고 있었다. 내 구역에 도착해 판매 준비를 끝내고 한 시간쯤 후부터 나는 밥에게 빨리 물을 가져다줘야겠다고 생각하고 있었다. 하지만 내가 그러기 전에 지하철역에서 한 사람이 시원한 물이 찰랑거리는 깨끗하고 멋진 철제 그릇을 손에 들고 나와 우리 쪽으로 걸어왔다. 나는 금방 그녀를 알아볼 수 있었다. 데비카였다. 그녀는 이미 수도 없이 우리에게 들러 밥과 이야기를 나눈 터였다.

"밥, 여기 물 먹어. 내가 탈수증으로 고생하는 건 보고 싶지 않단다."

그녀가 앞에 그릇을 내려놓은 후 밥의 목 뒷덜미를 쓰다듬으면서 말했다. 밥은 한 치의 망설임도 없이 그릇으로 뛰어들더니 순식간에 물을 다 핥아 마셨다. 밥이 사람들에게 사랑받는 능력이 있다는 것은 익히 알고 있었지만, 얼마나 많은 사람이 밥에게 마음을 쏟는지 볼 때마다 놀라지 않을 수 없었다. 녀석은 겨우 몇 주 만에 이슬링턴 사람들의 마음을 모조리 다 빼앗아 버렸다. 정말 놀라울 따름이었다.

물론 엔젤 역에서도 모든 게 완벽한 것은 아니었다. 이러니저러니 해도 그곳도 결국에는 런던이었다. 달콤하고 밝은 날만 있을 수는 없었다. 가장 큰 문제는 지하철역 주변에서 일하는 사람들이 너무 많다는 것이었다. 지하철역 주변으로 뻗어 있는 모든 거리에서 갖가지 활동들이 넘쳐나는 코벤트 가든과는 달리, 엔젤 역은 모든 일이 지하철역 근처에 집중되어 있었다. 무료 잡지를 나눠 주는 사람부터 '처거*'라고도 불리는 자선단체 직원들까지, 정말 다양한 사람들이 길에서 일을 했다.

이것은 10년 전 거리에서 일을 시작한 이래로 내가 느낀 가장 큰 변화 중 하나였다. 거리의 삶은 예전에 비해 경쟁이 훨씬 더 치열해지고 있었다. 처거는 대부분 자선단체를 위해 일하는 지나치게 열정적인 젊은이들이었다. 그들의 임무는 자기가 속한 자선단체에 대해 그럴싸한 말들을 늘어놓으며 부유한 직장인과 관광객을 붙잡아 세운 뒤, 은행 계좌에서 돈이 바로 빠져나가는 자동이체 후원 신청서에 사인을 하게끔 설득하는 것이었다. 자선단체에게 돈을 강탈당하는 것이나 마찬가지였기 때문에 처거라는 별명이 붙게 된 것이었다.

제3세계와 관련된 단체들도 있었고, 암 혹은 낭포성 섬유증이나 알츠하

---

* chuggers: charity(자선단체)와 mugger(강탈자)의 합성어. 거리에서 행인들을 대상으로 자선기금을 모금하는 사람들을 부정적으로 일컫는 말

이머 같은 질병의 퇴치를 위해 활동하는 건강 관련 단체들도 있었다. 그들이 엔젤 역 주변에서 일하는 것은 아무 상관없었지만, 그들이 사람들을 들볶아 대는 방식은 나를 짜증나게 했다. 물론 나도 〈빅이슈〉를 팔기 위해 나만의 판매 연설을 늘어놓기는 했다. 하지만 그들처럼 사람들 사이에 무례하게 끼어들거나 귀찮게 굴지는 않았다. 그들은 사람들을 집요하게 쫓아다니면서 대화를 원치 않는 사람들에게까지 계속 말을 붙였다.

덕분에 사람들은 요란스러운 색상의 티셔츠를 입고 있는 이 열정적인 찰거머리가 지하철역 앞에 보인다 싶으면 부리나케 줄행랑을 치기 바빴다. 그 사람들 중에 〈빅이슈〉의 잠재 고객이 있을 수도 있는 만큼 내 입장에서는 여간 화나는 일이 아니었다.

정말 누군가가 사람들을 쫓아 버리고 있다 싶으면 나는 한 마디씩 하곤 했다. 일부는 그런 나를 나쁘게 받아들이지 않았다. 그들은 내 뜻을 존중하고 내 공간을 확보해 주었다. 하지만 나머지 사람들은 그렇지 않았다.

하루는 유명 가수 마크 볼란처럼 숱이 많고 부스스한 곱슬머리를 한 어린 학생과 말싸움을 하게 되었다. 그는 여기저기로 뛰어다니며 자리를 피하려고 애쓰는 사람들 옆에 딱 붙어 그들을 짜증나게 하고 있었다. 나는 녀석에게 한 마디 해야겠다고 마음먹었다.

"이봐요, 친구. 당신이 나와 여기에서 일하고 있는 다른 사람들을 힘들게 하고 있다는 사실 알고 있어요? 몇 미터만 물러나서 우리한테도 공간을 좀 주지 않겠어요?"

나는 최대한 정중하게 말하려고 애썼다. 하지만 그는 내 말에 잔뜩 화가 난 것 같았고 이렇게 말했다.

"나는 여기에 있을 권리가 있어요. 당신은 내게 어떻게 하라고 말할 권리가 없어요. 나는 내가 원하는 대로 할 거예요!"

이보다 더 상대방을 화나게 만드는 말은 없었다. 그래서 나는 그에게 그는 갭이어*에 쓸 용돈을 벌기 위해 일하지만 나는 밥과 내가 사는 곳의 집세와 전기 요금, 가스 요금을 벌기 위해 일한다는 사실을 똑똑히 말해 주었다. 그러자 그는 머쓱한 표정을 지었다.

내 신경을 거스르는 자들이 또 있었는데 최근 발행되고 있는 갖가지 무료 잡지를 나눠 주는 사람들이었다. 사실 〈스타일리스트〉나 〈쇼트리스트〉 같은 잡지는 질이 상당히 좋아서 내게 매우 심각한 문제가 됐다. 문제의 핵심은 간단했다. 충분히 좋은 공짜 잡지를 얻을 수 있는데 무엇 때문에 사람들이 굳이 돈을 내면서까지 내게서 잡지를 사려 하겠는가?

그래서 이들이 내 구역으로 들어올 때마다 나는 이 사실을 납득시키려 애썼다. 나는 그들에게 솔직하게 이야기했다.

"우리 모두 일을 해야 하니 제게도 일을 할 수 있는 공간을 주셔야 할 것 같아요. 적어도 서로 6미터 정도는 떨어져 있어야겠는데요."

하지만 이런 말이 항상 효과가 있는 건 아니었다. 무료 잡지를 나눠 주는 사람들 중에는 영어를 할 줄 모르는 사람이 태반이었기 때문이다. 나는 그들에게 상황을 설명하려 애썼지만 그들은 내 말을 이해하지 못했다. 어떤 사람들은 아예 내 말을 들으려고도 하지 않았다.

하지만 내 주위에서 일하는 사람들 중 제일 짜증나는 무리는 '양동이를 흔드는 사람들'이었다. 커다란 플라스틱 양동이를 가지고 다니며 돈을 모으는 자선단체 사람들 말이다.

---

* gap year: 고교 졸업 후 대학 생활을 시작하기 전에 일을 하거나 여행을 하면서 보내는 1년

다시 한 번 말하지만, 나는 이들이 모금한 돈으로 벌이는 활동들에 대해서는 충분히 공감한다. 가령 아프리카 기아, 환경, 동물 권리 문제 같은 것들 말이다. 하지만 정말 많은 돈이 저 양동이를 흔드는 사람들 중 누군가의 주머니 속으로 사라진다는, 언젠가 들었던 이야기가 사실이라면 별로 마음이 가지 않았다. 이들은 대부분 면허도 없었고 허가 비슷한 것을 받지도 않는 것 같았다. 이들이 목에 걸고 있는 자격증을 보면 어린아이들 생일파티에서나 볼 법한 것들이었다. 너무 아마추어 느낌이 났다.

하지만 그럼에도 불구하고 이들은 〈빅이슈〉 판매원들은 절대 갈 수 없는 금지 구역인 지하철역 안에도 들어갈 수 있었다. 양동이를 흔드는 녀석이 지하철역 안쪽 중앙 홀에서 사람들을 들볶아 대고 있는 모습을 볼라치면 정말 화가 났다. 어떨 때는 회전문 바로 앞에 서 있기도 했다. 직장인이나 관광객들은 지하철역 밖으로 나올 때쯤이면 이 녀석들에게 질릴 대로 질린 나머지 〈빅이슈〉에 신경 쓰고 싶은 마음은 이미 싹 달아난 듯 보였다.

입장이 뒤바뀌었다는 생각이 들었다. 코벤트 가든에서 나는 지정된 장소에 붙어 있지 않고 곧잘 규칙을 어기는 독불장군이었다. 하지만 이제는 내가 당하는 사람이 된 것이다.

나는 엔젤 역 밖에 있는 지역에서 일할 수 있는 허가를 받은 유일한 판매원이었다. 나는 허가받은 지역에서만 일해야 했고 다른 상인들이 있는 곳, 특히 신문이나 꽃을 파는 상인들이 있는 곳에서는 일을 해선 안 됐다. 하지만 처거, 행상인, 양동이 흔드는 녀석들은 이런 규칙들을 가뿐히 무시해 버렸다. 이제 와서 하는 생각이지만 나도 다른 사람의 입장을 헤아리지 못하던 때가 있었다. 인정한다.

[Chapter 17]

48시간
48hours

처방전 아래 사인을 끝낸 마약 중독 치료 센터의 젊은 의사가 단호한 표정을 지으며 내게 처방전을 건넸다.

"명심하세요. 이 약을 먹고 나서 최소한 48시간이 지난 후에 다시 오세요. 그때쯤이면 금단 현상이 뼛속 깊이 파고드는 게 느껴질 겁니다."

그는 내 눈을 똑바로 쳐다보며 말을 이었다.

"무척 괴로울 겁니다. 하지만 제가 말한 그대로 지키지 않으면 훨씬 더 괴로워질 거예요. 무슨 말인지 알겠죠?"

"네, 잘 알겠어요."

나는 고개를 끄덕이고는 의자에서 일어나 진료실 밖으로 향했다.

"제가 잘 버틸 수 있기만 바랄 뿐이에요. 며칠 후에 다시 올게요."

메타돈을 끊는 것에 대해 이야기를 나눴던 그날 이후, 나는 몇 달 동안 2주마다 한 번씩 있는 상담 시간에 빠짐없이 참석했다. 나는 내가 메타돈을 끊을 준비가 되었다고 생각했지만 상담사와 담당 의사들의 의견은 달랐다. 상담을 받으러 갈 때마다 그들은 계속 날짜를 미루기만 했다. 왜 그러는지 정확한 설명도 해 주지 않은 채 말이다. 하지만 이제 드디어 그들도 때가 됐다고 결정을 내린 모양이었다. 나는 이제 마약 중독에서 완전히 벗어나기 위한 마지막 단계를 밟을 참이었다.

내가 받은 처방전에는 마지막으로 복용할 메타돈의 분량이 적혀 있었다. 메타돈은 그동안 내가 헤로인 중독에서 벗어날 수 있게 도와준 약이었다. 그동안 복용량을 점점 줄여 왔고 드디어 이마저도 끊을 때가 된 것이다.

며칠 뒤 다시 마약 중독 치료 센터에 가면 그때는 메타돈보다 훨씬 순한 약인 서뷰텍스를 처방받게 될 예정이었다. 서뷰텍스는 내가 마약 중독에서 완전히 벗어날 수 있도록 도와줄 최종 치료 단계의 약물이었다. 상담사는 이 전체 과정이 비행기가 착륙하는 과정과 비슷하다고 설명했는데 이제 와 생각해 보니 정말 적절한 비유였다는 생각이 든다. 그는 앞으로 몇 달에 걸쳐 나의 서뷰텍스 복용량을 서서히 줄여 나갈 것이라고 말했다. 무사히 지상에 착륙하기 위해서 가벼운 쿵쾅거림은 어쩔 수 없다면서 말이다. 하지만 그때만 해도 나는 그 말의 의미를 다시 생각해 볼 여유가 없었다. 처방된 약이 나오기를 기다리는 동안 내 머릿속은 앞으로의 48시간 동안 내게 일어날 일들에 대한 생각으로 꽉 차 있었다.

상담사는 나에게 일어날지도 모르는 위험 상황에 대해 그림을 보여 주듯 생생하게 설명해 주었다. 메타돈을 끊는 것은 쉬운 일이 아니었다. 사실 정말 힘든 일이었다. 나는 곧 갑작스런 약물 중단으로 인해 생기는 불쾌한 신체적, 정신적 금단 증상들을 겪게 될 예정이었다. 첫 서뷰텍스를 처방받기 위해 치료 센터로 가려면 금단 증상이 최고조에 달할 때까지 기다려야 했다. 그렇지 않으면 '촉발성 금단 증상'이라고 알려진 더 위험한 상황이 일어날 것이라고 했다. 이것은 훨씬 더 끔찍한 것이었다. 너무 끔찍해서 생각조차 하기 싫을 정도였다.

나는 내가 잘해 낼 수 있을 거라 자신했다. 하지만 동시에 내가 실패할 수도 있고 기분을 좋아지게 만드는 뭔가를 다시 간절히 원하게 될지도 모른다는 불안감이 일기도 했다. 나는 내 자신에게 끊임없이 말했다.

'꼭 해내야 돼. 이 마지막 허들을 반드시 뛰어넘어야 해.'

그렇지 않으면 내일이 와도 아무것도 바뀌지 않을 것이고, 다음 날도, 그 다음 날도 마찬가지일 것이 분명했다. 영원히 아무것도 변하지 않을 것이다.

이것이 마침내 내가 깨닫게 된 현실이었다. 나는 지난 10년간 이런 식으로 되는 대로 살았다. 내 인생의 수많은 시간이 먼지가 되어 사라져 버렸다. 나는 그냥 주저앉아 세월이 사라지는 것을 지켜보면서 시간을 허비했다. 마약에 중독되면 몇 분은 몇 시간이 되고, 몇 시간은 며칠이 된다. 그냥 그렇게 모두 사라져 버린다. 시간이 하찮은 존재가 돼 버리고 티끌만큼도 신경 쓰지 않다가 다음 마약이 필요한 순간이 되어서야 시간을 걱정하기 시작한다. 그때부터 문제가 심각해진다. 머릿속은 온통 어떻게 하면 마약을 살 돈을 마련할 수 있을까 하는 생각으로 가득해진다.

몇 년 전 헤로인에 심하게 중독됐던 때에 비하면 내 상태는 정말 많이 좋아졌다. 마약 중독 치료 센터는 확실히 나를 다시 정상 궤도로 돌려 주었다. 하지만 더 이상 마약을 하지 않는다는 사실을 증명하기 위해 매일 약국에 가고 2주일에 한 번씩 마약 중독 치료 센터에 가야 하는 이 생활이 정말 지긋지긋했다. 그 정도면 충분했다. 이제 나는 내 인생을 위해 뭔가 해야 한다는 걸 뼈저리게 느끼고 있었다.

한때 나는 혼자 힘으로 해내겠다고 고집을 부려서 내 자신을 더 힘들게 하기도 했다. 한번은 익명의 마약 중독자 모임에 참석할 기회도 있었지만 나는 그들이 제시하는 '중독에서 벗어나기 위한 12단계 프로그램'이 마음에 들지 않았다. 내 자신을 더 높은 존재의 손에 맡기는 것이나 다름없는 과정이었는데 그런 사이비 종교 행위를 하고 싶지는 않았다. 그건 내 스타일이 아니었다.

그렇게 혼자 걷는 길을 택하며 살아온 덕분에 내 삶이 훨씬 더 힘들었다는 생각이 들었다. 하지만 이제는 달랐다. 나는 더 이상 혼자가 아니었다. 나에게는 밥이 있었다.

그날도 나는 밥을 집에 두고 혼자 마약 중독 치료 센터에 다녀왔다. 밥을 그런 곳에 있게 하고 싶지 않았다. 내 삶에서 자랑스럽지 못한 부분이기 때문이었다. 비록 내가 첫 번째 방문 이후로 많은 것을 해 나가고 있다고 느끼긴 했지만 말이다.

나는 집에 오는 길에 슈퍼마켓에 들러 이틀 동안 버틸 수 있을 만큼 충분한 음식을 샀다. 그 때문인지 집에 도착하자 밥이 유난히 더 나를 반겼다. 중독성 있는 습관에서 벗어나려 시도해 본 적 있는 사람이라면 누구라도 그것이 얼마나 힘든지 잘 알 것이다. 담배를 끊는 일이든 술을 끊는 일이든 언제나 처음 48시간이 가장 괴로운 법이다. 사람들은 그 '보급품'을 얻는 것에 너무 길들여진 나머지 다른 생각을 할 수 없게 된다. 하지만 가장 확실한 비결은 바로 '다른 생각'을 하는 것이다. 그게 내가 하고 싶은 것이었다. 내가 그렇게 할 수 있도록 도와줄 밥이 옆에 있다는 사실이 정말 고마울 따름이었다.

그날 점심, 우리는 텔레비전 앞에 나란히 앉아 간식을 먹었다. 그리고 기다렸다. 메타돈은 보통 20시간 정도 약효가 지속되기 때문에 첫째 날은 무사히 지나갔다. 밥과 나는 한참 동안 장난을 쳤고, 밥이 볼일을 볼 수 있게 잠깐

밖에 나가 산책도 했으며 고장 난 구닥다리 게임기도 가지고 놀았다. 그때 까지만 해도 모든 것이 순조롭게 흘러가는 것 같았다. 하지만 그 상태는 그리 오래가지 않았다.

아마도 금단 증상을 보이는 사람의 모습을 재현한 것 중 가장 유명한 것은 영화 '트레인스포팅' 일 것이다. 이 영화에서 이완 맥그리거가 연기한 주인공 렌턴은 헤로인을 끊기로 결심하고는 며칠 동안 먹을 음식과 물만 가지고 스스로를 독방에 가둔다. 그는 사시나무 떨 듯 몸을 떨고, 환각에 시달리고, 메스꺼움에 괴로워하는 등 온갖 끔찍한 육체적, 정신적 고통을 겪는다. 그가 역겨운 화장실 변기 안으로 기어들어가는 자신의 모습을 상상하는 장면은 영화를 본 모든 사람의 뇌리에 강렬하게 남아 있을 것이다.

내가 48시간 동안 경험한 것은 그보다 열 배는 더 고통스럽게 느껴졌다. 마지막으로 메타돈을 먹은 뒤 24시간이 지나자 금단 증상이 서서히 나타나기 시작했다. 처음 여덟 시간 동안은 엄청나게 땀이 나면서 몸에 심한 경련이 일었다. 한밤중이었고 이미 잠들었어야 하는 시간이었지만 꾸벅꾸벅 졸면서도 의식은 계속 생생하게 살아 있는 것 같았다. 꿈으로 가득 찬, 더 정확히 얘기하자면 환각이 연달아 이어지는 기괴한 잠이었다.

정확하게 생각나지는 않지만 헤로인을 구하러 다니는 꿈을 꾼 것은 선명하게 기억났다. 전개가 비슷한 꿈들이 이어졌다. 힘들게 헤로인을 구했는데 다 엎질러 버리거나, 주사를 놓을 수가 없거나, 아니면 사용 직전에 경찰에게 체포되었다. 이상한 꿈이었다. 한때는 열두 시간마다 한 번씩 몸속으로 들어오던 물질이 멀어지고 있다는 사실을 몸이 자기 방식대로 표현하고 있는 것 같았다. 하지만 한편으로는 나의 무의식이 그걸 다시 사용하는 게 좋겠다고 나를 설득하려는 것 같기도 했다. 뇌 깊은 곳에서 내 의지력이 사투를 벌이고 있었다. 마치 내가 구경꾼이 되어 다른 누군가에게 벌어지고 있는 이 모든 일을 지켜보고 있는 것 같은 기분이었다.

이상했다. 몇 년 전에 헤로인을 끊을 때는 이렇게 심하지 않았었다. 메타돈으로 갈아타는 일은 그럭저럭 버틸 만했었지만, 메타돈에서 서뷰텍스로 옮기는 과정은 완전히 다른 차원의 경험이었다.

시간은 더 이상 어떤 의미도 없었다. 다음 날 아침이 되자 극심한 두통이 찾아왔다. 머리가 깨질 것 같았다. 때문에 어떤 빛이나 소리도 견디기 힘들었다. 그렇다고 어두운 곳에 앉아 있으면 다시 꿈을 꾸거나 환각에 시달렸다. 얼른 빠져나오고 싶은 마음뿐이었다. 그야말로 악순환의 연속이었다.

내게 가장 필요한 것은 이 모든 고통에서 내 관심을 돌릴 수 있는 그 무엇이었다. 바로 밥이었다. 녀석이야말로 나의 구원자였다.

나는 가끔 밥과 내가 텔레파시 같은 게 통하는 건 아닐까 하는 생각을 한 적이 몇 번 있었다. 때때로 밥은 내 마음을 정확하게 읽었고 그때도 그런 것 같았다. 녀석은 내가 자기를 필요로 한다는 걸 알고서 내 옆을 떠나지 않았다. 밥은 내 주변을 돌아다니다가 내가 오라고 손짓하면 내 품속으로 파고들었고, 내가 괴로워하면 나를 귀찮게 하지 않고 적당한 거리를 유지했다.

밥은 내 기분을 아는 것 같았다. 이따금씩 내 고개가 푹 꺾일 때마다 밥이 가까이 다가와 내 코앞에 얼굴을 들이밀었다. 이렇게 말하는 것 같았다.

'친구, 괜찮아? 내가 늘 여기 있으니까 걱정 마.'

어떤 때는 그저 옆에 앉아 가르릉거리면서 꼬리를 내게 비비거나 가끔씩 내 얼굴을 혀로 핥았다. 내가 기괴한 환각의 세계로 들어갔다 나왔다 하는 동안 밥은 내가 현실의 끈을 놓지 않도록 현실 세계에 내려진 닻이 되어 주었다.

그 외에도 여러 가지 면에서 밥은 그야말로 하늘이 내려 주신 선물이었다. 우선 밥은 내게 할 일을 만들어 줬다. 밥에게 먹이를 줘야 했기 때문에 나는 규칙적으로 움직여야 했다. 주방에 가서 사료 주머니를 연 다음 그릇에 담는 과정은 내가 겪고 있는 고통에서 잠시나마 숨을 돌릴 수 있게 해 주었다. 그래도 밥이 볼일을 볼 수 있게 아래층으로 함께 내려가고 싶은 마음만큼은 도무지 들지 않았다. 그래서 밥을 혼자 내보내면 녀석은 몇 분 만에 곧장 집으로 돌아왔다. 내 옆을 떠나고 싶지 않은 것 같았다.

기분이 그나마 조금 나은 순간들도 있었다. 둘째 날 아침이 그랬는데 기분이 훨씬 나아진 상태로 몇 시간을 보낼 수 있었다. 나는 밥과 함께 한바탕 놀았다. 그리고 책도 조금 읽었다. 물론 힘들긴 했지만 뭔가 다른 것에 몰두하기 위해서였다. 아프가니스탄에서 개를 구조한 해병에 대한 실화 에세이였는데 정말 내용이 좋았다. 다른 사람의 인생에서 어떤 일이 벌어지고 있는지 생각해 볼 수 있는 좋은 기회이기도 했다.

하지만 오후가 끝날 때쯤 다시 극심한 금단 증상이 나를 덮치기 시작했다. 제일 끔찍한 것은 육체적 증상이었다. 이미 '하지불안 증후군'이라 불리는 금단 증상을 겪게 될 것이라고 경고를 받은 터였다. 믿을 수 없을 만큼 불편하고 불안정한 진동이 전신을 훑고 지나가 사람을 가만히 앉아 있을 수조차 없게 만드는 것인데 이 증상이 나타나기 시작했다. 내 의지와 상관없이 갑작스레 다리가 튀어 오르더니 허공에 발차기를 했다. 괜히 고약한 습관을 '찬다*'라고 표현하는 것이 아니었다. 밥은 이런 내 행동에 꽤나 놀라는 것 같았다. 나를 보며 야릇한 표정을 짓긴 했지만 그래도 밥은 나를 떠나지 않고 계속 내 곁을 지켰다.

---

* kicking a habit: 중독 물질을 끊는 것을 의미한다.

그날 밤은 최악이었다. 텔레비전조차 볼 수 없었다. 거기에서 나오는 빛과 소리가 머리를 터질 듯 지끈거리게 했기 때문이다. 반대로 어두운 곳으로 가면 온갖 종류의 말도 안 되고 무서운 일들이 머릿속에 계속 떠올라 미칠 지경이 되었다. 계속해서 다리는 난데없이 튀어 올랐고 체온은 극도로 뜨거워졌다가 차가워졌다가를 반복했다. 어느 순간은 너무 뜨거워져 용광로 속에 빠진 것 같았다. 그러다 순식간에 다시 얼음장처럼 차가워졌다. 땀이 온몸을 흠뻑 적셨다가 갑자기 식자 몸이 오들오들 떨렸다. 추위를 달래기 위해 이불을 둘둘 말고 있으면 다시 몸이 불타기 시작했다. 끔찍한 악순환이었다.

이따금씩 놀랍도록 정신이 맑고 선명해지는 순간도 있었다. 왜 그렇게 사람들이 마약을 끊기 힘들어하는지 알 것 같았다. 이건 정신적 문제이기도 했지만 육체적 문제이기도 했다. 의지력만으로 해결될 일이 아니었다. 중독의 힘은 마약에서 벗어나고자 하는 의지력보다 훨씬 더 강했다.

어느 순간에는 지난 10년간의 일들이 주마등처럼 스쳐 지나갔고, 마약 중독이 내 인생을 어떻게 바꿔 버렸는지도 생각났다. 가까스로 잠을 청했던 뒷골목과 지하도, 미래에 대한 두려움에 떨며 밤을 지새웠던 보호 시설, 오로지 다음 12시간을 버티게 해 줄 약을 구할 마음에 저질렀던 온갖 끔찍한 일들이 눈앞에 펼쳐졌고 심지어 냄새까지 느껴졌다. 마약이 내 인생을 얼마나 엉망진창으로 망가뜨렸는지 믿을 수 없을 만큼 뚜렷하게 보였다.

기괴하고 비현실적인 생각들도 머릿속을 헤집고 다녔다. 가령, 만약 기억상실증에 걸린 채로 잠에서 깨어난다면 이 모든 금단 현상을 떨칠 수 있을 거란 생각이 들었다. 나한테 무슨 문제가 있었는지 모를 테니 말이다. 나에게 일어나고 있는 증상들은 내게 무슨 문제가 있는지, 그리고 그 문제를 해결하기 위해 내가 무엇을 하면 되는지 내 몸이 정확하게 알고 있기 때문에 생기는 것이었다. 솔직히 마약에 다시 손대는 일을 상상해 봤을 때 마음이 약해지는 순간도 몇 번 있었다. 하지만 다행히 그런 생각은 비교적 쉽게 떨쳐 버릴 수 있었다. 마약을 완전히 끊을 수 있는 기회였고, 어쩌면 이번이 내게 마지막 기회일지도 몰랐다. 강하게 버텨야만 했다. 그리고 감당해 내야 했다. 설사, 경련, 구토, 두통, 미친 듯이 널뛰는 체온, 이 모든 것을 말이다.

둘째 날 밤은 영원히 끝나지 않을 것처럼 느껴졌다. 나는 틈만 나면 시계를 올려다보았고 가끔은 시계가 거꾸로 가고 있는 것처럼 보이기도 했다. 아침이 다가오고 있는데도 창밖의 어둠은 밝아지기는커녕 점점 더 어두워지는 것 같았다. 너무 끔찍했다.

하지만 나에게는 비밀 무기가 있었다. 밥은 한계가 느껴지는 순간마다 나를 성가시게 했다. 어느 시점에서부턴가 나는 외부 세계와 단절되려고 애쓰면서 가능한 한 조금도 움직이지 않고 조용하게 누워 있었다. 그런데 느닷없이 밥이 내 다리를 발톱으로 할퀴었다. 발톱이 피부 속에 파고들어 꽤 아팠다.

"밥, 뭐하는 짓이야?"

나는 지나치게 공격적이다 싶을 정도로 크게 소리를 질렀고 밥은 깜짝 놀라 펄쩍 뛰어올랐다. 나는 금방 죄책감을 느꼈다. 그제야 내가 움직임도 없이 너무 조용한 게 걱정된 나머지 살아 있는지 확인해 보려고 그랬구나 하는 생각이 들었다. 밥은 끊임없이 나를 걱정하며 살피고 있었다.

희미한 회색빛이 창문을 통해 스며들기 시작했다. 마침내 아침이 온 것이다. 나는 침대에서 겨우 몸을 일으켜 시계를 보았다. 8시가 다 되어 가고 있었다. 마약 중독 치료 센터는 9시에 문을 열었다. 더 이상 기다릴 수 없었다.

나는 찬물로 세수를 했다. 축축한 피부에 찬물이 닿으니 소름이 돋았다. 거울을 보니 얼굴은 몰라보게 핼쑥해져 있었고 머리는 땀에 흠뻑 젖어 엉망이었다. 하지만 그런 것들을 신경 쓸 때가 아니었다. 나는 옷가지를 급히 껴입고 버스 정류장으로 향했다.

그 시간에 토트넘에서 캠든까지 가기란 쉽지 않은 일이었다. 그날따라 훨씬 더 힘들게 느껴졌다. 모든 신호등은 빨간색이었고, 모든 도로마다 자동차들이 길게 늘어서 있었다. 지옥에 온 것 같았다.

버스에 앉아 있는 동안에도 급격한 체온 변화 때문에 한 순간엔 땀을 뻘뻘 흘리다가 한 순간엔 몸을 오들오들 떨어야 했다. 지난밤만큼 심하지는 않았지만 팔다리에도 여전히 이따금씩 경련이 일었다. 사람들이 나를 미치광이 보듯 쳐다보았지만 신경 쓸 여유가 없었다. 어서 빨리 치료 센터에 가고 싶은 마음뿐이었다.

9시가 조금 지나 치료 센터에 도착했을 때 대기실은 이미 반쯤 차 있었다. 그중 한두 사람은 나만큼이나 힘들어 보였다. 그들도 나처럼 지옥 같은 48시간을 보냈는지 궁금했다.

"안녕하세요, 제임스. 기분은 좀 어떤가요?"

상담사가 치료실로 들어오면서 물었다. 내 몰골을 보고 대답이야 이미 예상했겠지만 관심을 보여 주는 것이 고마웠다.

"그다지 좋지 않아요."

내가 대답했다.

"지난 이틀 동안 정말 잘 버텼어요. 크게 한 걸음 나간 거예요."

그가 미소를 지었다. 그는 내 몸 상태를 체크해 본 다음 나에게 소변 샘플을 받아 오게 했다. 그러고선 내게 서뷰텍스 한 알을 주고는 서뷰텍스 처방전에 사인을 했다.

"이걸 복용하면 상태가 한결 나아질 거예요. 자, 지금 한 알 먹어 볼

까요?"

그가 말했다. 나는 약을 삼킨 후 부작용은 없는지 확인하기 위해 그곳에서 잠시 기다려 보았다. 어떤 부작용도 없었다. 오히려 그 반대였다. 천 배 정도는 기분이 나아진 것 같았다.

토트넘으로 돌아갈 때쯤이 되자 완전히 기분이 바뀌어 있었다. 메타돈을 복용할 때와는 아주 다른 느낌이었다. 세상이 더 생생하게 다가왔다. 더 명확하게 보고, 듣고, 냄새 맡을 수 있었다. 색은 더 밝았고 소리는 더 또렷했다. 모든 것이 낯설었다. 이상하게 들릴지 모르지만 더 활기가 넘치는 것 같은 느낌이었다.

집에 가는 길에 잠시 가게에 들러 밥에게 줄 새로 나온 간식을 조금 샀다. 작은 장난감도 하나 샀는데 밥이 가지고 놀 쥐 인형이었다. 집에 도착하자마자 나는 큰 소리로 밥을 추켜세웠다.

"우리가 해냈어, 밥. 우리가 해냈다고!"

믿기 힘들 정도로 커다란 성취감이 느껴졌다. 그 후 며칠 동안 내 건강과 인생에 거대한 변화가 일어났다. 누군가가 두꺼운 커튼을 걷어 준 것처럼 어두웠던 내 인생에 햇빛이 비추는 듯한 기분이었다. 물론 어떤 면에서는 정말 누군가가 그렇게 한 셈이었다.

[Chapter 18]

집으로 가는 길

Homeward Bound

　나는 밥과 내 사이가 더 가까워질 수 있으리라고는 생각해 보지 못했다. 하지만 함께 고난을 극복한 후 우리의 유대감은 훨씬 더 깊어졌다. 며칠 동안 밥은 나에게 딱 달라붙어 도무지 떨어지려 하지 않았다. 내 병이 재발될까 봐 걱정이 되는지 나를 거의 감시하다시피 했다.

　하지만 그럴 위험은 없었다. 나는 과거 어느 때보다 상태가 좋았다. 약물에 의존했던 과거의 어두웠던 시절로 돌아가는 건 상상만 해도 몸서리가 쳐졌다. 돌아가기에 나는 이제 너무 멀리 와 있었다. 나는 성공적인 탈출을 축하하기 위해 집 안을 꾸미기로 결심했다. 그래서 우리는 지하철역 밖에서 매일 몇 시간씩 일을 더 했고, 그 돈으로 페인트, 쿠션 몇 개, 벽에 붙일 장식 벽지를 샀다. 그리고 토트넘에 있는 괜찮은 중고 가구점에 들러 예쁜 소파도 하나 샀다. 운 좋게도 튼튼한 천으로 된 짙은 와인색 소파를 건질 수 있었다. 밥이 발톱으로 아무리 난리를 쳐도 끄떡없을 것 같은 소파였다. 원래 있던 소파가 못쓰게 된 건 오랜 세월에 자연스레 여기저기 헤지고 찢긴 탓도 있었지만 밥이 발톱으로 소파 쿠션과 다리를 매일같이 긁어 댄 까닭도 있었다. 새 소파는 긁지 못하게 할 생각이었다.

몇 주가 지나 밤이 더 길어지고 추워지면서 우리는 점점 더 많은 시간을 새로 산 소파 위에서 함께 몸을 만 채 보냈다. 나는 어떻게 하면 밥과 함께 멋진 크리스마스를 보낼 수 있을지 벌써부터 기대에 가득 차 있었다. 하지만 곧 섣부른 기대였음이 밝혀졌다.

※ ※ ※ ※ ※ ※ ※ ※ ※ ※ ※ ※ ※ ※

공과금 고지서 외에는 다른 우편물이 오는 일이 거의 없었기 때문에 2008년 11월 초 어느 날 아침 아파트 입구에 있는 우편함에서 편지를 발견했을 때 나는 금세 특별한 편지인 걸 알아차렸다. 국제우편 봉투였고 '태즈메이니아, 호주'라는 소인이 찍혀 있었다. 어머니에게서 온 편지였다.

우리는 지난 몇 년간 서로 제대로 연락을 하지 않았다. 하지만 그동안 쌓인 거리감에도 불구하고 어머니의 편지는 매우 친근하고 따뜻한 느낌이었다. 어머니는 태즈메이니아에 있는 새 집으로 이사를 갔다고 했다. 그곳에서 매우 행복한 것 같았다. 어머니가 편지를 보낸 이유는 나를 초대하기 위해서였다.

'만약 내가 비행기 왕복 요금을 부담한다면 여기로 와 주겠니?'

어머니는 이렇게 물었다. 크리스마스 휴가를 함께 보내자고 했고, 또 내가 한때 무척 가깝게 지냈던 대부모님을 만나러 멜버른에 가는 게 어떻겠냐고 제안하기도 했다.

'네 생각을 알려 줘.'

편지는 그렇게 끝을 맺었다.

'사랑하는 엄마가.'

예전 같았으면 편지를 쓰레기통 안에 바로 처넣어 버렸을지도 몰랐다. 나는 반항적이고 고집스러운 데다 자존심도 너무 세서 가족에게 어떤 도움도 받으려 하지 않았다. 하지만 나는 변했고 생각이 많이 달라져 있었다. 나는 내 인생을 훨씬 더 또렷하게 보기 시작했고, 지난날 느꼈던 분노와 피해망상도 많이 사라졌음을 느낄 수 있었다. 그래서 나는 한번 진지하게 고민해 보기로 했다.

쉽게 내릴 수 있는 결정은 아니었다. 가야 할 이유와 가지 말아야 할 이유가 팽팽히 맞섰다. 가야 할 이유는 당연히 어머니를 다시 만나야 한다는 것이었다. 지난 몇 년 동안 우리 사이에 어떤 굴곡이 얼마나 있었든지 간에 어머니는 변함없이 나의 어머니였다. 그리고 나는 어머니가 보고 싶었다.

내가 행방불명이 되고 거리에서 지내게 된 이후로도 서로 몇 번 연락을 하긴 했지만 내가 진짜 어떻게 지내는지 어머니에게 솔직하게 이야기한 적은 한 번도 없었다. 지난 10년 동안 만난 것은 딱 한 번이었는데 어머니가 영국에 잠깐 왔을 때였다. 나는 디스트릭트 라인 지하철을 타고 에핑 포레스트 근처에 있는 펍에 가서 어머니를 만났고 우리는 서너 시간 정도 이야기를 나눴다. 영국에 와서 처음 계획했던 6개월이 다 지났을 때, 나는 런던에서 밴드를 결성했다고 이야기를 꾸민 뒤 밴드를 크게 키울 때까지는 호주로 돌아가지 않겠다고 핑계를 댄 적 있었다.

펍에서 어머니를 만났을 때도 나는 그 이야기를 계속 이용했다. 어머니에게 줄줄이 거짓말을 읊고 싶지는 않지만 내가 길에서 자고, 헤로인에 중독되어 있고, 인생을 낭비하고 있다고 솔직하게 말할 용기가 도저히 나지 않았다. 어머니가 내 말을 믿었는지 안 믿었는지는 알 수 없었다. 그 무렵 내 인생에서 그런 것은 별로 중요하지 않았다.

그 후로도 이따금씩 연락을 주고받긴 했지만 내가 몇 달이고 연락을 하지 않고 지낼 때가 많아서 어머니는 매우 슬퍼했다. 때때로 어머니는 나를 찾기 위해 끈질기게 수소문을 하기도 했다. 나는 2005년 7월 7일, 런던에서 폭탄 테러가 일어났을 때도 어머니에게 전화를 걸어야겠다는 생각을 하지 못했다. 다행히 나는 폭탄이 터진 곳 근처에 얼씬도 하지 않았지만 지구 반대편에 살고 있는 어머니 입장에서는 내가 무사한지 알 도리가 없었다. 어머니의 새 남편인 닉은 그 당시 태즈메이니아에서 경찰로 근무하고 있었는데 그가 런던 경찰청에 근무하는 지인에게 내 소재를 알아봐 달라고 부탁을 했다. 그리고 그 지인은 경찰청 전산망에서 나를 찾아낸 뒤, 어느 날 아침 내가 묵고 있던 달스톤 지역의 보호 시설인 비앤비에 서너 명의 경찰을 보냈다. 그들이 내 방문을 거세게 두드리자 나는 새하얗게 질렸다.

"걱정 마. 아무 잘못도 한 거 없으니까. 지구 반대편에 살고 있는 사람들이 네가 살아 있는지 궁금해서 찾아왔을 뿐이야."

내가 겁에 질린 표정으로 문을 열자 그들 중 한 명이 이렇게 말했다. 나는 당신들 덕분에 심장마비가 올 뻔했다고 농담을 던지려다 그만두었다. 애송이의 생사를 확인하는 임무가 그리 즐거워 보이지 않았기 때문이었다.

그제서야 나는 어머니에게 연락해 내가 무사하다는 사실을 확인시켜 드렸다. 나는 누군가가 나 때문에 걱정하고 있을지도 모른다는 사실을 미처 생각하지 못하고 있었다. 그 당시 내 성격은 그렇게 사려 깊지 못했다. 나는 혼자였고 내 자신의 생존에만 온통 정신이 팔려 있었다. 하지만 이제 나는 달라졌다. 지금껏 어머니에게 소홀했고 어머니를 속여 왔지만 이제 정식으로 사죄하고 모든 것을 바로잡을 기회가 왔다는 생각이 들었다.

호주에 가야 하는 또 다른 이유는 런던에 살면서 저녁까지 일만 하느라 몇 년 동안 가져 보지 못했던 따뜻한 햇빛 아래서의 편안한 휴가를 즐기고 싶어서이기도 했다. 새로운 약으로 바꾸는 일 때문에 기진맥진한 상태였는데, 좋은 환경에서 몇 주 보내고 나면 힘이 날 것 같았다. 어머니는 인적 없는 들판 한복판에 있는 작은 농장에 살고 있다고 했다. 근처에 강도 있다고 했다. 전원적인 풍경이 그려졌다. 호주, 아니 더 정확히 이야기하자면 호주의 풍경은 항상 내 마음속에 특별한 기억으로 남아 있었다. 그 기억과 다시 만나는 일은 내 영혼의 치료에도 좋을 것 같았다.

가야 할 이유는 이외에도 많았다. 하지만 가지 말아야 할 이유는 더 많았다. 가장 큰 걱정은 밥이었다. 누가 밥을 돌봐 줄 것인가? 내가 돌아올 때까지 밥이 나를 얌전하게 기다리고 있을 거라고 어떻게 장담할 수 있을 것인가? 나는 정말 나의 소울 메이트와 몇 주 동안이나 떨어져 있고 싶은 걸까?

첫 번째 질문에 대한 해답은 얼마 지나지 않아 나왔다. 내가 말을 꺼내자마자 벨이 밥을 돌봐 주겠다고 자청했다. 벨이라면 완전히 믿을 수 있었고 밥을 누구보다도 잘 돌봐 줄 사람이었다. 하지만 내가 떠나면 밥이 어떤 영향을 받을지 여전히 안심이 되지 않았다.

돈 문제도 걱정이었다. 비행기 요금은 어머니가 내 주겠다고 제안했지만 돈이 한 푼도 없으면 호주 입국이 허가되지 않을 것이었다. 여기저기 알아본 결과 입국 허가를 받기 위해서는 최소한 현찰로 500파운드가 있어야 했다.

나는 며칠 동안 머리를 싸매고 양쪽을 저울질해 본 끝에, 결국 가기로 결정했다. 가지 않을 이유가 없었다. 아름다운 자연 풍경과 따뜻한 햇볕은 내게 큰 도움이 될 것이 틀림없었다.

해야 할 일이 많았다. 우선 새로 여권을 발급받아야 했다. 최근 몇 년간 엉망진창이었던 내 인생을 떠올려 보면 그리 만만한 일은 아니었다. 하지만 한 사회복지사의 도움으로 출생증명서를 비롯해 필요한 서류들을 모두 준비할 수 있었다. 그런 다음에는 비행기 문제를 해결해야 했다. 알아보니 가장 저렴한 방법은 에어 차이나를 타고 북경까지 간 다음 거기서 다시 비행기를 갈아타고 멜버른으로 가는 것이었다. 탑승 시간도 더 길어지는 데다 북경에서 오랜 시간 머물러야 했지만 이게 가장 싸게 호주로 갈 수 있는 방법이었다. 나는 어머니가 준 이메일 주소로 새 여권번호를 포함한 세부사항을 전부 적어 보냈다. 며칠 후 나는 항공사로부터 어머니가 비행기 표를 예약했다는 확인 이메일을 받았다. 모든 일이 순조롭게 진행되고 있었다.

이제 해야 할 일은 500파운드를 모으는 것이었다. 다행히도 그리 어렵지 않았다. 12월 첫째 주에 출발할 예정이어서 아직 시간 여유가 있었다. 나는 몇 주 동안 날씨에 개의치 않고 매일, 하루 종일 일을 했다. 밥도 거의 날마다 나를 따라갔지만 비가 심하게 내리는 날에는 집에 있었다. 나는 밥이 비를 좋아하지 않는다는 걸 잘 알고 있었고, 내가 떠나기 전에 밥이 감기에 걸리거나 병이 나는 건 원치 않았다. 아픈 밥을 두고 혼자 호주에 갈 수는 없었다.

돈이 조금씩 모이기 시작했고 나는 그 돈을 작은 홍차 상자 안에 차곡차곡 넣어 두었다. 더디긴 했지만 확실히 상자는 점점 차올랐다. 그리고 출발 날짜가 며칠 앞으로 다가왔을 때 여행을 할 수 있는 돈이 충분히 모였다.

❄❄❄❄❄❄❄❄❄❄❄❄❄

나는 무거운 마음을 안고 히드로 공항으로 향했다. 밥과는 벨의 집에서 작별 인사를 나눴다. 밥은 별로 관심이 없어 보였는데 나와 6주 동안이나 떨어져 있으리라는 걸 모르니 그럴 법도 했다. 벨과 함께 있으니 별일 없을 거라는 생각이 들었지만 그럼에도 마음 한 구석이 자꾸 초조해지는 건 어쩔 수가 없다. 편집증을 보이는 부모가 된 것 같았다.

호주로 가는 여행이 멋지고 편안한 시간이 될 거라고 상상하며 내심 기대에 부풀어 있었건만 그것은 나만의 커다란 착각이었다. 호주에 도착하기까지의 36시간은 끔찍한 악몽이었다.

시작은 모든 게 순조로웠다. 에어 차이나를 타고 북경까지 날아가는 데는 11시간이 걸렸고 어떤 사건도 벌어지지 않았다. 나는 영화를 한 편 보고 기내식도 맛있게 먹었다. 하지만 쉬이 잠들기는 어려웠다. 컨디션이 그다지 좋지 않았다. 복용하고 있는 약 때문이기도 했지만 런던의 축축한 날씨 때문이기도 했다. 쏟아지는 빗속에서도 〈빅이슈〉를 파느라 너무 무리를 했던 모양이었다. 나는 심한 감기에 걸렸고 비행기를 타고 있는 내내 연신 재채기를 해 댔다. 정신없이 재채기를 할 때마다 승무원과 옆에 앉은 승객들 몇몇이 이상한 표정을 짓곤 했지만 나는 북경에 도착하기 전까지는 이에 대해 아무 생각도 없었다.

비행기가 착륙 후 터미널을 향해 천천히 이동하는 동안 기장의 안내방송이 흘러나왔다. 중국어가 먼저 나온 뒤 영어가 이어졌다. 비행기에서 내려도 좋다는 안내를 들을 때까지 자리를 지키고 있어야 한다는 내용이었다.

'이상하네.'

나는 속으로 생각했다. 곧 제복을 입고 얼굴에 마스크를 쓴 중국인 공무원 두 명이 등장했다. 그들은 통로를 따라 곧장 내 앞으로 걸어왔다. 내 앞에 도착하자 그들 중 한 명이 체온계를 꺼냈다. 한 승무원이 옆에 서서 통역을 해 주었다.

"중국 정부에서 나온 분들입니다. 승객님의 체온을 잴 필요가 있다고 합니다."

"네, 알겠습니다."

나는 말다툼을 벌일 때가 아니라는 것을 직감하고 이렇게 대답했다. 내가 자리에 앉아 순순히 시키는 대로 하고 있는 동안 그들 중 한 명은 자신의 손목시계에서 눈을 떼지 않았다. 그들이 중국어로 뭐라고 하자 승무원이 내게 말했다.

"이분들과 함께 가셔서 기본적인 건강검진을 받으셔야 할 것 같습니다."

그때는 2008년이었고 신종 플루에 대한 공포가 하늘을 찌를 때였다. 특히 중국은 신종 플루에 믿을 수 없을 만큼 과민 반응을 보였다. 감염된 것 같은 기미가 아주 살짝만 보여도 입국을 거부당할 수 있으며 많은 사람이 며칠째 격리 상태로 억류되어 있다는 뉴스를 며칠 전 본 기억이 났다.

그들을 따라가면서 걱정이 되기 시작했다. 이름 모를 중국의 격리 병동에서 한 달째 갇혀 있는 내 모습이 상상되었다. 그들은 혈액검사에서부터 타액 검사에 이르기까지 온갖 종류의 검사를 다 했다. 아마도 여러 가지 흥미로운 사실들을 알아내긴 했을 테지만, 신종 플루나 사스, 다른 전염성 질병에 관한 한 어떤 흔적도 발견하지 못했다. 몇 시간이 지나자, 한 공무원이 부드럽게 사과하는 어조로 내게 가도 좋다고 말했다.

문제는 내가 호주로 가는 비행기로 갈아타야 하는데 격납고처럼 생긴 거대한 북경 공항 안에서 길을 잃어버렸다는 사실이었다. 짐을 찾고 비행기를 타야 할 때까지는 약 세 시간 정도가 남아 있었다. 공항 터미널에 와 본 지가 한참 되었기 때문에 공항이 얼마나 크고 정신없는 곳인지 까마득히 잊고 있었다. 이 공항은 특히 더 그랬다. 3번 터미널 끝에서 반대쪽 끝으로 가는 기차를 타야 했다.

　몇 번이나 헛수고를 한 끝에야 이륙 시간을 한 시간도 채 남기지 않고 내가 탈 비행기를 겨우 찾을 수 있었다. 마침내 비행기에 타자 나는 자리에 몸을 깊숙이 파묻고 안도의 한숨을 내쉰 다음, 완전히 진이 빠진 채 멜버른까지 꼼짝도 하지 않고 내내 잠만 잤다. 하지만 멜버른에 도착하자 또 다른 문제가 나를 기다리고 있었다.

　세관을 통과하고 있는데 갑자기 래브라도 레트리버 한 마리가 나타나더니 신나게 내 짐 냄새를 맡기 시작했다.

　"죄송합니다, 선생님. 저희와 함께 잠시 이쪽으로 가 주시겠습니까?"
　한 세관 경비원이 말했다.
　'이런, 맙소사. 이러다간 평생 어머니를 만나지 못할 거야.'
　나는 속으로 생각했다. 그들은 나를 조사실로 데려가 짐을 샅샅이 검사하더니 전자 마약 감지기로 내 가방을 스캔했다. 나는 그들의 얼굴 표정으로 뭔가 문제가 생겼다는 걸 알 수 있었다.

　"승객님의 짐에서 코카인 양성 반응이 나오는데요."
　세관 경비원이 말했다. 나는 너무 놀라 정신을 차릴 수가 없었다. 어떻게 그런 일이 가능한지 짐작조차 할 수 없었다. 나는 물론이고, 내가 아는 사람 중에서도 코카인을 복용하는 사람은 한 명도 없었다. 우리는 코카인을 살 만큼 돈이 많지 않았다. 그들은 만약 내가 개인적으로 코카인을 사용하는데 그 흔적이 남아 있는 것이라면 불법이 아니라고 말해 주었다.

　"만약 승객님께서 코카인을 개인적 목적으로만 가볍게 사용하고 계시는 것이라면 그냥 가셔도 좋습니다."
　세관 경비원이 말했다. 나는 내 상황을 자세히 설명했다.

"저는 지금 마약 중독 치료 프로그램을 받고 있는 상태라 어떤 약물도 가볍게 복용하지 않아요."

그런 다음 내가 왜 서뷰텍스를 복용하고 있는지에 대해 주치의가 자세히 써 준 편지를 그들에게 보여 주었다. 결국 그들은 상황을 이해했고 어깨를 가볍게 두드린 후 나를 보내 주었다. 공항 세관 지역에서 벗어나는 데 거의 한 시간 가까이 걸렸다. 나는 태즈메이니아로 향하는 비행기로 다시 갈아타야 했고 또 몇 시간이 흘렀다. 태즈메이니아에 도착하니 초저녁이었다. 나는 완전히 기진맥진해 있었다.

※ ※ ※ ※ ※ ※ ※ ※ ※ ※ ※ ※ ※

어머니와의 재회는 감격스러웠다. 어머니는 태즈메이니아 공항에서 나를 기다리고 있었고 나를 몇 번씩이나 오랫동안 꼭 안아 주었다. 어머니는 울고 있었다. 내가 살아 있는 것을 보게 돼서 너무 기쁜 듯했다. 나도 어머니를 보게 돼 정말 행복했지만 울지는 않았다.

어머니가 살고 있는 전원주택은 편지에서 묘사되어 있던 대로 구석구석 하나하나가 다 사랑스러웠다. 넓은 뒷마당이 있는 크고 멋진 방갈로는 농장으로 둘러싸여 있었고 한쪽 끝에는 강물이 흐르고 있었다. 정말 평화롭고 그림같이 아름다운 곳이었다. 그곳에 머무르는 동안 나는 한가로이 지내면서 휴식을 취하고 건강을 회복하고 에너지를 재충전했다.

몇 주 만에 나는 완전히 다른 사람이 된 것 같은 기분이었다. 런던에서의 근심거리들은 내게서 말 그대로 수천 마일, 아니 정확히 말하자면 만 마일 이상 떨어져 있었다. 모성 본능이 깨어난 어머니는 내가 잘 먹고 잘 자는지 늘 확인했다. 나는 체력이 회복되는 것을 느낄 수 있었다. 또 나와 어머니와의 관계가 회복되고 있는 것도 느낄 수 있었다.

처음에는 그다지 속깊은 대화를 나누지 않았지만 때가 되자 점차 나는 마음을 열어 보이기 시작했다. 베란다에 앉아 어머니와 함께 석양을 보고 있던 어느 날 저녁, 나는 가볍게 술을 몇 잔 마시다가 갑자기 모든 걸 고백하고 말았다. 할리우드 식의 근사한 고백은 아니었다. 그저 이야기하고, 또 이야기했다.

감정의 수문이 터지기 일보 직전이었다. 몇 년 동안 나는 내 감정으로부터 벗어나기 위해, 아니 사실은 나에겐 아무런 감정이 없다는 걸 확인하기 위해 마약에 의존했다. 속도는 더뎠지만 확실하게 나는 스스로를 그렇게 바꿨었다. 그리고 이제 사라졌던 내 감정들이 되돌아오고 있었다.

내가 지난 10년 동안 겪었던 밑바닥 생활에 대해 이야기하자 어머니는 큰 충격을 받았다. 어느 부모라도 그랬을 것이다.

"공항에서 봤을 때 일이 그다지 잘 풀리지 않은 것 같다고 짐작은 했다만 그렇게까지 힘들었을 줄은 상상도 못했구나."

어머니는 거의 울 것 같은 표정으로 이렇게 말했다. 어머니는 양손으로 자기 머리를 감싼 채 이따금씩 '왜' 라는 단어를 중얼거렸다.

"왜 여권을 잃어버렸을 때 내게 말하지 않았니?"

"왜 내게 전화해서 도와달라고 하지 않았니?"

"왜 네 아버지에게 연락하지 않았니?"

어머니는 자기 자신을 탓하기 시작했다. 어머니는 나를 방치했던 것 같아 죄책감이 든다고 했지만, 나는 절대 어머니를 탓하지 않는다고 말했다. 사실 나를 방치했던 건 바로 나 자신이었다. 내 자신 외에 탓할 사람은 아무도 없었다.

"어머니가 제게 종이 박스 안에서 자고 매일 밤 얻어지고 다니라고 한

게 아니잖아요. 제가 스스로 그렇게 한 거죠."

내가 딱 꼬집어 이야기하자 어머니는 울음을 터뜨렸다. 서먹함이 사라지고 나자 대화를 나누는 게 훨씬 더 편해졌다. 우리는 호주와 영국에서 보낸 내 어린 시절에 대해서도 이야기를 나누며 지나간 추억을 함께 즐겼다. 어머니에게 솔직해지자 마음이 편했다. 나는 어렸을 적 어머니가 멀게 느껴졌고, 유모들 손에서 자라며 이사를 많이 다닌 것이 내게 큰 영향을 미친 것 같다고 말했다.

당연히 이 말은 어머니를 화나게 했다. 어머니는 식구들을 위해 돈을 버느라 어쩔 수 없었다고 했다. 어머니의 말도 이해는 갔지만, 여전히 나는 어머니가 나와 조금만 더 함께 있어 줬다면 얼마나 좋았을까 하는 생각이 들었다.

우리는 많이 웃기도 했다. 온통 어두운 이야기만 나눈 건 아니었다. 우리는 우리가 얼마나 많이 닮았는지 인정했고 내가 십대였을 때 서로 말다툼했던 것을 떠올리며 함께 낄낄거렸다. 어머니도 그 당시 우리가 성격상 갈등이 컸음을 인정했다.

"나도 개성이 강한 사람이지만 너 또한 마찬가지지. 그래서 문제가 생긴 거야."

어머니가 말했다.

하지만 우리는 과거보다는 현재에 대해 더 많은 이야기를 나눴다. 어머니는 내가 받고 있는 치료 과정에 대해 이것저것 자세히 물었고, 중독 상태에서 거의 벗어난 지금, 앞으로 성취하고 싶은 것이 무엇인지도 물었다. 나는 여전히 한 단계씩 밟아 나가야 하는 상황이라고 설명한 뒤, 운이 좋다면 1년 안에 마약 중독에서 완전히 벗어날 수 있을 거라고 대답했다. 어머니는 그저 내 말을 경청하고만 있었다. 내가 알았던 어머니답지 않은 모습이었다. 나도 마찬가지였다. 우리는 서로에 대해 많은 것을 알아 가고 있었다. 특히 우리가 성격이 아주 비슷하고 그 때문에 내가 어렸을 때 그렇게 충돌이 잦았었다는 사실은 서로를 이해하는 데 큰 도움이 되었다.

여러 차례 긴 대화를 나누는 동안 나는 밥 이야기를 자주 꺼냈다. 나는 밥에게 조금이라도 관심을 보이는 사람이 있으면 누구에게나 밥의 사진을 보여 주었다.

"영리해 보이는구나."

어머니는 밥을 보고서 미소를 지었다.

"오, 그럼요. 밥이 없었으면 지금쯤 내가 어떤 꼴이었을지 짐작도 안 가요."

나는 밥에 대한 자랑스러움으로 뿌듯해하며 말했다.

호주에서 보낸 시간은 꿈만 같았다. 마음도 깨끗이 정화되었고 내가 지금 어디에 서 있는지, 그리고 앞으로 어디로 가고 싶은지 찬찬히 살펴볼 수 있었다. 호주로 아예 돌아오고 싶은 마음도 들었다. 여기에는 내 가족이 있었다. 런던에서보다는 더 많은 지지를 받을 수 있을 터였다. 하지만 밥의 생각이 끊이질 않았다. 녀석도 나와 마찬가지로 내가 없으면 어찌할 바를 모를 거라는 생각이 들었다. 호주에서의 여섯 번째 주가 시작되자 내 마음은 이미 영국행 비행기 안에 있었다.

이번에는 어머니에게 제대로 작별 인사를 했다. 어머니는 공항까지 배웅 나와 멜버른으로 가는 내게 손을 흔들어 주었다. 나는 멜버른에 있는 대부모님 댁에 며칠 머무를 예정이었다. 그분들은 어린 시절의 나에게 매우 중요한 의미를 가진 분들이었다. 대부모님은 호주에서 최초로 무선호출기 회사를 설립해 그 당시 큰돈을 버셨고 지금까지 가장 큰 전기통신 기업을 소유하고 있었다. 소년이었을 때 나는 멜버른에 있는 그분들 집에서 지내는 것을 좋아했다. 어머니와 사이가 별로 좋지 않았을 때는 잠깐이지만 그분들과 함께 살기도 했다.

그분들은 내가 살아온 이야기를 듣고서 어머니와 똑같은 반응을 보였다. 크게 충격을 받으신 대부모님은 나를 재정적으로 도와주겠다며 호주에 일자리도 알아봐 주겠다고 했다. 하지만 나는 런던에 돌아가 책임져야 할 일이 있다고 설명했다.

※ ※ ※ ※ ※ ※ ※ ※ ※ ※ ※ ※ ※ ※ ※

런던까지의 귀국 여정은 런던 밖으로 나올 때처럼 파란만장하지 않았다. 아마도 호주에 있는 동안 푹 쉬면서 내 감정이나 건강 상태가 확연히 좋아진 것이 겉으로 그대로 드러나면서 세관이나 출입국 심사대의 관심을 그다지 끌지 못한 것 같았다.

빨리 밥을 보고 싶어 미칠 지경이었지만 녀석이 변했거나 심지어 나를 잊어버리지는 않았을까 하는 걱정도 들었다. 하지만 그런 걱정은 기우에 불과했다.

벨의 집에 들어서는 순간, 밥이 소파에서 펄쩍 뛰어내려 내게 달려왔다. 나는 녀석에게 작은 캥거루 봉제 인형과 다른 몇 가지 작은 선물들을 안겨 주었다. 녀석은 금세 캥거루 인형 하나를 발톱으로 할퀴며 놀기 시작했다. 그날 저녁 집으로 돌아갈 때가 되자 녀석은 날쌔게 내 몸을 타고 오르더니 평소처럼 내 어깨 위에 자리를 잡았다. 그 순간, 지구 반대편까지의 물리적, 감정적 여행은 모두 잊혀졌고 내 몸과 마음은 제자리로 돌아왔다. 이제 다시 밥과 나 둘이서 세상을 헤쳐 나가야 할 때였다. 언제 떨어져 있기라도 했었냐는 듯 우리는 그대로였다.

[Chapter 19]

역장
The Stationmaster

호주는 정말 멋진 곳이었고, 덕분에 나는 육체적으로도 정신적으로도 아주 컨디션이 좋아졌다. 런던으로 돌아온 뒤에는 더 강해진 느낌이 들었고 그 어느 때보다도 자신감이 넘쳤다. 게다가 밥과의 재회는 나를 한층 더 행복하게 만들어 주었다. 녀석이 없는 태즈메이니아에 있을 때는 내 일부분을 잃어버린 것 같은 느낌이었는데, 이제 다시 온전해진 것 같았다.

우리는 곧 예전의 일과로 돌아가 하루하루 모든 일상생활을 함께했다. 함께 지낸 지 거의 2년이 다 되어 가는 지금도 밥은 여전히 나를 깜짝 놀라게 하곤 했다.

밥과 떨어져 있는 동안, 나는 사람들에게 끊임없이 밥의 이야기를 늘어놓았고, 특히 녀석이 얼마나 영리한지 자랑하기 일쑤였다. 미친 사람 보듯 나를 쳐다보는 사람도 여럿 있었는데, 그들은 고양이가 그렇게 영리할 리가 없다고 생각하는 것 같았다. 하지만 런던으로 돌아오고 몇 주 후, 내가 그동안 밥을 과소평가하고 있었다는 사실을 깨닫는 일이 일어났다.

밥의 볼일 보기는 사실 조금 성가신 일이었다. 녀석은 내가 사 준 고양이 변기를 사용할 생각이 조금도 없었다. 결국 그 변기들은 첫날부터 벽장 안에 처박혀 먼지만 쌓여 가고 있었다. 밥이 화장실에 가고 싶어 할 때마다 계단을 다섯 층이나 걸어 내려가 밖으로 나가는 것은 여간 귀찮은 일이 아니었다. 그런데 호주에 가기 얼마 전부터 돌아온 뒤 몇 개월 동안, 나는 밥이 볼일을 보러 예전만큼 자주 아래층에 내려가지 않는다는 사실을 알아차렸다.

밥의 몸에 무슨 문제가 생긴 건지도 모른다는 생각에 이슬링턴 공원에 있는 블루 크로스 이동 병원으로 녀석을 데려가 검사를 받았다. 수의사는 아무 문제도 없다면서 그저 나이를 먹으면서 신진대사가 변해 일어나는 자연적인 현상일 수 있다고 말했다.

하지만 그의 판단이 틀렸음이 곧 밝혀졌다. 그보다 훨씬 더 재미있는 이유가 숨어 있었다. 호주에서 돌아온 지 며칠 지나지 않은 어느 날, 나는 평소보다 이른 6시 30분쯤 잠에서 깼다. 시차 때문에 아직 신체 시계가 엉망이었다. 나는 침대에서 간신히 몸을 일으킨 후 잠이 덜 깬 흐릿한 눈으로 화장실로 향했다. 화장실 문이 반쯤 열려 있었는데 오줌 싸는 소리가 아주 작게 들렸다.

'이상한데?'

누군가 화장실을 사용하기 위해 우리 집에 몰래 들어온 게 아닌가 하는 생각이 들었다. 하지만 천천히 문을 연 순간, 눈앞에 펼쳐진 광경에 나는 완전히 할 말을 잃고 말았다. 밥이 변기 위에 쪼그리고 앉아 있었다!

영화 '미트 더 페어런츠'의 한 장면에서 로버트 드니로의 고양이, 미스터 지씨가 했던 행동이었다. 다만 이건 영화가 아니라 진짜 현실이었다. 밥은 볼일을 보러 매번 아래층까지 내려가는 것이 너무 귀찮다고 결론 내린 게 분명했다. 그래서 지난 2년간 화장실에 가는 내 모습을 지켜보며 어떻게 해야 하는지 연구한 다음 내 행동을 흉내 낸 것이었다.

자기를 바라보고 있는 나를 발견한 밥은 상대를 기죽일 때 짓는 특유의 표정을 지어 보였다. 이렇게 말하는 것 같았다.

'뭘 그렇게 보는 거야? 볼일을 보고 있는 것뿐이라고. 뭐 놀랄 일이라고.'

물론 밥이 옳았다. 밥이 하는 일에 놀랄 일이 뭐람? 밥은 어떤 일도 할 수 있는 녀석이었다. 이미 잘 알고 있었듯이 말이다.

❋ ❋ ❋ ❋ ❋ ❋ ❋ ❋ ❋ ❋ ❋ ❋ ❋ ❋ ❋

몇 주간 계속 자리를 비웠던 일은 엔젤 역 주변 사람들에게 확실히 큰 관심사가 되어 있었다. 복귀하자마자 환하게 웃는 사람들이 줄지어 우리를 찾아왔다.

"오, 돌아왔군요."

"복권에 당첨된 줄 알았어요."

하나같이 진심에서 우러나오는 따뜻한 환영 인사였다. 한 여성은 '보고 싶었어요' 라는 글이 적힌 카드를 주고 가기도 했다. '집'에 오니 정말 좋았다.

물론 여느 때처럼 우리를 별로 달가워하지 않는 사람들도 있었다. 어느 날 저녁 나는 한 중국 여성과 말다툼을 하게 되었다. 그녀는 이전에도 나와 밥을 못마땅한 눈으로 쳐다본 적이 있었다. 이번에는 아예 내 쪽으로 걸어오면서 손가락을 좌우로 흔들었다.

"이건 옳지 않아요. 옳지 않다고요."

그녀가 화가 난 목소리로 말했다.

"죄송하지만 뭐가 옳지 않다는 거죠?"

당황한 내가 물었다.

"고양이가 이렇게 있는 건 정상이 아니에요. 너무 얌전하잖아요. 당신이 약을 먹인 게 분명해요. 고양이에게 약을 먹였다고요!"

이런 말을 듣고 가만히 있을 수는 없었다.

사실 이런 말을 들은 게 처음은 아니었다. 예전에 코벤트 가든에서 길거리 연주를 할 때였다. 교수쯤 되어 보이는 한 남자가 우리 앞에 서더니 확신에 찬 말투로 이렇게 말했다.

"제대로 걸렸군!"

그는 의기양양하게 계속 말을 이어 나갔다.

"당신이 뭘 하고 있는지 알겠소. 고양이를 그렇게 유순하고 고분고분하게 만들기 위해 당신이 뭘 주고 있는지도 알겠고."

"그게 뭔데요, 선생님?"

내가 물었다.

"아, 그걸 말해 주면 당신에게 유리하게 돼 버리지. 다른 걸로 바꿔 버릴 테니까."

자신에게 맞서는 내 태도에 놀라며 그가 말했다.

"아니죠. 어서요. 저에게 죄를 뒤집어씌웠으니 그 증거를 대서야죠."

방어 태세를 유지하며 내가 말했다. 그는 곧 재빨리 흔적도 없이 사라졌다. 매우 현명한 판단이었다. 계속 그렇게 떠들어 댔으면 내가 한 방 먹여 줬을지도 몰랐다.

이 중국 여성도 같은 문제로 공격을 해 오고 있었다. 그래서 나는 같은 방어 전략을 펴기로 했다.

"제가 녀석을 저렇게 만들기 위해 무얼 주고 있다고 생각하시는데요?"

"모르죠. 하지만 뭔가를 주고 있는 건 분명해요."

"글쎄요. 만약 제가 녀석에게 약을 먹이고 있다면 왜 날마다 저랑 함께 다니겠어요? 언제라도 기회가 있는데 왜 도망가지 않을까요? 그리고 사람들이 이렇게 많은데 그 앞에서 약을 먹일 수는 없죠."

"쳇."

그녀는 됐다는 듯이 내게 팔을 흔든 다음 휙 뒤돌아섰다.

"옳지 않아. 옳지 않아."

그녀는 한 번 더 이렇게 말하고는 인파 속으로 사라졌다.

이런 건 내가 이미 오래전에 받아들인 '현실'이었다. 이 세상에는 내가 밥을 학대하지 않을까 의심하는 사람, 고양이를 좋아하지 않는 사람, 또는 심지어 〈빅이슈〉 판매원이 특이하게 개가 아닌 고양이를 데리고 다닌다는 사실 자체부터를 싫어하는 사람도 있다는 현실 말이다. 중국 여성과 한바탕 소동이 벌어지고 몇 주 후에 또 언쟁이 있었다. 이번에는 또 다른 주제였다.

코벤트 가든에 밥을 데리고 나갔던 첫날부터 나는 밥을 사고 싶어 하는 사람들을 꽤 많이 만났다. 그 사람들은 내게 다가와 이렇게 묻곤 했다.

"고양이가 얼마죠?"

그럴 때마다 나는 그들에게 꺼지라고 말해 주었다. 이곳 엔젤 역으로 온 뒤에도 그 말을 또 들었다. 특히 한 여성은 여러 번 나를 찾아왔는데 매번 이런저런 수다를 떨다가 본론으로 들어갔다.

"이봐요, 제임스. 저는 밥이 이렇게 길바닥에 있어서는 안 된다고 생각해요. 밥은 따뜻하고 아늑한 집에서 더 나은 삶을 살아야 해요."

그리고 제일 마지막에 항상 이렇게 물었다.

"얼마면 되겠어요?"

내가 퇴짜를 놓을 때마다 그녀는 구체적인 액수를 제시했다. 처음에는 100파운드였는데, 어느새 500파운드까지 올라갔다. 가장 최근에는 이렇게 말했다.

"제임스, 1,000파운드 드릴게요."

나는 그녀를 지그시 바라보다가 이렇게 말했다.

"자녀가 있으신가요?"

"아, 네. 있어요."

내 질문에 약간 당황했는지 그녀가 더듬대며 대답했다.

"자녀가 있으시군요. 좋아요. 막내 아이는 얼마인가요?"

"네? 무슨 소릴 하는 거예요?"

"막내 아이가 얼마냐고 물었어요."

"그게 도대체 무슨 관계가……."

나는 그녀의 말을 잘랐다.

"저는 관계가 아주 크다고 생각해요. 저는 밥이 제 아이라고 생각해요. 당신이 나에게 밥을 팔라고 하는 건 내가 당신에게 얼마를 주면 막내 아이를 팔겠느냐고 묻는 것과 똑같아요."

그녀는 화가 잔뜩 난 채로 사라져 버렸고 다시는 나타나지 않았다.

엔젤 역 역무원들의 태도는 이와는 정반대였다. 하루는 역무원인 베니카와 대화를 나누고 있었다. 그녀는 밥을 사랑했고 수많은 사람이 걸음을 멈추고 밥에게 말을 걸고 사진을 찍는 모습을 보며 무척 기뻐했다.

"밥이 엔젤 역을 명소로 만들고 있어요. 그렇지 않나요?"

그녀가 환하게 웃으며 말했다.

"네, 그렇네요. 밥을 직원으로 임명해 주셔야겠는걸요? 역장으로 근무하는 일본의 어떤 고양이[*]처럼 말이에요. 그 녀석은 역장 모자도 쓰고 있던걸요?"

내가 말했다.

"자리가 있을지 모르겠네요."

그녀가 키득키득 웃으며 말했다.

"아니면 녀석에게 신분증이나 뭐 그런 거라도 주시면 어때요?"

나는 계속 농담을 던졌다. 그녀는 진지한 표정으로 나를 쳐다보더니 자리를 떠났고 나는 이 일에 대해 더 이상 생각하지 않았다.

몇 주가 지난 어느 날 저녁, 밥과 내가 지하철역 밖에 앉아 있는데 베니카가 나타났다. 그녀는 활짝 웃고 있었다. 뭔가 수상쩍은 낌새가 들었다.

"무슨 일이에요?"

내가 물었다.

"별일 아니에요. 밥에게 이걸 주고 싶은 것뿐이에요."

그녀가 미소를 짓더니 밥의 사진이 들어 있는 반짝이는 탑승 카드를 꺼냈다.

"와, 멋진데요?"

내가 말했다.

"사진은 인터넷에서 찾았어요."

그녀의 말에 나는 약간 놀랐다. 도대체 밥이 인터넷에 왜 있는 거지?

---

* 일본 와카야마 현 기노카와 시의 기시 역은 길고양이 출신인 '타마'가 정식 역장으로 임명되면서 유명한 관광지가 되었다.

"그럼 이 카드는 어떤 의미인가요?"

내가 물었다.

"밥이 지하철에 무료로 탑승할 수 있다는 의미예요."

그녀가 웃음을 터트렸다.

"고양이는 원래 무료로 탑승하는 걸로 알고 있는데요?"

내가 미소 지으며 말했다.

"맞아요. 사실은 저희 모두가 밥을 정말 좋아하고 있다는 의미예요. 저희는 밥을 한 가족으로 생각하고 있거든요."

나는 울음이 터지려는 걸 온힘을 다해 가까스로 참았다.

[Chapter 20]

가장 길었던 밤
The Longest Night

 2009년, 봄이 올 때도 되었건만 저녁은 여전히 어둡고 황량했다. 매일 저녁 7시경 〈빅이슈〉 파는 일을 끝낼 즈음이 되면 땅거미가 내려앉은 엔젤 역 주변에는 화려한 가로등 불빛이 들어와 거리에 활력을 불어넣었다.
 요 몇 달간 관광객이 줄어들면서 조용하다 싶었던 엔젤 역도 언제 그랬냐는 듯 다시 활기를 되찾고 있었다. 초저녁 러시아워에는 수십만 명의 사람이 지하철역 안으로 쏟아져 들어갔다 나왔다 하느라 거리가 몹시 분주했다. 아마도 그들 대부분이 부유한 사람들이겠지만 그 속에는 다른 부류의 사람들도 끼여 있었다. 불행하게도 말이다.
 런던 거리에서 살다 보면 무슨 수를 써서라도 피해야 하는 사람을 감지할 수 있는 고성능 레이더가 발달하게 된다. 어느 날, 하루 중 가장 바쁜 때인 저녁 6시 30분에서 7시 사이쯤이 됐을 때였다. 한 남자가 시야에 들어온 순간 내 레이더가 작동하기 시작했다.

이전에도 그를 한두 번 본 적이 있었다. 다행히 멀리 떨어져서였다. 그는 정말 거칠어 보였다. 나도 내가 런던 거리에서 단정한 편에 속하는 남자는 아니라는 정도는 알고 있었지만 이 남자는 정말로 꼴이 엉망이었다. 아무데서나 노숙을 하는 것 같았다. 피부는 불그스름한 데다 얼룩덜룩하기까지 했고, 옷은 온통 때에 찌들어 있었다. 하지만 가장 눈에 띄는 것은 그의 개였다. 검은색 몸에 갈색 무늬가 있는 커다란 로트와일러였다. 첫눈에 공격적인 개라는 걸 알 수 있었다. 그들이 함께 걸어다니는 모습을 보니 소설 〈올리버 트위스트〉에 나오는 악당 빌 사이크스와 그의 개 불스아이를 그린 오래된 삽화가 떠올랐다. 그들은 늘 사고를 일으키고 다니는 인물이었다.

그날 저녁, 그는 벌써 한 시간째 지하철역 입구 근처에 자리를 잡고 앉아 뭔가 구린 데가 있어 보이는 사람들과 이야기를 나누며 끊임없이 맥주를 마시고 있었다. 그 개도 옆자리를 지키고 앉아 있었다. 나는 그들이 좀처럼 마음에 들지 않았다.

어느 순간, 밥을 발견한 로트와일러가 이쪽으로 오고 싶어 안달하며 목줄을 잡아당기고 있는 모습이 내 눈에 들어왔다. 남자가 그 커다란 개를 통제하고 있는 것처럼 보였지만 계속 그럴 수 있을지는 미지수였다. 그는 다른 남자들과 수다를 떨며 맥주를 들이붓는 일에 온통 정신이 팔려 있었다.

이 무리들이 도착하자마자 마음먹었던 대로 나는 일찍 정리하려고 짐을 쌌다. 그들에 대한 느낌이 안 좋았다. 그리고 그 개에 대해서도 마찬가지였다. 그들에게서 가능한 한 멀리 떨어지고 싶었다.

나는 팔다 남은 〈빅이슈〉를 한군데 모으고 다른 자질구레한 물건들을 배낭에 넣기 시작했다. 그 순간 갑자기 크고 날카로운 개 짖는 소리가 들렸다. 그 다음에 일어난 일들은 모든 것이 마치 슬로모션처럼 펼쳐졌다. 질 낮은 액션 영화에 나오는 한 장면 같았다.

몸을 돌리자 흑갈색 섬광이 달려오고 있는 게 보였다. 로트와일러의 줄이 풀려 있었다. 그 남자가 목줄을 제대로 묶어 두지 않았던 게 분명했다. 나는 본능적으로 밥을 보호하기 위해 개 앞으로 뛰어들었다. 순식간에 로트와일러가 나를 들이받아 넘어뜨렸다. 넘어지면서 나는 가까스로 양팔로 개를 끌어안았고 우리는 바닥에 나뒹굴며 몸싸움을 했다. 나는 소리를 지르고 욕설을 퍼부으며 안간힘을 다해 그놈이 나를 물지 못하도록 머리를 잘 잡을 수 있는 위치를 찾았지만 놈은 너무 강했다.

로트와일러는 힘이 세기로 유명한 독일산 맹견이고 아마 싸움이 몇 초만 더 길어졌더라면 나는 놈에게 굴복하고 말았을 것이다. 어떤 심각한 부상을 입었을지는 아무도 모를 일이었다. 하지만 다행히도 누군가가 소리를 지르고 있다는 것을 알아차린 순간, 개의 힘이 점점 약해지더니 반대 방향으로 끌려가는 게 느껴졌다.

"이리 와, 이 자식아!"

개 주인이 있는 힘껏 줄을 잡아당기며 고래고래 소리를 지르고 있었다. 그런 다음 그는 뭔가 뭉툭한 것으로 개의 머리를 세게 내리쳤다. 그게 뭔지는 알 수 없었지만 소리가 심상치 않았다. 다른 때 같았으면 개가 괜찮을지 걱정했겠지만 그 순간 내게 가장 중요한 건 밥이었다. 밥은 방금 일어난 일에 잔뜩 겁을 먹고 있을 게 틀림없었다. 하지만 고개를 돌리자 녀석이 앉아 있던 자리가 비어 있는 것이 눈에 들어왔다. 나는 누군가가 밥을 보호하기 위해 잠시 안고 있는 건 아닌지 주위를 둘러봤다. 하지만 녀석은 어디에도 보이지 않았다. 사라져 버린 것이다.

갑자기 나는 내가 무슨 일을 저질렀는지 깨달았다. 나는 우리 자리에서 조금 떨어진 벤치 아래쪽에 〈빅이슈〉를 쌓아 두고 있었는데, 밥의 줄이 거기까지 닿을 만큼 길게 늘어나지 않자 로트와일러와 그 주인에게서 빨리 벗어나고 싶은 마음에 그 줄과 내 벨트를 잇는 클립을 잠시 빼 놓았었다. 물건을 모으는 데는 1~2초밖에 걸리지 않았지만 충분히 길 수도 있는 시간이었다. 정말 큰 실수였다. 로트와일러는 이 모든 걸 지켜보고 있었던 게 틀림없었고 밥도 그 사실을 알았던 모양이었다. 그래서 재빠르게 도망친 것이었다.

나는 완전히 패닉 상태에 빠졌다. 사람들이 주위에 모여들어 내게 괜찮은지 물었다.

"전 괜찮아요. 밥을 보신 분 있으세요?"

실제로는 하나도 괜찮지 않았다. 로트와일러가 나를 넘어뜨렸을 때 부상을 입었고 놈이 물어서 몇 군데 상처가 생겼다. 그때 내게서 정기적으로 〈빅이슈〉를 구입하던 한 손님이 나타났다. 밥에게 자주 간식도 주곤 하는 중년 여성이었다. 한바탕 대소동이 벌어진 걸 목격하고 다가온 것이었다.

"방금 밥을 봤어요. 캠든 패시지 방향으로 뛰어갔어요. 제가 줄을 잡아 보려 했지만 너무 빨라서 잡을 수가 없었어요."

"고맙습니다."

나는 이렇게 대답하고는 배낭을 잡아채듯 집어 들고 전속력으로 뛰었다. 가슴이 미친 듯이 뛰고 있었다. 피카딜리 서커스에서 녀석을 잃어버렸을 때가 떠올랐다. 이유는 모르겠지만 그때보다 더 심각한 상황이라는 느낌이 들었다. 그때는 밥이 우스꽝스러운 복장을 한 남자 때문에 놀라서 달아난 것이었지만 이번에는 생명에 위협을 느끼게 하는 상황 때문이었다. 내가 앞을 가로막지 않았더라면 로트와일러는 분명히 밥을 공격했을 것이다. 위협적인 개의 모습이 밥에게 어떤 영향을 미쳤을지 알 길이 없었다. 과거에 겪었던 어떤 장면을 떠올리게 했을지도 몰랐다. 나만큼 놀라고 힘들었을 거라고 짐작이나 할 수 있을 뿐, 녀석이 정확히 어떤 기분일지는 도무지 알 수 없는 노릇이었다.

나는 펍, 바, 레스토랑 등을 돌아다니는 초저녁 인파를 헤치며 캠든 패시지를 향해 달렸다.

"밥! 밥!"

나는 계속해서 밥의 이름을 외쳐 댔다. 지나가는 사람들이 나를 이상한 눈으로 쳐다보았다.

"적갈색 고양이가 이쪽 길로 뛰어가는 걸 보신 분 없나요?"

나는 제일 큰 펍 밖에 서 있던 사람들에게 물어보았다. 모두 어깨를 으쓱 할 뿐이었다.

나는 피카딜리 서커스에서 그랬던 것처럼 밥이 어느 가게 안에 피신해 있기를 바랐다. 하지만 저녁이 되어 가게는 대부분 문이 닫혀 있었다. 문을 연 건 바, 레스토랑, 카페뿐이었다. 나는 좁은 길을 따라 내려가면서 주변 사람들에게 계속 질문을 던졌다. 하지만 사람들은 고개를 흔들기만 했다. 만약 녀석이 캠든 패시지를 지나쳐 더 북쪽으로 갔다면 달스톤으로 가는 주요 도로인 에식스 로드에 다다랐을 것이다. 그곳으로 가는 길의 중간쯤까지 가 본 적이 있긴 했지만 밥 혼자 간 적은 한 번도 없었다. 더군다나 밤에는 말이다.

절망감에 휩싸이기 시작할 무렵, 캠든 패시지 끝을 향해 걸어가고 있는 한 여성을 만났다. 이슬링턴 공원에서 멀지 않은 곳이었다. 그녀가 길 아래쪽을 가리키며 말했다.

"고양이 한 마리가 저쪽 길로 뛰어가는 걸 봤어요. 마치 로켓 같았어요. 절대 멈추지 않을 것처럼 보였어요. 도로 쪽으로 몸을 틀더라고요. 도로를 건널 생각인 것처럼 보였어요."

캠든 패시지가 끝나는 곳에 이르자 나는 확 트인 거리로 나와 주변을 살살이 살폈다. 밥은 이슬링턴 공원을 좋아했고 볼일을 보기 위해 자주 그곳에 들르곤 했다. 또 이슬링턴 공원은 블루 크로스 이동 병원이 있는 곳이기도 했다. 한번 살펴볼 필요가 있었다. 나는 재빨리 도로를 건너 인적 드문 공원 안으로 달려 들어갔다. 밥은 그곳에 있는 덤불 안을 헤집고 돌아다니곤 했다. 나는 무릎을 꿇고 덤불 안을 들여다보았다. 가로등이 하나도 없어 칠흑같이 어두웠지만 나를 노려보는 번쩍이는 두 눈을 발견할 수 있지 않을까 하는 가느다란 희망에 한참을 살폈다.

"밥! 밥! 여기 있니?"

하지만 거기엔 아무것도 없었다.

나는 공원의 반대편 구석으로 걸어가 몇 번 더 소리쳤다. 하지만 벤치에 앉아 있던 몇몇 주정뱅이들이 투덜대는 소리와 차가 지나다니는 소리밖에 안 들렸다. 나는 이슬링턴 공원을 떠나 근처에 있는 워터스톤 서점으로 향했다. 나와 밥은 그곳에 자주 들렀고 그곳의 직원들도 늘 밥을 반겼다. 그럴 리 없다는 생각이 들긴 했지만 혹시나 밥이 그곳에 피신해 있을지도 몰랐다.

서점 안은 매우 조용했고 직원들이 문 닫을 준비를 하고 있었다. 몇몇 사람들만이 책을 살펴보고 있었다. 나는 계산대 뒤에 있는 여직원 중 한 명을 알아보고 다가갔다. 땀을 뻘뻘 흘리면서 거친 숨을 몰아쉬고 있는 내가 무척 불안정해 보였는지 그녀가 먼저 말을 걸어왔다.

"괜찮으세요?"

"밥을 잃어버렸어요. 어떤 개가 우리를 공격했는데 그때 밥이 사라져 버렸어요. 혹시 여기 안 왔나요?"

"세상에나. 안 왔어요. 제가 여기 계속 있었는데 못 봤어요. 위층에도 한 번 물어볼게요."

그녀는 진심으로 걱정하는 표정으로 전화기를 들더니 다른 부서로 전화를 걸었다.

"혹시 2층에서 고양이를 보지 못했나요?"

잠시 후 그녀는 천천히 고개를 좌우로 저었다.

"정말 죄송해요. 하지만 만약 보게 된다면 저희가 확실하게 데리고 있을게요."

"고맙습니다."

내가 말했다.

워터스톤 서점에서 비틀비틀 걸어 나와 어두운 밤거리로 들어서자 더욱 실감이 났다. 나는 밥을 잃어버렸다. 온몸이 산산조각 나는 것 같았다. 몇 분 동안 정신을 차릴 수가 없었다. 에식스 로드를 따라 계속 걸어 내려가고는 있었지만 카페, 레스토랑, 펍에 있는 사람들에게 물어보는 일은 이미 포기한 상태였다.

이 길은 우리가 아침저녁으로 오가는 길이었다. 토트넘 행 버스가 눈에 들어오자 너덜너덜해진 내 마음속에 실낱같은 희망이 피어올랐다.

'설마 그러진 못했겠지? 아냐 그랬을지도 몰라.'

버스 정류장에는 검표원이 서 있었다. 그에게 물었다.

"혹시 고양이 한 마리가 버스에 타는 걸 보지 못했나요?"

나는 밥을 잘 알았다. 녀석은 충분히 그러고도 남을 만큼 영리한 녀석이었다. 하지만 그 남자는 마치 내가 외계인이 73번 버스에 타는 걸 보지 못했느냐고 묻기라도 한 것처럼 어이가 없다는 표정으로 나를 쳐다보았다. 그는 고개를 절레절레 흔든 다음 바로 내게서 관심을 껐다.

고양이는 방향 감각이 뛰어나고 먼 길도 잘 찾아간다고 알려져 있다. 하지만 밥이 토트넘으로 돌아가는 길을 다 안다는 건 말이 안 됐다. 5킬로미터는 족히 넘는 거리였고 런던에서 험하기로 이름난 지역도 몇 군데 지나야 했다. 게다가 우리는 그 길을 걸은 적이 한 번도 없었다. 늘 버스를 타고 이동했다. 나는 전혀 가능성 없는 이야기라고 결론 내렸다.

그 다음 30분 동안, 상반되는 감정들이 마치 롤러코스터처럼 한쪽으로 치솟았다가 다른 한쪽으로 내리꽂았다 했다. 어느 순간에는 녀석이 누군가의 눈에 띄지도 않은 채 멀리까지 갔을 리가 없다는 확신이 들었다. 이 지역에 있는 많은 사람이 밥을 알고 있었다. 그리고 만약 밥을 모르는 누군가가 발견했다 하더라도 분별 있는 사람이라면 녀석에게 마이크로칩이 심어져 있다는 것도, 또 녀석의 모든 데이터가 국립 마이크로칩 센터에 저장되어 있다는 것도 알 터였다.

하지만 이렇게 겨우 내 자신을 설득하자마자 완전히 다른 생각들이 꼬리를 물고 나를 덮치기 시작했다. 난데없는 악몽 같은 생각들이 머릿속에서 이리저리 날뛰고 있었다. 2년 전에도 똑같은 일이 벌어졌던 것인지도 몰랐다. 녀석이 그날 저녁 우리 아파트에 오게 된 연유 말이다. 이번 일이 시발점이 되어 다시 새 집으로 옮겨야겠다고 마음먹을지도 몰랐다. 마음이 찢어지는 듯했다.

논리적이고 합리적인 나는 이렇게 말하고 있었다.

'괜찮을 거야. 곧 찾을 수 있을 거야.'

하지만 더 거칠고 비이성적인 나는 훨씬 더 냉혹한 말들을 내뱉었다.

'녀석은 가 버렸어. 다시는 녀석을 보지 못할 거야.'

나는 에식스 로드를 오르락내리락 한 시간 넘게 헤매고 다녔다. 이제는 칠흑 같은 어둠이 내려앉아 있었고, 차들이 이슬링턴 하이 스트리트를 향해 늘어서 있었다. 망망대해 한가운데 혼자 있는 심정이었다. 무엇을 해야 할지 전혀 알 수가 없었다. 멍한 채로 나는 에식스 로드를 따라 달스톤 방향으로 걷기 시작했다. 벨이 여기에서 1.6킬로미터 떨어진 곳에 살고 있었다. 나는 그곳으로 향했다.

한 골목을 지나가는데 꼬리 같은 것이 휙 하고 지나가는 게 보였다. 까맣고 가느다란 것이 밥의 꼬리와는 영 딴판이었지만 제정신이 아닌 상태라 갑자기 그 꼬리의 주인공이 밥이라는 확신이 들기 시작했다.

"밥!"

나는 어두컴컴한 공간 속으로 몸을 던지며 소리쳤다. 하지만 아무것도 없었다. 어둠 속 어디선가 고양이 울음소리가 났다. 밥의 울음소리와 달랐다. 그렇게 몇 분이 흐르고 나서야 나는 발걸음을 돌렸다.

어느새 교통 체증이 풀려 있었다. 불길할 정도로 세상이 조용했다. 하늘에 떠 있는 별들이 처음으로 눈에 들어왔다. 호주의 밤하늘만큼은 아니었지만 그래도 꽤 인상적이었다. 몇 주 전에는 태즈메이니아 하늘의 별을 보고 있었는데……, 그리고 호주에서 만난 모든 사람에게 밥을 돌보기 위해 돌아가야 한다고 말했었는데…….

'참 잘했구나. 잘했어.'

나는 속으로 이렇게 말하며 내 자신을 저주했다. 내가 호주에서 너무 오랜 시간 머물렀기 때문에 이렇게 된 것은 아닌가 하는 생각도 들었다. 그 시간이 밥과 나 사이의 끈을 느슨하게 해 버린 걸까? 내가 6주 동안 사라졌던 것 때문에 녀석이 자신에 대한 내 마음을 의심하게 된 걸까? 로트와일러의 공격을 받던 순간, 더 이상 내게 의지해 봐야 제대로 보호받을 수 없겠다는 생각이 든 걸까? 이런 생각들이 끊이지 않아 비명을 지르고 싶은 심정이었다.

벨의 집 근처에 다 왔을 때도 나는 여전히 울고 싶은 마음뿐이었다. 밥 없이 어떻게 살아야 할까? 밥 같은 친구는 두 번 다시는 만나지 못할 텐데. 그때, 몇 년 만에 처음으로 헤로인에 손대고 싶다는 욕구가 무섭게 치솟았다. 즉시 생각을 떨쳐 버리려 애썼지만 잠재의식이 계속 내 의지력을 시험하고 있었다. 만약 내가 진짜 밥을 잃어버린 것이라면 나는 이 상황을 이겨 내지 못할 게 뻔했다. 슬픔으로부터 나를 마취시켜야 한다는 생각이 머릿속 어딘가에서 맴돌고 있었다. 벨은 나처럼 몇 년째 마약의 유혹에 맞서 싸우고 있었지만 벨과 같이 사는 친구는 여전히 마약을 하고 있었다. 벨의 집에 가까워질수록 머릿속에 맴도는 그 생각이 점점 더 두렵게 느껴졌다.

벨의 집에 도착하자 밤 10시가 다 되어 있었다. 거리에서 몇 시간도 넘게 헤맸던 것이었다. 멀리서 펍에서 일어난 시비나 패싸움을 해결하기 위해 달려가고 있는 게 뻔한 경찰차 사이렌 소리가 들려왔다. 하지만 아무 관심도 일지 않았다.

아파트 현관에는 희미하게 불이 켜 있었다. 입구로 향하는 좁은 길을 걸어가다가 나는 건물 옆 그림자 안에 조용하게 앉아 있는 뭔가를 발견했다. 분명히 고양이의 실루엣이었다. 하지만 나는 이미 자포자기 상태였기 때문에 또 다른 길고양이가 추위를 피해 쉬고 있는 거라고만 생각했다. 그 순간 녀석의 얼굴이 보였다. 틀림없이 밥의 얼굴이었다.

"밥!"

녀석이 애처로운 목소리로 가늘게 울었다. 2년 전 아파트 복도에서 만났을 때와 똑같았다. 이렇게 말하는 것 같았다.

'어디 갔다 이제 와? 한참이나 기다렸잖아.'

나는 녀석을 들어올려 품에 꼭 안았다.

"한 번만 더 이렇게 도망가면 괴로워서 죽어 버릴지도 몰라."

이렇게 말하며 머릿속으론 녀석이 어떻게 여기까지 오게 됐는지 재빨리 퍼즐을 맞추고 있었다. 금방 모든 것이 이해됐다. 조금 더 일찍 이런 가능성을 떠올리지 못한 내 자신이 바보같이 느껴졌다. 밥은 나와 함께 벨의 집에 간 적이 여러 번 있었고, 내가 호주로 떠나 있는 6주 동안 그곳에 머물렀다. 납득이 갔다. 하지만 도대체 어떻게 여기까지 온 걸까? 이곳은 엔젤 역에 있는 우리 자리에서 2.5킬로미터는 더 떨어져 있는데 말이다. 그 길을 계속 걸어온 것일까? 그랬다면 도대체 몇 시간이나 걸어온 것일까?

하지만 이제 그런 것은 중요하지 않았다. 내가 계속 야단법석을 떨며 자기를 예뻐해 주자 밥은 내 손을 할짝거렸다. 혓바닥이 사포처럼 거칠었다. 녀석은 내 얼굴에 자기 얼굴을 비벼 대며 꼬리 끝을 둥글게 말았다.

현관 초인종을 누르자 벨이 나와 우리에게 들어오라고 했다. 나의 지옥 같았던 절망감은 하늘을 날아갈 듯한 황홀함으로 완전히 바뀌어 있었다. 세상을 다 가진 것 같았다.

벨의 룸메이트도 있었는데 알겠다는 듯 야릇한 미소를 지으며 이렇게 말했다.

"축하하려면 그게 좀 필요하지 않아?"

"아니, 고맙지만 괜찮아."

나는 신이 나서 내 손을 할퀴며 놀고 있는 밥을 끌어당겨 세게 껴안은 뒤 내 앞에 있는 벨을 보며 말했다.

"맥주 한 잔이면 더할 나위 없을 것 같아."

그날 밤 마약 따위는 필요하지 않았다. 밥에게도 그런 건 필요 없었다. 녀석에게 필요한 건 오직 친구였다. 바로 나. 그리고 나 역시 그 순간 밥이 나에게 필요한 전부라는 걸 깨달았다. 밥과 함께 있을 수만 있다면 뭐가 어때도 좋았다. 비단 그날 밤만 그런 게 아니었다. 녀석과 함께 있을 수 있는 특권을 누릴 수 있는 마지막 그날까지 언제까지나 그럴 것이다.

[Chapter 21]

〈빅이슈〉 고양이, 밥
Bob, The Big Issue Cat

　3월의 어느 날, 해가 기울어 엔젤 역 위로 어둠이 내려앉았고 런던은 다시 저녁을 맞이할 채비를 하고 있었다. 이슬링턴 하이 스트리트는 벌써부터 자동차로 가득 찼고 경적소리가 한데 뒤섞여 시끄러운 불협화음을 만들어 내고 있었다. 분주한 건 인도 쪽도 마찬가지였다. 수많은 사람이 지하철역 중앙 홀로 쏟아져 들어갔다 나왔다. 러시아워가 한창이었고 늘 그렇듯 그 이름값을 톡톡히 하고 있었다. 모두들 각자가 원하는 어딘가로 가기 위해 발걸음을 재촉하고 있었다. 아, 사실 모두가 그런 건 아니었다.
　곧 정신없이 일이 밀어닥칠 것에 대비해 잡지가 충분히 남아 있는지 확인하고 있을 때, 한 무리의 아이들이 다가왔다. 십대들 같아 보였는데 남자아이 셋과 여자아이 둘이었다. 남미나 스페인 혹은 포르투갈에서 온 것 같았다.
　그다지 특별할 것 없는 일이었다. 코벤트 가든이나 리체스터 스퀘어, 피카딜리 서커스만큼은 아니었지만 이슬링턴에도 관광객이 제법 많고 밥은 그들에게 항상 인기가 있었으니 말이다. 밥은 거의 매일 이런 열광하는 아이들에 둘러싸이곤 했다.

하지만 그날 저녁엔 뭔가 달랐다. 아이들은 밥을 가리키면서 이런 대화를 나누고 있었다.

"아, 맞아. 밥이야."

한 소녀가 스페인 어 같이 들리는 말로 이렇게 말했다.

"맞아, 맞아. 〈빅이슈〉 고양이 밥이야."

다른 아이가 말했다.

'이상하네.'

나는 그 말을 듣고 속으로 생각했다.

'저 아이들이 밥의 이름을 어떻게 알았을까? 이름표를 달고 있지도 않은데. 그리고 〈빅이슈〉 고양이라니 무슨 의미지?'

나는 호기심을 참을 수가 없었다.

"미안한데 얘들아, 방해가 안 된다면 뭘 좀 물어볼게. 어떻게 밥을 알고 있는 거니?"

나는 그들 중 한 명이라도 영어를 하길 기대하며 이렇게 물었다. 내 스페인 어 실력은 거의 바닥이기 때문이었다. 한 소년이 싱긋 웃으며 대답했다.

"아, 유튜브 사이트에서 봤어요. 밥은 인기가 엄청 많아요."

"그래? 나도 누가 밥이 유튜브에 올라 와 있다고 말해 주긴 했는데 얼마나 많은 사람이 봤는지는 잘 몰라."

"정말 많이들 봤을걸요."

아이가 싱글벙글 웃었다.

"어디에서 왔니?"

"스페인이요."

"그럼 밥이 스페인에서도 인기가 많다는 거니?"

"그럼요."

그 소년이 우리 대화를 스페인 어로 통역하자 다른 소년이 대답했다.

"밥 에스 우나 에스테야 엔 에스파냐."

"미안하지만 저 애가 뭐라고 한 거니?"

영어를 잘하는 소년에게 물었다.

"밥이 스페인에서 스타라고 말한 거예요."

나는 충격을 받았다. 지난 몇 년 동안 정말 많은 사람이 밥의 사진을 찍었다. 내가 거리에서 연주를 하던 때도 그랬고, 〈빅이슈〉를 팔고 있는 지금도 그랬다. 오죽했으면 장난삼아 밥이 세상에서 가장 사진을 많이 찍힌 고양이로 기네스북에 올라야 하는 건 아닐까 생각해 본 적이 있을 정도였다.

사람들은 밥을 동영상으로 촬영해 가기도 했다. 어떤 사람들은 휴대폰으로 촬영했고 어떤 사람들은 비디오카메라로 촬영했다. 나는 최근 몇 달간 녀석을 촬영해 간 사람들을 떠올려 보았다. 유튜브에 있는 영상을 촬영한 사람이 누구일까? 몇몇 짐작 가는 사람들이 있었다. 직접 확인해 보기로 했다.

다음 날 아침, 나는 밥과 함께 동네 도서관에 가서 인터넷에 접속했다. 검색창에 '빅이슈 고양이, 밥'이라고 쳤더니 유튜브 동영상 주소가 바로 나왔다. 링크를 클릭하자 놀랍게도 동영상이 두 개나 있었다.

"이봐, 밥. 이것 봐. 그 아이 말이 맞았어. 넌 유튜브 스타야."

밥은 이때까지도 그다지 관심이 없었다. 채널 4에서 하는 자동차 경주도 아니지 않은가? 하지만 내가 첫 번째 동영상을 호들갑을 떨며 보고 있자 녀석도 키보드 위로 뛰어올라 얼굴을 스크린 앞에 바짝 가져다 댔다.

'고양이 밥과 나'라는 제목의 첫 번째 동영상을 보고 있자니 그때 기억이 떠올랐다. 영화를 전공한다는 한 학생이 나에게 다가왔었다. 그 학생은 밥과 내가 닐 스트리트 근처에서 〈빅이슈〉를 판매하고 있는 동안 우리를 며칠 따라다녔다. 그 동영상에는 밥과 내가 버스에 타는 모습, 거리를 걸어가는 모습 등 여러 장면들이 담겨 있었다. 〈빅이슈〉 판매원의 하루가 어떤지도 잘 압축해 보여 주고 있었다. 밥에게 열광하는 사람들이 나오는 장면도 있었고, 고양이가 그렇게 온순할 수는 없는 법이라고 주장하는 사내들과 내가 대치하는 장면도 있었다. 그들은 내가 밥에게 약을 먹인다고 생각하는 부류의 사람들이었다.

또 다른 동영상은 한 러시아 남성이 더 최근에 엔젤 역 주변에서 우리를 촬영한 것이었다. 이 동영상의 제목은 '빅 이슈 고양이 밥'이었다. 스페인 아이들이 봤다던 동영상이 틀림없었다. 총 몇 명이나 봤는지 조회수를 확인했다. 수만 명이 넘었다. 나는 입이 쩍 벌어졌다.

밥이 유명 인사가 되고 있다는 느낌을 받은 지는 이미 오래였다. 이따금씩 사람들은 이렇게 말했다.

"아, 저 녀석이 밥이에요? 녀석에 대해 많이 들었어요."

"이 녀석이 그 유명한 밥이에요?"

나는 그냥 듣기 좋으라고 하는 말이려니 생각하며 늘 대수롭지 않게 넘기곤 했었다. 그런데 스페인 십대 아이들을 만나기 몇 주 전에는 지역 신문 〈이슬링턴 트리뷴〉에 우리 기사가 나오더니 한 미국인 여성 에이전트가 내게 와서 밥과 나에 대한 책을 써 볼 생각이 없느냐고 물었다. 맙소사!

스페인 십대 아이들은 밥이 단순한 지역 유명 인사 수준을 넘어서는 존재로 진화하기 시작했다는 사실을 깨닫게 해 주었다. 밥은 고양이 스타가 되고 있었다.

＊＊＊＊＊＊＊＊＊＊＊＊＊＊

　　버스 정류장으로 향하면서 방금 발견한 사실을 생각하다 보니 자꾸 웃음이 새어나왔다. 한 동영상에서 나는 밥이 내 인생을 구원해 주었다고 말하고 있었다. 처음에는 다소 과장되고 바보 같은 소리로 들렸지만 걸어가면서 이런저런 생각을 해 본 결과 이 말이 충분히 맞다는 생각이 들었다. 정말 그랬다. 밥은 정말 내 인생을 구원해 주었다.

　　어두운 복도에 앉아 있던 녀석을 처음 발견한 그날부터 지난 2년간, 녀석은 내 인생을 완전히 바꿔 놓았다. 그 당시 나는 헤로인 중독에서 완전히 벗어나지 못한 상태였고 하루 벌어 하루 근근이 먹고사는 존재였다. 20대 후반에 이르렀지만 단순한 생존 문제 이외에는 삶의 진정한 목적이나 방향 같은 것도 가지고 있지 않았다. 가족과는 연락이 끊긴 상태였고 친구 하나 없는 신세였다. 노골적으로 말해 내 인생은 완전히 엉망진창이었다. 밥을 만난 후 그 모든 게 바뀌었다.

　　호주 여행은 과거의 고통을 전부 보상해 주지는 못했지만 나와 어머니 사이를 다시 이어 주었다. 오래된 상처가 치유되고 있었다. 나는 우리가 다시 가까워질 수 있다는 느낌을 받았다. 마약과의 지겨운 전쟁은 드디어 끝이 보였다. 정말 끝내고 싶었다. 복용해야 하는 서뷰텍스 양은 꾸준히 줄어들었고 아예 끊어도 되는 날이 눈앞으로 다가왔다. 그리고 마침내 나는 중독에서 완전히 벗어났다. 그런 일이 가능하리라고 상상조차 할 수 없었던 시절도 있었지만, 결국 해낸 것이다!

무엇보다 나는 마침내 한곳에 뿌리를 내리게 되었다. 대부분의 사람들에게는 별일 아닌 것처럼 느껴질지 모르겠지만 토트넘에 있는 내 작은 집은 항상 마음속에서 갈구해 왔던 안정감을 주었다. 나는 한곳에 그렇게 오래 살아 본 적이 없었다. 나는 이곳에서 이미 4년 이상을 살았고 기회만 된다면 더 오랫동안 머무를 생각이다. 밥이 없었다면 결코 이렇게 되지 못했을 것이다.

어릴 때 부모님을 따라 교회에 다니긴 했지만 나는 정식 신자는 아니다. 그렇다고 불가지론자나 무신론자도 아니다. 개인적으로 모든 종교와 철학에서 마음에 드는 부분을 조금씩 취하는 게 좋다고 생각하는 나는 특히 불교 철학을 좋아하는 편이다. 불교 철학은 인생을 잘 이끌어 나가는 데 도움이 되는 좋은 체계를 제시해 준다. 예를 들어, 나는 '카르마*'가 존재한다고 굳건히 믿는다. 카르마는 세상만사는 돌고 돈다는 개념이다. 문제투성이였던 내 삶의 어딘가쯤에서 뭔가 좋은 일을 한 것에 대한 보상으로 밥을 만나게 된 것이 아닌가 하는 생각이 든다.

또 밥과 내가 전생에 서로 알던 사이가 아닐까 하는 생각도 든다. 처음 만난 순간부터 서로에게서 한순간도 떨어질 줄 몰랐던 우리는 분명 평범한 사이는 아니다. 어떤 사람은 우리에게 딕 위팅턴*과 그의 고양이가 환생한 것이 아니냐고 말하기도 한다. 다만 이번 생애에는 역할이 뒤바뀌어 딕 위팅턴이 밥으로 환생하고 그의 고양이는 나로 환생한 것이라며 말이다. 나는 이 말이 전혀 기분 나쁘지 않다. 오히려 그렇게 생각하면 즐겁다. 밥은 나의 가장 좋은 친구이자 나를 예전과 다른, 예전보다 더 나은 삶으로 이끌어 준 친구이다. 그렇

---

* 산스크리트 어로 '업'이나 '업보'를 뜻한다.
* 영국 중세 시대 런던 시장을 세 번이나 역임했던 정치인 리처드 위팅턴. 그와 그의 비범한 고양이의 이야기를 담은 전래 동화가 전해지고 있다.

다고 그 대가로 복잡하거나 혹은 비현실적인 뭔가를 요구하지도 않는다. 녀석이 원하는 것은 그저 내가 자신을 돌봐 주는 것뿐이다. 그리고 그게 바로 내가 할 일이다.

나는 우리 앞에 놓여 있는 길이 그리 순탄하지만은 않을 것이라는 걸 잘 알고 있다. 삶의 이곳저곳에서 여러 가지 문제와 맞닥뜨릴 게 분명하다. 무엇보다 나는 여전히 런던의 길거리에서 일하고 있다. 결코 만만하지 않을 것이다. 하지만 우리가 함께 있는 한 괜찮을 거라는 느낌이 든다.

사람은 누구나 인생의 돌파구가 필요하다. 누구나 그런 두 번째 기회를 누릴 자격이 있다.

밥과 나는 그 기회를 놓치지 않았다.

저자의 말

이 책은 여러 사람이 협력한 덕분에 완성되었습니다. 그 과정에서 많은 사람이 자신의 역할을 훌륭히 완수했습니다. 가장 먼저 제 가족, 특히 어머니와 아버지에게 감사를 드리고 싶습니다. 부모님은 제게 끝까지 굴복하지 않는 끈질긴 투지를 물려주셨고 덕분에 저는 인생의 어두웠던 시간들을 무사히 헤쳐 나올 수 있었습니다. 또 제 대부모님이신 테리 윈터스와 메릴린 윈터스에게도 감사드리고 싶습니다. 너무 훌륭한 친구가 되어 주셔서 고맙습니다.

런던의 길거리에서 정말 많은 사람이 오랫동안 저에게 친절을 베풀어 주었습니다. 그중 특히 저에게 따뜻하게 마음을 써 준 〈빅이슈〉 코디네이터 샘, 톰, 리, 리타에게 고마움을 전하고 싶습니다. 또 제게 깊은 연민과 이해심을 보여 준 자원봉사 활동가 케빈과 크리스에게도 고맙다고 말하고 싶습니다. 귀중한 조언을 해 주신 블루 크로스와 RSPCA에도 감사의 말씀을 드립니다. 항상 밥과 저를 따뜻하게 지지해 주었던 데비카와 레안을 비롯한 엔젤 역의 직원 여러분들에게도 감사드립니다.

저와 밥에게 따뜻한 차와 우유를 대접해 준, 닐 스트리트에 있는 카페 '푸드 포 쏘트'와 '픽스'에도 감사의 말씀을 드립니다. 늘 좋은 친구가 되어 준 소호의 '다이아몬드 잭스'에 근무하는 데릴과 구두 수선공 폴과 덴에게도 고맙다고 말하고 싶습니다. 또한 '코럽트 드라이브 레코드'의 피트 왓킨스와 '모자익 홈스'의 DJ 캐비 닉, 그리고 론 리차드슨도 감사합니다.

이 책은 제 에이전트인 메리 패치노가 아니었다면 세상에 나오지 못했을 것입니다. 그녀가 처음 제게 다가와 책에 대한 아이디어를 이야기했을 때 저는 말도 안 되는 소리라고 생각했습니다. 그녀와 작가 게리 젠킨스의 도움이 없었다면 저는 이 책을 끝까지 쓰지도, 제 이야기를 매끄럽게 이어 가지도 못했을 것입니다. 메리와 게리 두 사람에게 진심으로 감사의 인사를 드립니다. 호더 앤 스터튼 출판사의 로웨나 웹, 시애라 폴리, 엠마 나이트, 그리고 그 외에 멋진 팀원들에게도 감사의 말씀을 드립니다. 저와 게리가 조용한 2층에서 책 작업을 할 수 있게 허락해 준, 이슬링턴의 워터스톤 서점에 근무하는 알란과 다른 직원들도 고맙습니다. 키티에게도 큰 감사를 표합니다. 당신이 끊임없이 지지해 주지 않았다면 밥과 저는 한참을 헤맸을 거예요.

마지막으로 최근 제게 삶의 지침이 되는 위대한 철학을 제공해 주고 있는 스콧 하트포드-데이비스와 달라이 라마에게도 감사의 인사를 드립니다. 제게 영감을 주는 레이 앤에게도 고맙다고 말하고 싶습니다.

끝으로 가장 소중하고 가장 중요한 이름을 언급하려 합니다. 2007년에 제 삶 속에 들어온 제 작은 친구에게 고맙다고 말하고 싶습니다. 저와 친구가 된 순간부터 밥은 제 인생에 이루 말할 수 없을 만큼 긍정적이고 중대한 영향을 미쳤습니다. 모든 분은 밥과 같은 친구를 만날 자격이 있습니다. 밥을 만난 것은 제게 정말로 하늘이 내린 축복이었습니다.

제임스 보웬
2012년 1월 런던에서

제임스와 밥의 트위터 주소: @streetcatbob
제임스와 밥의 페이스북 주소: www.facebook.com/StreetCatBob

@Kim Myung-Jin 기증

@Park Se-Youn

@Park Se-Youn

@Hayley Chamberlain

동물과 함께하는
페티앙북스

2001년부터 반려동물 전문지 '페티앙'을 출간해 오던 페티앙이 2010년 페티앙북스로 그 이름을 바꾸고 단행본 전문 출판사로 거듭났습니다. 우리 생활 속의 반려동물은 물론 지구별에 살고 있는 모든 동물에 대한 이야기들을 따뜻한 시선으로 소개하겠습니다.

페티앙북스는 '동물'과 관련된 멋진 기획안과 원고를 기다리고 있습니다.
petianbooks@gmail.com로 원고를 보내주세요.

내 어깨 위 고양이 Bob

1판 1쇄 발행 2013. 4. 10
2판 5쇄 발행 2020. 10. 10

지은이 | 제임스 보웬
옮긴이 | 안진희
발행인 | 김소희
발행처 | 페티앙북스
편집고문 | 박현종
교정·교열 | 정재은
디자인고문 | 이영아
디자인 | DESIGN SSAM
마케팅 | 김은수 · 정종갑

주소 | 서울시 서초구 서초3동 현대 ESA-II 107호
전화 | 02_584_3598 **팩스** | 02_584_3599
이메일 | petianbooks@gmail.com
블로그 | www.PetianBooks.com
페이스북 | www.facebook.com/PetianBooks
ISBN 978-89-964766-5-8 03840

이 책의 한국어 판권은 페티앙북스에 있습니다.
이 책의 내용 일부 또는 전부를 재사용하시려면 저작권자 및 페티앙북스의 동의를 얻어야 합니다.
한국어판ⓒ페티앙북스

값은 표지에 있습니다.
잘못된 책은 구입하신 서점에서 바꾸어 드립니다.